評伝 西山弥太郎

天皇とよばれた男

濱田信夫 著
Hamada Nobuo

文眞堂

目　次

プロローグ

戦後日本の「決定的人物」

歴史学者・会田雄次は、川崎製鉄（現ＪＦＥスチール）初代社長の西山弥太郎（一八九三～一九六六年）を「戦後日本のあり方を変えた決定的人物」という。

千葉製鉄所の完成、川鉄躍進が経済界に与えた衝撃は巨大極まるものであった。それは戦後日本の躍進を告げる巨大な烽火となった。（中略）それまで堅実という名のもとにおずおずと経営していた日本の経営者も西山の態度を見て態度を一変、世界が驚くほど大胆に借金し、大胆に設備投資をするように変貌した。（中略）もし彼が占

西山弥太郎
（出典：『川崎製鉄五十年史』）

領政治の重圧の中で、千葉一貫大製鉄所建設という「無謀極まる」計画を立て、その実現にあらゆる創意と工夫と情熱をかけてそれに成功しなかったとしたら今日の日本は大きく変わっていたろう。あのとき彼が出なかったら、仮にあとでだれかがやったとして時期おくれと世界環境の差で「日本の成功」はなかった公算は大きい（会田　1984：37－31）。

アメリカにおける有数の日本研究者であるK・E・カルダーは、「技術者上がりの成長主義者」西山による川鉄千葉製鉄所の完成が戦後日本鉄鋼業の激しい競争の「始まり」を告げるものであったとしてつぎのように語る。

川鉄千葉の登場は、戦後日本の鉄鋼産業の激しい競争の「始まり」を告げたものであった。すなわち競争を引き起こし、それによって経済成長を大いに活力あるものにしたきっかけは、民間の意思が生み出したのであること、ある種の言説が言うように政府の戦略がきっかけではなかったのだということを、この川鉄千葉のケースは示唆しているのである。（中略）その川鉄で長年銑鋼一貫の製鉄所を持ちたいと夢見ていた男がいた。当時の社長、西山弥太郎である。すでに一九三五（昭和一〇）年、川崎造船鉄鋼部門の課長だったころから、この技術者上がりの成長主義者は将来の夢をここに定めていた（カルダー　1994：268－270）。

本書は、第二次世界大戦の敗戦後、混迷を極める日本の鉄鋼業にあって、戦後初の臨海型の新鋭一貫製鉄所建設というブレークスルーを生み出し、戦後日本の高度成長の火付け役ともなった西山の人生を綴ったものである。

戦後の日本鉄鋼業の復興・発展の過程で西山の果たした役割は経営史、企業家史研究では広く知られている事実である。しかし、一般にはさほど知られていない。同時代の松下幸之助、本田宗一郎、井深大、盛田昭夫などに比しても段違いである。

なぜだろうか。

彼らは戦後、新しい産業の担い手として、自ら起こした事業を成長に導いた企業家として注目を浴び、知名度も高い。これに対し、西山は川崎造船所（のち川崎重工業、川崎製鉄）という既存大企業における内部昇進型の経営者であり、鉄鋼業という一般消費者からはかけ離れた基礎素材産業の担い手であった。また、どこまでも本業の鉄ひとすじであり、自らを誇示することもなかったし、対外的な活動にも関心を示さなかった。

土光敏夫（東京芝浦電気社長、のち経団連会長）は、西山を「良い意味の野人といっていいであろう。野心がなく、事業に徹した経営者として、日本ではめずらしい存在であった」と評している（『西山彌太郎追悼集』1967：282‐283、以下『追悼集』と表記）。

西山は自らを「生一本の鐵屋、まあ鐵以外には何も知らぬ男といったほうがよいかもしれない。

他のことは何も知らぬが、鐵のことならなによりも好き」と述べている（西山1952：168－169）。鉄一本鎗で、ほかのことに手を出しているひまはなかったということだろう。

このように、西山の一生は鉄に生きた人生であったが、「戦後鉄鋼業のイノベーター」と称される変革者、カリスマ経営者でもあった。

なぜ「天皇」と呼ばれたのか

西山は社内外で「天皇」と呼ばれた。なぜ、天皇と呼ばれたのか。西山天皇という言葉が生まれたきっかけについてはつぎのような説が伝えられている（『鉄鋼巨人伝　西山彌太郎』1971：336－337、以下『巨人伝』と表記）。

戦後期の川崎重工業製鉄所（川崎製鉄の前身）で大争議が起こった際のことである。GHQ（GHQ/SCAP, General Headquarters/Supreme Commander for the Allied Powers：連合国軍総司令部）に解放された共産党勢力が全日本産業別労働組合会議（産別会議）を結成したころである。経営者はおおむね自信をなくして、時勢を嘆じていた時期であった。

この大争議の労使交渉の席で、経営側の交渉委員長である佐分利輝一副所長が最高方針は所長の西山が決めることであるとして、儀礼的で型通りの答弁で押し通していたことに対し、組合側のリーダー、山本康之（製鈑分会副分会長）が「佐分利さんは交渉委員長だといったって、ロボットに過ぎない。実際のことはすべて所長が決めている。その所長はちっとも顔を出さない。まるで『天皇』

だ」と言って回った。

それが始まりで、組合員の間に広がっていったといわれる。仕様のない専制君主という意味で、「西山天皇」と言い出したのである。

このように、西山天皇の由来は、もともと悪意で奉られたものであった。労働争議において、組合側が全権を握った専制君主という意味で西山天皇と言いだしたが、天皇という言葉が本格的に使われ始め、決定的代名詞になるのは、のちの川鉄発足後の千葉製鉄所建設時代以降においてであり、偉大な経営者、ワンマン経営者、カリスマ的魅力のリーダーという意味で使われるようになった。

変革者・西山弥太郎の戦略と行動

これまでいくつかの著作が西山について語ってきた。米倉誠一郎による一連の論稿、近年では、黒木亮（2012a、2012b）や伊丹敬之（2015）などがある。少し前になるが拙著もある。すでにいくつかの著作などがあるから、新たな一冊など必要ではないのかと考える人がいてもおかしくはない。

本書は、以下のような視点から西山を描いている。

まず、変革者・西山弥太郎のライフ・ストーリーについて、鉄鋼技術者としての人生を歩み始めるまでの前半生の若き日の西山、そして川崎造船所への入社、製鉄部門のリーダーとしての歩み、「東の東宝・西の川崎」と呼ばれた戦後期の大争議の解決、川崎製鉄の設立に向けての川崎重工業からの製鉄分離、四面楚歌での千葉製鉄所の建設、資金問題をはじめとするさまざまな経営課題、そして水島製鉄所建設にいたるさまざまな挑戦とそのブレークスルー、とくに銑鋼一貫製鉄所の建設に代表される経営行動、第二製鉄所建設途上での死にいたるまでの軌跡を西山自身および関係者の談話等を交えつつ、探っていく。

そして本書はこうしたライフ・ストーリーという歴史の縦軸のなかで、すぐれた戦略的意思決定を実行した経営者としての西山の企業家活動を以下のような鉄鋼業の近代化と成長のマネジメントという枠組みから考察する。

まず第一に、西山が銑鋼一貫製鉄所を意思決定するまでに突破することを迫られた二つの大きなハードルについて検討する。西山に立ちはだかった二つのハードルとは、戦後改革の嵐の中で先鋭化した労組優位の労使関係と、川崎重工業における造船部門・鉄鋼部門の併営という問題であった。この二つのハードルを突破するために、前者については一九四八（昭和二三）年の三カ月にわたる大争議を成功裡に解決するプロセス、後者については一九五〇年、川崎重工業からの分離・独立によって、新しい鉄鋼メーカー、川崎製鉄が誕生するプロセスをたどる。

第二に、千葉一貫製鉄所建設という大型設備投資戦略、世銀借款成功に代表される資金調達戦略を検討する。

ここでは、銑鋼一貫製鉄所建設という西山の決断、「ペンペン草」論争に象徴される政府、業界のさまざまな反対論を突破して、戦後初の高炉火入れをなし遂げた要因、困難をきわめた巨額の世銀借款成立までの具体的なプロセスにアプローチする。

第三に、西山による千葉製鉄所の拡充・完成と第二製鉄所、水島製鉄所の立地決定と建設計画とその遂行について取り上げる。

そして第四に、死に至る西山の体調悪化と後継者問題、社内の反対を押し切っての水島第一高炉着工時期の最後の決断など、西山「天皇」の最期を追う。

あわせて、本書では戦後経済史の語り草となった「ペンペン草」発言をめぐる一万田日銀総裁と西山との確執、念願かなって稼働した千葉第一高炉の予想外の不調、「平炉の西山」のLD転炉導入の遅れ、世銀借款交渉過程で囁かれた経営危機と苦悩、その回避のために現実的妥協を強いられた点についてもページを割いている。

西山の特徴はなんといっても、鉄鋼生産の近代化と成長に向けたその先見性と戦略構想力、変革への実行力にある。西山の人生と思想、そしてその経営戦略をたどることによって、革新を起こす企業家にとっての本質とは何か、今のわれわれが西山に学ぶべきものは何なのかを探ってみたい。本書はそれを探る小さな試みである。

西山が死去して、すでに五三年もの歳月が流れた。

今、この時期に、戦後日本の鉄鋼業のあり方を変えた苦難と試行錯誤に満ちたその歩みを振り返る意義は小さくないのではないか。

業界の常識にとらわれず、周囲の反対に屈することもなく、時代の制約の中で苦闘して、銑鋼一貫メーカーへの進出と鉄鋼業の近代化、成長に精魂を傾けた西山の生涯とその戦略的経営の実際を読み解いていきたい。

一〇章からなる戦後日本が生んだ経営イノベーターであり、天皇と呼ばれた男、西山弥太郎の物語である。

第1章　若き日の西山弥太郎

1．幼少年期、青春時代

生い立ち

西山弥太郎が生まれたのは一八九三（明治二六）年八月五日である。西山が生まれ、小学校卒業まで過ごしたのは、神奈川県淘綾郡吾妻村、現在の中郡二宮町である。

南は相模湾に面し、北は大磯丘陵と呼ばれるなだらかな丘陵地が東西に広がる地域である。二宮の町の名は町内にある川勾神社が「相模国二之宮」であることに由来する。

西山家は現在でも東海道筋に生家が残っている。祖先は小田原北条家の流れをくむ武士の家柄であったが、主家の滅亡後、この地に下野したといわれる。

西山は父豊八、母ヒロの十男として生まれた。父は養蚕業、蚕種紙販売業とともに、網元として村の漁師を取り仕切り、村役場の収入役も務めた素封家であった。十二人の子福者で、十一男までは男ばかりで、末子に女が生まれた。兄たちは養子に出たものが多く、長男と十一男が幼死し、次男斧三郎が家業を継いだ。

旧家といっても進学の機会は与えられず、九男は軍人の道を選び、西山は中学校には進学せず、小学校尋常科四年、高等科四年を終えた。小学校の成績順位は一桁であったが、一、二番を争う成績ではなかったという（『巨人伝』１９７１：６）。

高等小学校を出た西山は、横浜にある母方の叔父が営む金物屋に勤めた。店員、丁稚奉公である。

向学心の芽生え

ここで、一四歳の西山と鉄との出会いがあった。金物店を手伝いながら、「商品を売るより、そのもとになる鉄をつくって売った方がなおよかろう。原料の鉄をつくるためには、勉強しなければならない。それにはまず学校に行くことだ」と考えた（『追悼集』１９６７：５０９）。

評論家の谷沢永一はその著『向学心』において「中学校から鉄一筋―実業家・西山弥太郎―」という章を設けて、このように若い日に鉄づくりに想いを馳せて、初志貫徹して鉄ひとすじに生きた西山を、すでに少年時代に生涯の方向が定まって、いささかも揺るがなかった人物のひとりとして取り上げている（谷沢２００４：１３２‐１３４）。

西山は半年で金物店をやめた。向学心の芽生えである。早速、父の許しを得て上京し、猛勉強が功を奏して、一九〇九（明治四二）年四月、私立錦城中学校三年に編入学を果たした。

錦城中学校は一八八〇年に設立された東京・三田の三田英学校が、その後神田に移り、錦城学校と改称したのがルーツであり、一八九二年、中学校令により錦城中学校となった。
西山の一年あとの三年編入組で、卒業後は西山と同様に旧制第一高等学校に進んだ千葉三郎（元衆議院議員、労働大臣）によれば、錦城中学は当時の東京で開成中学、海城中学と並び称された私立の名門校であった。のちに八幡製鉄（新日本製鉄）社長・稲山嘉寛が学び、元首相・田中角栄が通学した学校でもある。
錦城中学は剣道や柔道などの武道も盛んで、西山とともに剣道を続けた千葉三郎は、次のように回顧する。

西山君はあまり上手ではなかったが、ひたむきで正攻法で打ってくるのが特徴だった。顔の色が白く、「白皙の青年」という言葉がぴったりであったが、力が強くて、私などは辟易した。ピシッと打たれたときの痛さを今でも覚えている。剣道の稽古はつらく、途中で止めていく仲間もいたけれども、西山君は最後までがんばった。一高にはいってからも剣道を続けたが、ここでも卒業するまでがんばり通した（『追悼集』１９６７：１６４）。

一九一二年三月、西山は錦城中学校を卒業し、翌年九月、第一高等学校二部（理工系）を受験し、合格した。当時、高等学校は全国で八つしかなく、第一高等学校はその最難関校であり、入学試験には北は北海道から南は台湾に至るまで、成績に自信のある逸材が集まった。西山は一高への進学によって、高等学校から大学までの長い学生生活を送ることになった。

回り道もして満二〇歳、一九一六年九月、東京帝国大学工科大学鉄冶金学科に入学した。西山が丁稚を経験しながら、一高、東京帝大に進んだことは、自ら環境を切り開いた成功物語であった。

旧制第一高校の日々

さて、西山の第一高等学校時代はどうであったか。

二〇歳代の学生時代は、誰にとっても人間形成の重要な青年時代に違いないが、西山にとっても自らの考える道、鉄づくりに挑戦するような能力と精神的基盤はこの時期に培われたといえよう。

第一高等学校では、全学年を通じて寮生活を送った。ここで、二人の同窓生が語る第一高校時代の西山像を紹介しておこう。

まず、谷川徹三の回想である。谷川は哲学者で、のちに法政大学総長などを務めた人物である。

西山君と私は、一高の一年生のとき寮の同じ部屋にいただけで、その後は一度もあっていない。戦後になって産業界の一部で「西山天皇」などといわれているのが、あの西山弥太郎と知って驚いたほどである。西山君ぐらい逸話のない男も珍しい。思い出を語るにはまことに始末に困る人間である。（中略）しかし西山君という人の存在については非常に鮮明な記憶が残っている。人間をその人柄のうえから軽い人間と重い人間とに分けることができるとすれば、西山君は典型的な重い人間で、いつも黙々として机に向かっていたけれど、そこには勉強家の学生である以上に、何か人間的存在の重量を感じさせるものがあった（『追悼集』１９６７：１６５-１６７）。

第一高校の同級生であった小森勝は、つぎのように一高時代の西山を回想している。当時の級友の回想から伝わってくる西山像は、ドイツ語で口論するというエリート一高生としての側面、そして深夜まで勉強に励む勉強家、努力家であったことに尽きるようである。

（第一高校）入学の栄冠を勝ち得たものは一〇人に一人の割合であり、彼が私学の錦城中学から入学したということは、非常なる努力の賜物であった。一言でいえば、真面目で、努力家であった。学習は必ずやっていたし、教室でも先生の問いにはいつもよどみなく答えていた。数学、英語、ドイツ語など、宿題はきちんとやっていた。

同僚にじつに頭のいいのがいたが、彼がよく西山とドイツ語で口論などするのを寮生が喜んで皆で取り囲み、わいわい騒いだりしたことは懐かしい思い出だ。西山は夕食が済むと図書館で一一時頃まで勉強し、消灯後もなおローベン（ローソクの火で勉強―引用者―）に励んだという勉強家でもあった（『追悼集』編纂用資料「小森勝談話」一九六七年二月一八日）。

東京帝大鉄冶金科に進む

西山の生涯において、第一高等学校から東京帝国大学に在籍した二〇歳から二七歳の七年間はどのような意味をもったのだろうか。

一九一二（明治四四、大正元）年から一九一九年の学生時代は、のちに川崎造船所製鉄部門でそのリーダーへの道を歩む壮年期とともに、西山の人生の重要な前半生を形づくるものとなった。

西山の七年間の学校生活と寮生活は、先に述べたように、友人の回顧録を要約すると、沈毅寡黙、努力家、勉強家という点で共通する。

鉄冶金学科の教授は俵国一であった。西山は一高の同期でのちに大学に残る三島徳七（ＭＫ鋼の開発者、東京大学名誉教授）とともに俵を生涯尊敬し続けることになる。

俵はドイツから初めて金属顕微鏡を導入して金属組織学を開き、砂鉄や刀剣材質の研究にも成果を上げた先駆的な研究者であった。金属組織学はのちに三島が東京帝大教授となって継承して発展させた。

鉄冶金学科は午前中講義で、午後は実験が主だった。当時の実験室の風景、それは実験室を回る俵教授がまず水流し場を見て、蛇口から水滴が漏れていると、自分で締めてから学生のそばや顕微鏡に近づいたことである。しかし、水道のことは何も言わない。この物を粗末にせず、きちんと整理する心がけに西山は大きな影響を受けた。

西山は後年、川崎製鉄の社長になって製鉄所の現場をよく回ったが、砂地に鉄片の頭が見えると近づいて靴で掘り起こし、鉄の切れ端や釘などが落ちていると必ず拾ったといわれる。川上大典（当時、千葉製鉄所運輸課長）は語る。

何といっても印象に残っていることは、工場をよく回られてどんな小さな鉄屑でも拾い上げておられたことです。一本の釘でもお金と同様に大切にしなくてはいけないのだという教訓を身をもって示された。土曜日になると、現場技師、役付工などに「きょうは社長が来られる日だから、鉄屑の回収をやっておけ」と指示するのが常でした。ことほどに、とくに鉄屑にはうるさかったお姿が思い出されてならない（『川崎製鉄新聞』一九六六年九月二六日）。

やがてどこの現場にも「宝箱」と大書した大きな木箱が常置されて、鉄片はすべて回収された。鉄を造る人間が鉄屑を粗末にするとは何事かという無言の教えであった。これも恩師譲りであった。

俵教授は一九五八（昭和三三）年、八六歳で没するが、その数年前、第一高炉などが稼働を開始した千葉製鉄所を訪れた。西山は恩師に製鉄所を説明して回った。俵は千葉製鉄所の建設が発表されて着工に至ったとき、大学時代は目立たない、どちらかといえば地味な存在であった西山がこのような大事業を手がけるとは想像できなかったと思われる。

卒論は川崎造船所の製鉄工場拡張論

当時の東京帝大鉄冶金科では、正規のカリキュラムとして製鉄所での実習があった。西山ら鉄冶金学科の学生全員が、二年次の一九一七（大正六）年七月、田中鉱山株式会社釜石製鉄所（岩手県）で実習を行っている。釜石製鉄所は一八九四（明治二七）年、日本で初めてのコークス高炉の出銑に成功した製鉄所であり、鉄冶金の学生にとって勉強のメッカであった。

午前中は現場で見学・実習を重ね、午後は海で泳いで体を鍛えた一カ月間であったという。

翌一九一八年七月、今度は希望者だけが官営八幡製鉄所（福岡県）で一カ月間実習した。この実習で西山は三年前に稼働した高炉の炉頂ガス処理装置などを調べて論文にまとめ、俵教授に提出している。

八幡製鉄所からの帰途、西山はひとりで川崎造船所（神戸市）を訪ねた。二カ月も続けて滞在するほどの熱心さであった。

当時、日本は一九一四年七月に勃発した第一次世界大戦によって、艦船、商船の需要が増大したが、八幡製鉄所の生産量だけでは不足し、輸入品も入手不可能という状況に陥っていた。そのような状況下で、川崎造船所の社長であった松方幸次郎は造船用鋼板を自給するために、神戸市の葺合脇浜地区の海岸を埋め立て、工場建設に着手し、西山が実習にきた一九一八年には、平炉、厚板圧延機が稼働し、六ミリ厚までの鋼板が製造可能となった。

川崎造船所での実習は、西山にとって稼働直後の工場を観察する絶好の機会であり、多くの成果があったと考えられる。大学の教室で学んだ知識によって、かなりの程度まで鉄鋼業の現場を理解することができたからである。そして何よりもこの実習によって鉄鋼業の技術と経営について、一定の自信を持ったことであろう。

西山はこの新設工場について、現状の川崎造船所では所要鋼板の半分しか供給できないとして、さらに埋め立てを拡張して、旧工場に隣接して五〇トン平炉四基の製鋼工場を設け、年間二五万トンの造船用鋼板を製造するという内容の卒業論文を執筆した。

「The Design of the Steel Making Shops for the Kawasaki Ship-building Yards」（日本語タイトル「神戸川崎造船所製鋼工場計画」）と題する英文九五ページ、付録設計図四〇枚）からなる論文であった。

東京帝大工学部の時代において、このように就職する企業（川崎造船所）の工場拡張プランを策定したことは、その後の西山の人生の進路としての鉄鋼業の技術者、製鉄部門のリーダー、それも日本鉄鋼業の将来を見据えた構想の持ち主に成長しつつあったことを示唆していないだろうか。

論文の序文で、西山は「製鉄と造船は一国の二本柱であり、（中略）この二つの工業の独立と発展はわが国の重要政策でなければならぬ。造船を盛んにするには良質の鋼材、とくに鋼板を国産で、しかも輸入品よりも安価に供給する必要がある。この意味において、鉄冶金技術者の勉強と努力が強く要望される」と述べ、生涯をかける新しい製鉄所建設への意欲がここにすでにその萌芽をあらわしていることは注目される。

後年、西山はこの卒業論文について、「川崎の工場を見学し、その調査をもとにして、川崎重工の膨大な拡張計画試案などを書いたりしたものだ。これは何も卒業のためにデッチあげたものではなく、やはり自分の仕事の一環として、私の構想を若年ながら書き上げたもの」であると語っている（西山 1952：168）。

この点について、飯田賢一（1987）は、「戦後鉄鋼技術革新の先導者（イノベーター）として大成する土俵がすでにはやくも鉄冶金の学徒であったこのごろから用意されていたことの証明である」と述べている（飯田 1987：220）。

2．入社した川崎造船所とは

川崎正蔵の個人経営から株式会社への転換

西山が入社した株式会社川崎造船所とはどのような企業だったのか。

そのルーツは、川崎正蔵が起こした個人企業としての川崎造船所であった。

明治維新後の政府の船舶近代化政策に賛同し、近代造船業の経営、すなわち、西洋型鋼船を建造可能な造船所の経営に意欲を燃やした企業家が、岩崎弥太郎（三菱造船所、現・三菱重工業）や川崎正蔵（川崎造船所、現・川崎重工業）、平野富二（石川島造船所、現・ＩＨＩ）であった。

川崎造船所の創業者・川崎正蔵は一八三七（天保八）年、桜島を望む鹿児島県の城下町に生まれた。そして明治維新期に貧しさの中から商人として身を起こし、造船業への夢を抱いた企業家となっていく。

明治政府の殖産興業政策に基づく官業払下げの活用を契機に、川崎は一八七八（明治一一）年、東京築地海岸の官有地を借り受け、政府から建設資金三万円の融資をうけて川崎築地造船所を開設し、造船業を開始した。さらに八一年には、宿願の神戸で川崎兵庫造船所を開設し、さらに築地造船所も移転して、関西に全事業を集中した。そして川崎造船所を三菱と並ぶ造船企業へと成長させた。

しかし、川崎には大きな課題があった。東京築地造船所の開設以降、造船所の設備拡充に情熱を注いできたが、そのための資金調達はもはや個人企業としては限界があった。個人企業からの脱皮は極めて切実な経営課題となったのである。

川崎は「藩閥」「政商」と呼ばれた。彼自身はその言葉を嫌ったといわれるが、政商は資本主義の勃興期に政府から何らかの形で特権的な保護を受け、殖産興業政策に沿って巨大な資本蓄積をなし遂げた企業家であった。

川崎は一八九六年、川崎造船所の将来の発展を考え、従来の個人経営から株式会社に改組し、第一線を退いた。株式会社川崎造船所の発足を機に、経営を託されたのが松方幸次郎である。当時、三一歳の若さであった。

西山の入社時の社長が松方であった。後述するように、松方は若き日の西山の存在を知り、その将来を早くから嘱望するようになる。

キャプテンズ・オブ・インダストリー――松方幸次郎――

松方幸次郎は、首相を務めた明治の元勲、松方正義の三男で、アメリカのイェール大学、フランスのソルボンヌ大学など欧米の名門校に留学した経歴を有する人物であった。

神馬新七郎（川崎重工業監査役、のち甲南大学教授）は、松方を「明治・大正の両年代を通しての偉大なキャプテンズ・オブ・インダストリーで、わが国の産業界に残された仕事は多い。その上、氏は産業界には稀にみる思想家であった」と述べている（藤本1960：331）。

キャプテンズ・オブ・インダストリーは、イギリスの思想家にして歴史家であったトーマス・カーライル（Thomas Carlile）がその著 *Past and Present*（1843年）で述べた言葉であり、時代と経済を先取りした産業界のキャプテン、トップリーダーを指す言葉である。

松方は一八九六（明治二九）年の社長就任以来、三二年間一貫して社長の座にあり、川崎造船所は明治末にはわが国企業で売上高トップの重工業企業となった。

以下のように、その在任期間中、多角化事業として鉄道車両の製造を手始めに、鉄鋼、飛行機などの生産を行うなど、積極的な経営行動を展開し、さらに海国日本の将来を予測して、川崎汽船を創設した。そこには、総合的な重工業企業を築き上げることが企業の安定的成長を促すという松方の一貫した考えがあった。

【川崎造船所の総合重工業への多角化】

・鉄道車両：車両工場を新設（一九〇六年）、鉄道院からの受注増大。電気機関車を鉄道省に納入開始（一九三八年）
・鉄　鋼　業：兵庫工場における製鉄業の兼営（条鋼、形鋼の生産、一九一六年）葺合工場で薄板生産を開始（一九一八年）
・飛　行　機：航空機の将来性に着目し、兵庫工場に飛行機科設置（一九一八年）岐阜・各務原工場で生産開始（一九二三年）
・自　動　車：自動車飛行機工場を開設（一九一九年）。飛行機生産への経営資源集中のため、進出を断念
・海　　運：ストック・ボートの大量生産を利用した川崎汽船株式会社の新設（一九一九年）。国際汽船株式会社の設立への参加（同）

出所：『川崎重工業株式会社社史』（一九五九年）

このように、松方の川崎造船所としての前半生は、キャプテンズ・オブ・インダストリーと称されるのにふさわしいものであった。しかし、松方率いる川崎造船所は第一次世界大戦後の金融恐慌以降、深刻な経営危機に陥り、経営破綻に追い込まれた。経営破綻の要因として、第一次大戦後の世界的な不況の中での経営戦略の失敗があった（柴1978、1980）。

このような松方の多角的拡大志向の失敗は、製鉄部門の技術者であった西山に第4章で考察するよ

うな多角経営批判、ひいては製鉄分離論の素地をつくったと考えられる。

川崎造船所は一九二〇（大正九）年から約一〇年間の長期不況期に、「無謀ともいえる多角化戦略、すなわち、ストック・ボート（見込み生産の船舶）建造の続行と海運業への進出、さらに航空機製造と製鉄という新部門への進出」を強行したことによって、製鉄部門は稼働率を上げて大量の鋼材を生産・出荷しながらも、経営破綻を招いた（三島1984：411、柴1978：132）。

松方は大戦期の造船ブームの中で、従来からの受注生産方式を転換してストック・ボートの大量建造に向かい、成功をおさめたが、大戦後の経済不況期にはストック・ボートというビジネス・モデルが逆に大きな足かせとなり、金融恐慌の中で破綻を余儀なくされたのである。

西山が入社してから九年後の一九二八年、松方は経営破綻の責任を取って川崎造船所を去った。

製鉄事業への進出

西山が終生の事業として携わることになる鉄鋼業が、日本で近代工業として確立したのは一九〇一（明治三四）年における官営八幡製鉄所の創業以後のことである。その後の日本産業の本格的発展の過程で鉄鋼業も急速に進歩していったとはいえ、国内の鉄鋼需要をまかなうためにも、かなりの期間を必要とした。たとえば、大正初期において日本の造船業が必要とした大量の鋼材の大部分も、依然として欧米先進工業国からの輸入に依存せざるをえない状態であった。

だが、一九一四（大正三）年に始まった第一次世界大戦はこうした状態を変革する何よりの契機となった。大戦の勃発で、川崎造船所も各国からの新造船の受注で活況を呈したが、好況の波に乗った日本の造船界にも一つの大きな弱点があった。当時、造船用の鋼材はほとんど外国からの輸入に依存していたのである。ところが、大戦の勃発と同時に、まずイギリスが輸出を禁止し、一九一七年四月には、日本の造船界にとって唯一の鋼材供給源であったアメリカも参戦し、その対外輸出を止めてしまった。各造船会社は大戦の勃発に伴いストップした鋼材の輸入と国内における鋼材価格の急騰による打撃を克服すべく、鉄鋼生産設備への投資を行って鋼材の自給体制をつくりあげようとした。

川崎造船所でも、こうした情勢を背景として、製鉄部門の拡充、新設を急いだ。この第一次世界大戦の進展に伴うイギリス、アメリカによる鋼材輸出禁止令は、川崎造船所が製鉄業へ本格的に進出するきっかけとなった。

松方幸次郎は鉄鋼の自社調達を期して、一九一六年二月、資本金を倍額増資して資金調達を行った。そして一六年以降、車両と造船用の鋳鋼品などを製造していた兵庫工場（神戸市）に一〇トン平炉二基を増設し、条鋼、形鋼、鍛造品、圧延鋼材の製造を開始した。続いて一八年には、葺合工場で新しい圧延設備として、中板工場、厚板工場が操業を開始した。

鋼板には薄板、中板、厚板の区分があり、厚さ三ミリ以下を薄板と呼び、厚さが三ミリ以上六ミリ未満の鋼板を中板（厚中板）、六ミリ以上の鋼板を厚板と呼んでいる。中板や厚板は船舶や建設、機械などの用途に用いられる鋼板である。

葺合工場の名称は一九二八（昭和三）年六月、製鈑工場に改称され、四五年八月、再び葺合工場となる。

「鋼板の川崎」

このように、川崎造船所は薄板、中板、厚板の生産・供給体制を築いた。これが「鋼板の川崎」、「板の川鉄」として知られるようになったそもそもの始まりといってよい。

川崎造船所は一九二一（大正一〇）年五月、当時、日本では製造困難とされていた高張力鋼板の圧延に成功した、これによって、良質な造船材料を供給することが可能となった。さらに、二四年六月には薄板工場が完成した。このような経緯を経て、川崎造船所は高張力鋼板、特殊鋼、薄鋼板へと、次々に新製品を製造し、短期間のうちに少なくとも鋼板に関しては、日本のトップ・メーカーとして名を成すにいたった。

西山が入社した二年後の一九二一年、松方は元海軍技術大佐で住友伸銅所の取締役・所長で米国出張中の小田切延寿に会い、入社を懇請し、葺合工場長に任命した。小田切は「薄板の製造には文字どおり熱狂的に奮闘した」人物となる（『巨人伝』1971：92）。この小田切の下で西山はその信頼を獲得し、葺合工場のホープ的存在になっていく。

当時の日本では技術的に困難といわれ、輸入品に依存していた薄板の製造を自社製造に切り換えたのは、松方の積極策に基づくものであった。その後、葺合工場は鋼板生産量で官営八幡製鉄所に次いで第二位、薄板では一位となり、「鋼板の川崎」の声価を高めた。その結果、薄板工場完成当初は

「川崎のドラ息子」といわれたものが、製鉄部門の基幹工場としてのみならず、外注にも応じられるまでに生産量が上昇し、「川崎のドル箱」といわれるようになったのである（福島 1987：35）。

英国ロイド協会がこの創業間もない葺合工場を認定工場にしたという事実によっても、その品質がすぐれていたことが明らかであろう。その後一九二〇年には、前述のように、製造が至難視されていた高張力鋼鈑の製造にも乗り出す。「鋼板の川鉄」という評価を維持してきたのも、この葺合工場を事実上の起点とした技術的伝統の力といっても過言ではないだろう。

この時期、川崎造船所の鉄鋼部門が着実な発展を遂げた要因として、安価なインド銑を使用し、加えて、アメリカから輸入していた鉄スクラップ（屑鉄）の価格が低下した点があげられる。

松方は、造船の上流工程としての鉄鋼業への進出、下流工程としての海運業への進出、言い換えれば、鉄鋼・造船・海運という事業の垂直的統合という多角経営を展開した。

3．「製鋼の西山」「平炉の西山」への道程

平炉メーカーの技師としてスタート

西山は一九一九（大正八）年八月一日、川崎造船所に入社し、葺合工場製鋼科平炉掛に配属された。葺合工場が新設の工場であり、ここで大いに力をふるいたいと、西山の胸は躍っていたと思われる。

西山が技師として入社した川崎造船所は、売上高で当時日本の大企業二〇社に入る企業であり、造船業界では三菱造船所に次ぐ企業であったが、川崎造船所の製鉄部門は製銑工程（高炉）を有しない平炉メーカーにすぎなかった。

一般に、鉄の製造工程は、①銑鉄を製造する工程（製銑）、②硬くてもろい銑鉄から炭素の含有量を減らして、強じんな鋼（はがね、steel）にする工程（製鋼）、③製鋼工程で製造された鋼を鋼板や棒鋼、鋼管といった鋼材にする工程（圧延）の三つの工程に分けられる。

この製銑・製鋼・圧延工程までの三段階を垂直的に統合した製鉄所（銑鋼一貫製鉄所）を有する鉄鋼会社を銑鋼一貫メーカーあるいは高炉メーカーと呼び、高炉を有しない鉄鋼会社は平炉メーカー（製鋼圧延会社）と呼ばれる。

なぜ、西山が官営八幡製鉄所など高炉メーカーでなく、民間の平炉メーカー、川崎造船所に入社を決めたのか。

川崎造船所製鈑工場をテーマとして卒業論文を執筆し、同工場が新設の製鉄工場であったことから、ここで大いに腕をふるいたいという青年らしい野心があったからかもしれないが、その詳しい動機は不明である。

創業者・川崎正蔵の孫にあたる川崎芳熊（のち川崎重工業専務）は、なぜ川崎造船所に入社したのかについて、西山に聞いたことがあるという。

西山さんはどうして川崎の葺合工場を選んだのだと聞くと、実は大学時代に学校から見習として葺合工場に差し向けられたときに沖を通る白帆を眺めて、こんなところで働いたらさぞ愉快だろうと思って志望したのだ、とのことであった。なるほど葺合工場の南は神戸市の埋立中で、沖に白帆の走るのがよく見えた。当時は工場に続いて岸壁がめぐらされていたので、夏は涼をとるのに格好の場所であった。休み時間には我々は沖の景色を、また塩の香を満喫したものだ…（『追悼集』１９６７：２２４）。

一高の同級生であり、川崎重工業の営繕部門担当であった古茂田甲午郎（のち安藤建設顧問）は、西山が戦後鉄鋼業において顕著な足跡を残し、川鉄のトップ・マネジメントとして君臨し続けた要因として、「大財閥の門にはいらずに、川崎重工という企業組織の幼いところで手足を伸ばすことができたこと」であると述べている（『追悼集』１９６７：２４７）。川崎造船所の製鉄部門の陣容が十分ではなく、その人的資源ニーズに西山の個性と能力が合致していたということであろう。

西山は一九二五年一月一日付けで、葺合工場製鋼課製鋼掛主任に昇格し、同じ一月二〇日、多胡ミツと結婚した。平社員時代と独身時代がこの年とともに終わることになった。西山三二歳であった。なお、このころの西山は写真でみると、体つきも細く、肩身もすんなりとしている、やさ男である。あの晩年のがっちりした体躯は取締役時代以降のことである。

小田切延寿と西山弥太郎

西山が入社した一九一九（大正八）年八月、当時の川崎造船所は騒然たる環境にあった。第一次世界大戦の大戦景気の反動不況に加えて、労働争議が頻発していたからである。吉野作造を中心とする大正デモクラシー思想の普及と相まって盛り上った労働運動の波は、川崎造船所にも押し寄せてきた。当時、社長の松方幸次郎はヨーロッパに出張中だったが、その帰社を待たず、三菱造船所その他の工場とともに、川崎もストライキに入り、まさに歴史的な大争議に発展した。西山の入社直後の八月九日、サボタージュという労働争議の新戦術が同社造船所で初めて決行されたのもこの争議であった。しかし、結果的には争議団側の敗北に終わった。

この造船所の大争議は、葺合工場の技師であった西山に直接的には無関係だった。葺合工場はこのサボタージュに参加しなかったし、翌年のストライキにおいても争議の中核勢力でなく、争議の主戦場はあくまで本社・造船所であったからである。

その要因として、当時の葺合工場は川崎造船所の主力部門ではなかった点に加えて、賃金水準が逆に造船部門に比して高かった点が挙げられる。

先に述べたように、松方は葺合工場長として小田切延寿を招聘した。小田切は一九三五（昭和一〇）年までの一四年間の長きにわたって在籍し、川崎造船所の製鉄事業発展の基礎を築いた。とくに一九二二年には薄板に請負制を実施して能率を大幅に上げるという実績を残した。この請負制による能率向上という考え方は、そのまま西山に引き継がれ、技術革新と表裏一体をなして葺合工場の発展に大きく寄与した（『巨人伝』1971：90－91）。

このように、西山にとって小田切は職場の師であった。小田切は、製品を土足で踏もうものなら、大事な商品を何たることだと叱り、罰金を取るような人物であった。非常な勉強家でそのノートはびっしり書き込んであり、参考書にはいちいちアンダーラインが引いてあったという。そのカミナリは、鋼板の製造については実に手がつけられないほど厳しかった。西山も一度どなりつけられたことがあった。しかし、西山は工場のさまざまな問題点の解決、さらには新しい企画案には十分な実験データを基に提案し、小田切の信頼を得ていった（同前）。

しかし、一九三五年一二月、川崎造船所で光る存在であった小田切は退社する。西山にとっては直属長であったというだけでなく、強い影響を受けた人物であった。守屋重義（のち川崎製鉄専務）は「小田切さんは西山さんにすべてを任せておられた。小田切所長は当時の上層部が自分の意見を求めることなく製鈑工場の鋼管設備を昭和鋼管へ売却したのを理由に、一五年近い川崎生活に終止符を打たれました」と述べている（同前：190）。

松方幸次郎との出会い

先に述べたように、西山が入社した当時の川崎造船所の社長であった松方幸次郎は、川崎造船所の社長就任後、海外造船所等を頻繁に訪問し、最新の経営知識を学ぶ一方、若手技術者を海外実習に派遣するなど、技術力向上に取り組んだ国際派の経営者であった。

のちに松方コレクションで有名になる松方は、なかなかエピソードに富んだ人物であった。川崎芳熊は松方を「独裁専制」「陣頭指揮」の経営者であったと評し、つぎのように回想している。

松方さんは、本社の入り口に一番近い部屋を社長室と定め、文字通り独裁専制、陣頭指揮であった。仕事はまず工場視察からはじまる。夏冬を問わず、古いカンカン帽をかぶり、つぎからつぎへと廻って行かれる。そして実にこまかく、一本の鋲の落ちていることから、ボイラーのたき具合、旋盤の回転速度まで注意せられる。

少しのごまかしも、手落ちも容赦はない、重役も技師も工員も何の差別もなく、鋭い質問を浴びせられ、耳痛い皮肉を聞かねばならぬ。午後になると、市の東西にある工場に行って、同じような視察を続け、夕方になって初めて社長室にもどり、報告を聞き決裁を下す。幹部社員は退社時間が来ても帰るに帰れない（藤本 1960：331‐332）。

このように、松方は現場に入り、技師や工場現場の社員たちに話しかけ、細部にわたって造船のキーポイントを学んで、造船界の指導者として独自の見解を持つまでに達した現場主義の経営者であった。松方は西山に常に現場を見ることをアドバイスした。

後年、川崎製鉄の株式課長代理として株主説明会などで西山に随行した村上英之助（のち副社長）は、西山がたった一人だけ非常に尊敬をこめて語っていた人物が松方であり、西山は松方のことを

「閣下」と呼んでいたと述べている（村上２０００：34）。

前述のように、松方は西山が入社してから九年後の一九二八年、経営破綻の責任をとって辞任するが、その時点でそれまで人並みであった西山の月例給与を一一五円に上げた（『巨人伝』１９７１：１２９）。二年前の主任昇格時の給与は九五円であった。

現場でこそ最高の学びが得られる

松方社長が葺合工場を巡回するとき、西山が随伴するのが常であったほどに、西山は若くして重用された。川崎芳熊はつぎのように回想する。

私が松方社長の命令で葺合工場で見習をしているころ、西山さんは製鋼課だった。二人ともよく松方社長に呼ばれてしぼられたものである。「松方社長がお呼びです」と一言聞くが早いか、取るものも取りあえず馳せつけけたものであった。

松方さんは常に工場の能率と技術者の働き振りに関心を持ち、そこに重点をおいて考える人であった。それゆえに工場を回るときに、技師諸君が工場に出ていないとたいへんごきげんが悪い。そこで西山さんも私もしばしば工場巡視のお供をしたものである（『追悼集』１９６７：２２３－２２４）。

このように、松方は西山の現場主義に強い影響を与えた一人となった。

前述の川崎芳熊のコメントにある松方の「仕事はまず工場視察」「カンカン帽をかぶり」「実にこまかく、一本の鋲の落ちていることから…」は、後年、川崎製鉄社長となった西山が製鉄所を巡回するイメージとオーバーラップする。

当時、技師が工員とともに生産現場に入ることはまれであり、技師は研究や設計をしておればよく、現場で仕事をするのは職工であった。しかし、西山の仕事に対する情熱はそんなしきたりにはお構いなく、自ら現場に飛び込んで職工とともに働いた。現場でこそ最高の学びが得られるという考え方である。

一方で、西山は現場の規律に厳格な人物であったことも確かである。「壮年期の西山は、朝の門限に遅れてきた工員を一歩も中に入れず、仁王立ちになって殴り飛ばすほどの激しさを持っていた」（村上 2000：30）という指摘もある。

「技師は現場へ」と一喝

製鋼技師であった太田豊彦（のち川崎製鉄副社長）には、若き技師時代の一九五〇（昭和二五）年、初めて西山に会った時の強烈な思い出がある。西宮工場から葺合工場に工員とともに応援に行ったとき、派遣工の着到手続きで事務所にいたところを西山に見られ、つぎのように一喝されたという。

若い技師は寸刻を惜しんで現場を歩かなければダメだ。現場には問題がいくらでもころがっている。それを見つけ解決するよう努力するのが、勉強になり進歩になるのだ。また工員の気持ちもわかるようになると諭された（『川崎製鉄新聞』一九六六年九月二六日）。

のちに西山は自らの現場主義について、漫画家の清水崑との対談で、つぎのように、「自分は現場を眼目にしている」「工場の人間をみんなよく知っている」、そして「生産現場の高い意欲が工場を活性化させている」と述べている。

私は現場を眼目にしているから、工場の人間を皆よく知っている。そういう連中に会って顔を見て、やあと肩を叩いて労をねぎらうのが何よりいい気持だ。

技術開発で外国との競争が物凄くなってきた。アメリカとソ連は自給自足ができるからこれは別格官幣大社として、相手は西ヨーロッパ。鉄を輸出してドル稼げでたいへんな意気込みだが、日本が勝ちつつある。いやすでに抜いた。ライバル意識は職工さんにまで徹底している。工場が生きるのはそこだ。自分は彼らの行くところなら、どんな地の底だろうが、高い起重機の上だろうが、彼らが一生懸命やっているそばまで行ってみてやる（桜井編 1961：80－82）。

西山の現場主義について、數土文夫（川崎製鉄、ＪＦＥスチール社長、のちＪＦＥホールディングス社長）は、技術者として現場を非常に重視し、後進の技術者に対しても、その思想を徹底したと語っている（数土 ２００９：５）。そして川鉄では、「現場で考えろ。現場が川鉄の研究の場だ」という西山の言葉が額に掲げられ、その推進した現場志向が代々受け継がれてきたと強調する（同前）。

最新の平炉製鋼法で服部賞受賞

西山は製鋼課で平炉の技術開発や新設備の建設を担当したが、そのなかで、平炉の建設、設備合理化、作業員の掌握、能率給の確立など、製鉄部門の技術革新と生産性向上にとくに力を入れた。工場長の小田切延寿の信頼と知遇を得て、西山は若くして製鉄部門のリーダーとなり、業界でも「製鋼の西山」「平炉の西山」と称されるような実力を涵養していった。

「平炉の西山」を象徴するようなエピソードが、後輩の製鋼技師であった八木靖浩（のち川崎製鉄四代社長）によって語られている。時は千葉製鉄所建設時代である。

西山さんは平炉の設計や操業に関して非常に詳しかった。葺合の平炉工場の大改修工事をやってこられて、いろいろ経験しておられるか、あるいは平炉を最初に造り始めた時からおられたのか、よく知りませんが、平炉が効率よく操業できるポイントを押さえていました。ですから、千葉で最初の平炉工場ができるまではいろいろ注文が出ましたね。注文どころか赤鉛筆でザーッと線を引かれた。書き直しということになりますわな。せっかくきれいに書いたものをバーッと赤鉛筆で直されて、なんじゃいなということもありましたよ。考えてみれば、平炉の建設などベーシックなエンジニアリングとなれば、当時は若手の技術屋のやる仕事です。それを一介の技術屋と対等に議論できるような技術や素養を西山さんは持っていたんですから、「社長になってまでも忘れずに持っとったのかいな」と思いましたね（八木編 1997：335）。

西山は一九二五（大正一四）年、当時ヨーロッパで最新鋭であったルップマン式平炉三基の建設に着手し、さらに一九二七（昭和二）年から三〇年にかけて、従来のジーメンス式平炉六基全部をルップマン式平炉に改造した。日本はもとより世界最新の平炉製鋼法が川崎造船所で確立し、鉄鋼技術者として成長していった（飯田 1987：224）。

この新型平炉の稼働は製鋼時間を大幅に短縮するという製鋼技術の革新をもたらしたことによって、専門家の間では「平炉のことは西山に聞け」と、その存在を認められた。

一九三一年二月には、酸素を吹き込んで石炭ガスの燃焼を早め、平均四時間二〇分へと大幅に短縮した。これによって業界において「西山株」はどんどん上がった（『巨人伝』1971：158）。

西山は一九三三年一月発行の『鉄と鋼』に、「塩基性平炉改造の経過とその成績について」を発表した。日本鉄鋼協会は同四月の第十八回通常総会において、西山の「製鋼炉の構造改善および作業上の進歩発達」をたたえ、鉄鋼技術者最高の賞ともいうべき服部賞を授与した（飯田 1987：226）。

平炉製鋼の改善により製鋼能率の飛躍的向上を達成したことによるものであった。西山はその後も改善を継続し、酸素の大量使用による平炉生産能率の向上を実現した。

ヨハン・ドリーゼンの良きパートナーとして

西山は前述の平炉のジーメンス式からのルップマン式への転換に際し、ドイツ人技師のヨハン・ドリーゼン（Dr. J. Driesen）らの指導を得て、一九二六（大正一五）年八月、二基を完成し、その結果、製鋼時間の大幅短縮を果たし、業界から注目された。

当時ドリーゼンに課せられた任務はルップマン式平炉三基を新設し、その後、既存のジーメンス式平炉六基を取りこわし、それに六基のルップマン式平炉を建設することに伴う技術指導一切を受け持つことであった。このときドリーゼンは四一歳で、西山は三〇歳を過ぎたばかりの若い製鋼課技師であった。

ドリーゼンはこの平炉改造のために、当時最大の日本・ドイツの貿易商社であったイリス商会（Illies & Co.）から四年間にわたって葺合工場に派遣された工学博士の技師であり、西山はその信頼を一身に受けた（『巨人伝』１９７１：１２９）。

当時の松方社長から技術指導の依頼があったとき、ドリーゼンは「聡明で意欲的な技師のチーム、訓練された職長および全作業員に、日本固有の思考方法によって必要な指示を伝達できる仲介者」を松方に求めた。そして「若々しい冶金技術者の西山」を指示の総伝達役にしたという（『追悼集』１９６７：１９１‐１９３）。

その約四十年後、ドリーゼンは西山の死去に際して、西山の平炉技術に対する貢献として、①冶金技術者としてのすぐれた学問上の素養、新製鋼工場の建設を通じての理論上の研究を完成した点、②新しい平炉の低廉・多量の出鋼、すなわち、生産ベースに基づく能率給制度を導入した点、③技師と工場現場の社員全体の協力をもとに平炉の水準を高めることに成功をおさめた点をあげている（同前）。

ドリーゼンは日本を去るにあたって、会社首脳部に対し西山に昇進の機会を与えるべきだと進言し、その結果、自分の希望は実現されたと語っている。

このように、若き日の西山は松方、小田切、そしてドリーゼンなどに将来を嘱望された技師であった。

ルップマン式平炉の建設現場で。左がドリーゼン，右から二人目が西山技師
（出典：『川崎製鉄五十年史』）

第2章　製鉄部門のリーダーへの道を歩む

1．先進国鉄鋼業に学ぶ

アメリカ、イギリス、ドイツへの旅

一九二八（昭和三）年五月、川崎造船所では、社長松方幸次郎の辞任を受けて、鹿島房次郎が二代目社長に就任したが、鹿島は三二年に病没し、翌年の三月、平生釟三郎が社長に就任した。平生はその後一九三六年、広田弘毅内閣で文部大臣に任命され、翌年には日本製鉄会長、四〇年には大日本産業報国会会長、日本製鉄社長を務めることになる人物である。

一九三三年六月一日付けで、西山は製鋼課長に昇進した。入社一五年、掛主任になって八年目であった。西山四〇歳であった。

西山は翌一九三四年一二月、平生社長から四カ月間の欧米鉄鋼業の視察を命じられた。平生は「これで遊んでこい」と西山に一万円を渡したといわれる。

川崎造船所では松方社長時代から技術見習や保証乗船といった業務で欧米に出張した社員は多かっ

たが、西山のような業務上の義務がない視察は珍しい。少なくとも海外鉄鋼業視察は西山が最初だった。

一九三五年一月、西山は横浜港からアメリカに向けて出発した。親族、会社関係者など三十数名が見送った。その中には後輩の若い技師藤本一郎（のち川崎製鉄二代社長）もいた（同前：177－178）。アメリカ、イギリス、ドイツなどを視察し、シベリア鉄道経由で旧満州国の昭和製鋼を見学した。帰国するまで、約四カ月間に及ぶ長期の旅だった。

この時期に西山を欧米に送り出そうと考えたのは、なぜだろうか。

もちろん、物見遊山の海外出張ではない。ここには、製鉄部門の次期リーダーを嘱望される西山に、先進国鉄鋼業の実態を視察させておきたいという平生など経営首脳陣の配慮があったことは確かである。一九三四年一月の製鉄合同による日本製鉄の発足の直後でもあった。

その出張中、アメリカやヨーロッパなどの製鉄所とその最新技術をつぶさに観察した。西山はイギリスでの体験をつぎのように語っている。

昭和一〇年ごろは日本の輸出が華やかな時代だった。（中略）われわれ鉄屋も、亜鉛鉄板の輸出を相当やったものである。ことに英国の領分をだいぶ侵したようだ。サウスウェールスに行ったら、まるで火の消えたようなありさまであった。ある日、グラスゴーのステーション・ホテルで朝食をとっていた。後ろのテーブルで四～五人の紳士がしきりに熱弁をふるっている。なんだろうと聞き耳をたてると、なんと、私のことをあれこれいっているのだ。「この男を見ろ、日本人だぞ。彼らは英国に来ては、いろいろと勉強して帰り、とうとう英国の工場の火を消してしまったではないか。われわれも負けないように、どしどし日本へ人をやって、日本の良いところを勉強しなくてダメだ！」というような話であった（『川崎製鉄社長西山彌太郎　鉄づくり・会社づくり』１９６４：32－33、以下『鉄づくり・会社づくり』と表記）。

クルップ・レン法との出会い

ドイツでは、クルップ社のマグデブルグ工場、エッセン工場、ボルベッグ工場などを訪れた。同社では貧鉱処理法の研究開発が行われていた

当時、第一次大戦の敗戦国ドイツはヒットラーの統治下にあって急速な経済復興をはかっていたが、連合国の圧迫もあって経済的には非常に苦境に立っていた。鉄鋼業では鉄鉱石を輸入するための外貨に事欠くという状況にあり、国内の地下数百尺というところにある成分三〇パーセント前後の貧鉱石で製鉄する必要に迫られていた。そこで、ドイツ政府は従来の製鉄法ではない、新しい貧鉱処理法を考え出せという緊急命令を各製鉄メーカーに発していた（同前：34－35）。

西山はマグデブルグ工場で、ヨハンゼン（Friedrich Johansen）が一九三〇（昭和五）年に発明したクルップ・レン法を視察した。西山はこのドイツで発明されたレン法を応用して、岩手県・久慈工場を開設し、砂鉄の本格的精錬に着手することにより、砂鉄の有効性を高め、優秀な特殊鋼製造分野

をひらくことになる。

レン法はロータリーキルン（回転炉）による貧鉱処理法である。この方法で砂鉄から鉄を得ることに成功しているという説明をクルップ社役員から聞いた西山は、建設中の大型プラントを見て、「これなら大丈夫」と自信を持ち、帰国後、平生社長、鋳谷（正輔）専務に報告したところ、即座に賛成が得られ、ただちに実行にかかれということになった（同前：34－37）。

西山は一九四〇年一二月、岩手県久慈に鉱山部・川崎久慈鉱山を設置し、翌年には二基の大型キルン、ついで小型二基を四三年に設置し、砂鉄精錬がスタートした。

第二次大戦中、久慈工場のルッペ（鉄と鋼の中間の粒鉄）は、従来の薬きょう用黄銅に代わる鉄薬きょう材として大量に使用された。そして戦後、一時的中断をまじえながらも、さまざまな鉄鋼材料や製品製造に活用されたが、西山の死の翌年の一九六七年四月に久慈工場は閉鎖された。

西山はこの砂鉄精錬法への愛着を死ぬまで捨てなかったが、「歩留まりが悪く、各工場での評判は今一つで、これは西山さんの唯一の道楽だというのが率直な評価だった。しかし、西山さんは決してやめようとは言い出さなかった」（村上 1990：34）。西山の死後、藤本一郎社長を中心とする新しい経営体制になって、久慈工場の閉鎖が決定された。

このように、久慈工場は西山の死を追うように閉鎖となり、今その跡には久慈市役所が建っている。久慈市では、新町名を西山町とする案もあったが、最終的には川崎町で落ち着いた。

欧米視察で銑鋼一貫志向を強める

この欧米鉄鋼業視察において、西山がとくにストリップ・ミルが導入途上にあった米国鉄鋼業に触れたことは、のちに平炉メーカーを脱して、ストリップ・ミルを擁した大量生産型の銑鋼一貫メーカーをめざす重要な契機となった。

西山は「欧米の視察から得たヒント。それは、将来、ストリップ・ミルでマスプロでやるべきだ、したがって一貫工場が必要だということであった」、「当時は、欧州にはまだストリップ・ミルはなかったが、米国では一方ではハンド・ミルを使いながらも、また一方では新しくストリップ・ミルを使うという状態であった。だが、ストリップ・ミルを働かしてマスプロをするのには溶鉱炉が必要であると、そう確信した」と述べている（『鉄づくり・会社づくり』１９６４：49）。

ベルリン滞在中の西山に会った一高・東京帝大の後輩、石原義雄（元日本特殊鋼常務）は「千葉製鉄所を序の口として、水島に一大理想的製鉄所の建設に着手せられた遠大な構想計画の萌芽は、すでに昭和一〇年、この欧米視察の時に生まれた」と述べている（『追悼集』１９６７：２０８）。

このように、一貫製鉄所の構想は戦前から西山の脳裡に存在したのである。

さらに、西山が銑鋼一貫化への志向を強めた象徴的な出来事として、日本製鉄発足の翌一九三五（昭和一〇）年の転炉（小型底吹き転炉）増産計画の挫折がある。西山は製鋼に必要な年間三〇万トンの銑鉄供給を日本製鉄に要請したが、拒否された（同前：44）。

日鉄から拒否された背景には、第一に、「日鉄中心主義」という環境下における日鉄とアウトサイダー企業、川崎造船所との圧倒的な力関係のギャップ、第二に、当時、顕在化してきた銑鉄の入手難という事情が強く働いていた。

植山義久（のち川崎製鉄副社長）は、「八幡が銑鉄を拒否したことで、計画が崩れてしまった」ことを受けて、西山が「溶鉱炉を持たない製鉄事業というものがいかに悲惨であるか、今後の経営というものが溶鉱炉を主体とした一貫圧延工場をつくらなければ、とうていだめだ」と語ったと述べている（「社史編纂のための記録シリーズ　千葉製鉄所の建設その一」、以下、「千葉製鉄所の建設その一」と表記）。

ここには、欧米鉄鋼業視察や日本製鉄の設立を契機に、西山が平炉メーカーの原料の銑鉄における日鉄依存・従属体制から生じるさまざまな制約条件と「弱み」を明確に自覚し、銑鋼一貫構想を認識するプロセスを読み取ることができる。

2．製鉄部門のリーダーへ

鉄鋼全部門を担当

先に述べたように、西山は入社七年目の一九二六（昭和元）年一月、製鋼課製鋼掛主任、さらに七年後の三三年六月、製鋼課長に昇進した。これは当時の川崎造船所の大卒社員の平均的な昇進スピードであったといわれる。

しかし、西山の場合、一九三五年に洋行して帰るや、課長在籍わずか二年で工場技師長になり、それから三年後の三八年六月、製鈑工場所長となるスピード出世となった。入社一九年で、名実ともに製鉄部門のトップとなったのである。西山四四歳であった。

一九三八年、製鈑工場所長に就任した西山は四五年の敗戦に至るまで、久慈製鉄所（岩手県）、特殊鋼工場（兵庫県）、伊保工場（同）、知多工場（愛知県）の建設・操業に文字通り、東奔西走した。西山の息のかかっていない工場はなかった。

一九三七年七月、日中戦争が勃発し、近衛内閣の「不拡大方針」の放棄によって全面戦争へと広がっていった。同年九月、軍需工場動員法、三八年五月には国家総動員法が施行され、経済界も平和産業縮小と軍需産業の拡大・強化の方向に大きく転換した。そのなかで、鉄鋼業は軍需物資として軍の統制下におかれ、平和産業としての薄板需要は激減した。

一九四二年八月には、製鈑工場、製鋼工場、特殊鋼工場、知多工場、久慈製鉄所が統合し、製鉄所が設置され、西山は製鉄所長となった。文字通り、川崎重工業の製鉄部門のトップとなった。工場名はそれぞれ葺合工場、兵庫工場、西宮工場、知多工場、久慈工場に改称された。

敗戦後、ＧＨＱによる経済パージで、川崎重工業は鋳谷正輔社長以下経営首脳部はその大半が退陣したため、社長空席の合議制のなかで西山は筆頭取締役となった。

なぜ、リーダーに昇りつめたのか

西山は大学卒業後入社し、川崎造船所で昇進を重ねてきた内部昇進型経営者であった。

なぜ、西山は製鉄部門のリーダーに昇りつめたのか。そこには、主体的要因と客観的要因があげられる。

主体的要因として、西山特有の強い自己研鑽意欲、研究熱心で、かつその技術上の主張は現場密着型の実験的データと理論的主張に基づくものであった点である。さらに、仕事では一片の妥協もないが、部下の指導、統率力が巧みであった点である。すでに述べたように、現場に多くのファンをつくり、頼りにされる人間であった点が挙げられる。

一方、客観的要因としては、川崎造船所製鉄部門の開設二年後という時期に入社し、同じ専攻分野の先輩がほとんど存在しなかったことである。工場開設時、稼働に当たったのは主に官営八幡製鉄所から招いた技師たちであり、年齢的にも隔たっていた。西山は実質的に川崎の生え抜きの鉄鋼技術者の第一号であったということになる。さらに、一九三五年の小田切取締役所長の辞任などがあって、指導層に空白を来し、西山の実力が評価されて、課長以後昇格が早められた事情があったことである。

３．日本製鉄の成立と川崎造船所

川崎造船所は製鉄合同に不参加

戦前期の川崎造船所製鉄部門の経営において、その画期となったのは一九三四（昭和九）年一月の製鉄合同による半官半民の日本製鉄株式会社の発足である。

満州事変後の戦時体制への移行という状況下で、政府、軍部は産業合理化の重要施策としての鉄鋼の低廉かつ豊富な供給を不可欠と考えた。

その目的を達成するため、日鉄法に基づいて主要製鉄会社にその参加を勧誘し、官営八幡製鉄所を中心として、輪西製鉄（三井系）、釜石鉱山、三菱製鉄（三菱系）、富士製鋼（渋沢系）九州製鋼（安川系）がそれぞれ現物出資して半官半民の製鉄会社として発足した。次いで同年三月、東洋製鉄、二年後の一九三六年五月、大阪製鉄が参加した。日鉄は、八幡、広畑、室蘭、釜石、東京、大阪、兼二浦（朝鮮）、清津（朝鮮）の八事業所を経営する製鉄会社となった。

政府は当初、民間の銑鉄および鋼材生産の主要会社全部の合同参加による国策会社の設立を目標としたが、参加勧告に先立って、日本鋼管、浅野造船、小倉製鋼の三社は合同の方法と資産評価の点に研究の余地があるとして参加を保留した（岡崎　１９９３：２１４－２１６）。川崎造船所も製鉄部門と造船部門の分離が困難であることを理由に不参加を表明した。

その結果、日鉄創立時の日本鉄鋼業においては、以下の三つの業態が併存することになった。

①　合同参加会社：官営八幡製鉄所、輪西製鉄、釜石鉱山、三菱製鉄、富士製鋼、九州製鋼

②　製鋼圧延会社：日本鋼管，川崎造船所，神戸製鋼ほか一〇社

③　単純圧延会社：東海鋼業ほか八社

その結果、川崎造船所など大合同に参加しなかった民間鉄鋼会社には新たな課題が発生した。銑鉄

の円滑な入手が必ずしも容易でなくなる一方で、鋼材市場においては半官半民の巨大企業、日鉄と競争するという新たな課題に直面することになったからである。

「日鉄中心主義」の時代を生きる

日本製鉄はその規模から圧倒的に他社の追随を許さない、いわば「鉄は国家なり」の象徴的存在であった。この日鉄は産業合理化の重要施策として、鉄鋼の低廉かつ豊富な供給を設立目的としていたにもかかわらず、商工省の鉄鋼政策は、「日鉄中心主義」と呼ばれる一時期を形づくっていた。

ここでは、日鉄以外の鉄鋼会社の高炉建設は容易に認可されず、また、商工省と日鉄の意に添わないカルテル（銑鉄や製品の共同販売カルテルなど）については廃棄工作が行われたからである。

当時、鉄鋼需要急増の情勢のなかで、高炉の建設申請が相次ぎ、日鉄の八幡洞岡の一〇〇〇トン炉二基が建設された。

日鉄へ参加しなかった民間鉄鋼メーカーのなかで、小規模といえ、一九三三（昭和八）年に日本鋼管第一高炉三五〇トン炉，翌三四年に浅野小倉製鋼二五〇トン炉、中山製鋼三〇〇トン炉、三五年に鋼管第二高炉四〇〇トン炉、浅野造船鶴見第二高炉三〇〇トン炉の建設認可申請が提出された。

しかし、これらのアウトサイダー（日鉄以外の企業）の建設申請に対して認可されたのは、鋼管第一高炉が三四年に認可されたのみで、他は三六年にいたるまで認可されなかった（飯田ほか編1969：329）。商工省にはアウトサイダーを含めた全国的政策は存在せず、日鉄の長期計画がそのまま国の鉄鋼政策の様相を呈していたのである。

先に述べた川崎造船所の年間三〇万トンの供給要請を日鉄が拒否したことによって、西山の小型底吹き転炉による増産計画が挫折したのも、日鉄発足の翌年の出来事であった。

4．戦中、戦後の西山弥太郎

戦時下、知多で一貫製鉄所を計画

一九三九（昭和一四）年一二月、株式会社川崎造船所は社名を川崎重工業株式会社と改称した。

これに先立つ一九三七年七月の日中戦争勃発以後、日本は準戦時体制に突入し、軍部は鉄鋼生産拡充策に着手した。これに呼応して川崎造船所も工場拡充を迫られた。そして、四一年一二月、太平洋戦争が勃発し、日本は戦時体制に突入した。

西山は翌一九四二年六月の株主総会において、取締役に選任された。内部昇進者としては最年少の取締役であり、鋳谷正輔ら経営トップの西山に対する信頼を示すものとして注目された。西山は取締役就任と同時に、製鈑工場所長、久慈製鉄所所長、特殊鋼工場所長の三つの職務を委嘱された。

そして同年秋、陸海軍から出された生産拡充命令が契機となって、銑鋼一貫構想を具体化するチャンスが訪れた。葺合工場のみでは軍の要望を充足することは困難であるため、葺合工場の代替工場建設計画として、新規立地での製鉄工場建設を検討することが必要となったからである。

当初候補地にあがったのは三重県四日市であった。しかし、建設予定地が海軍燃料工廠の西隣の地であったため、労働者を製鉄所に吸収されては困るという海軍の反対があったため、四日市を断念した。

その代替地として海軍が推薦したのが、愛知県の知多半島半田地区であった。西山は当初、陸海軍用の薄板工場を建設する予定であった。そして戦争が終わったら、ここに銑鋼一貫の製鉄所を建設する計画を持ったのである（川崎製鉄調査部編「戦後川鉄の歩んだ道」一九六四年四月六日、以下、「戦後川鉄の歩んだ道」と表記）。

一九四三年三月、西山を委員長とする知多工場建設委員会が発足した。

銑鋼一貫製鉄所の青写真

それでは、西山が知多に計画した銑鋼一貫製鉄所の青写真とは、どのようなものであったのか。

愛知県半田、武豊間の海岸の埋立地約三〇万坪（九九万平方メートル）を取得し、陸・海軍航空本部用鋼板年産二万五〇〇〇トン、同じく海軍艦船本部用鋼板一万トンの生産の薄板工場を建設した後に、海面を埋め立てて一〇〇万坪（三三〇万平方メートル）に拡張して銑鋼一貫製鉄所とする計画案であった。

この知多における銑鋼一貫製鉄所計画を策定するために、西山は製銑部門については日本製鉄の八幡製鉄所製銑部長、技師長などをつとめた鵜瀞新五、化成（コークス炉関係）部門については昭和製鋼出身の山村営次郎を招聘した。

鵜瀞と山村らは、五〇〇トン高炉六基、製鋼（平炉）、化成、圧延部門を含む一貫製鉄所のレイアウトを作成した。薄板の大量生産をめざすストリップ・ミルの構想は画期的であった（『川崎製鉄二十五年史』１９７６：34）。

大原久之（のち川崎製鉄常務）はつぎのように語る。大原は商工省鉄鋼局出身で、一九四八（昭和二三）年、東京商工局鉱山部長のとき、川崎重工業に入社し川鉄設立とともに、取締役東京支店長を務めた人物である。

鵜瀞氏は日本の高炉の大御所、オーソリティーなんですよ。私が川崎に入ったとき、すでに知多の一貫製鉄の青写真までできていましたよ。溶鉱炉をこういうふうに並べて、あとどうするんだと。現在の電気炉はその大きなプランの一つなんですよ。その電気炉の方を先にやっちゃった。戦争中で埋め立てなんかが遅れたものだから。電気炉をやった段階において、終戦になってしまった（『千葉製鉄所の建設その一』）。

敗戦を迎えたことによって、知多銑鋼一貫製鉄所の夢は藻屑と消えたが、西山は「そもそもこのレイアウトをつくったときが、具体的に一貫工場の建設を決意した最初なのである。そしてわれわれがねらいとしたのは、薄鋼板のマス・プロであった」と述べている（『鉄づくり・会社づくり』１９６４：

48)。
知多における一貫工場の青写真は、千葉製鉄所建設の先駆けとなる最初の具体的な計画だったのである。

「故郷を持ったユダヤ人になろう」

一九四五（昭和二〇）年八月一五日、日本はポツダム宣言を受諾し、太平洋戦争は終結した。この敗戦直前の八月一一日、西山は社長の鋳谷正輔に対し、製鈑工場、製鋼工場、特殊鋼工場、知多工場、久慈製鉄所および伊保工場を統合して製鉄所として運営すること、その経営責任は自らが負うことを進言した。

鋳谷は西山の提案を受け入れ、川崎重工業製鉄所が発足し、西山は取締役製鉄所長に就任した。工場名はそれぞれ葺合工場、兵庫工場、西宮工場、知多工場、久慈工場および伊保工場（一九四八年閉鎖）と改称された。

敗戦は企業活動にさまざまな形で甚大な衝撃をもたらしたが、川重製鉄所も例外ではなく、各工場は空襲によって大きな被害を受けていた。

西山自身にとっても、一九四四年、軍需工場に勤めていた長女・寛子が病死し、四五年の敗戦一〇日前の八月五日、神戸空襲では自宅が全焼してしまうなど、苦難に満ちた日々であった。

敗戦直後、西山は製鉄所幹部に「武力を失ったわが国の進むべき道は貿易立国しかない。とすれば、基礎産業としての製鉄所を造らなければ、今後わが国の経済は発展しない。われわれは故郷を持ったユダヤ人になろう」と語っている（植山1980：83）。このように、西山には「外国相手の金儲けをしよう」という輸出重視の発想が強かった。西山は『鉄鋼界』（日本鉄鋼連盟発行）におけるインタビューにおいても、つぎのように述べている。

日本人は金儲けが下手だ。も少し国民全部が真剣に金儲けを考えて貰いたいものだ。しかし国内のお互い同士の間の金のやりとりはつまらん。対外的な金儲けが上手にならねば、人口の多いのに加えて、国土国富の四割以上も失った今日の貧乏国日本は喰っていけない。中国人はその点うまいものだ。何百年来の動乱続きで、政府も当てにならん、頼るものは自分だけ、したがって財力のみを自己防衛の盾としている。今までの日本ではこの点では恵まれて居ったともいえる訳だ。川鉄は輸出優先だという人があるが、実際その通りで、我社は外国相手の金儲けに重点を置いている。そのため国内の需要家には一寸待って頂いたこともあるが、いずれにせよ、外国から稼がねば原料も買えない日本ではないか。こうした点は真剣に考えなきゃ駄目だね（西山 1951：42）。

敗戦、廃墟の中での決意

注目すべきは、西山が川崎重工業製鉄部門のあるべき姿について、「敗戦などすぐ忘れてしまおう。新しい考えで、また立ち上がれるものだ。日本の鉄鋼業はこれまでの欧州式の小規模生産方式から米国式大量生産方式に切り換え、思い切ったコストダウンをはかり、国際競争力をつけていかねばならない。大規模生産を行うには、溶鉱炉をもつ銑鋼一貫製鉄所の建設が必要だ」と語っていることである（「戦後川鉄の歩んだ道」）。

また、西山はこれからどうなるかという不安の渦中にあった社内の虚脱状態のなかで、「これまで鉄は軍需だったが、今後は鉄は民需で使われるので、必ず立ち直れる」と語っている（『先達に聞く（下巻）』１９８５：１５５-１５６）。それが敗戦後間もなくの言葉だった。その通りだった。このように、西山には経営者としての胆力とともに、戦後という新しい時代に対する嗅覚があった。

西山は敗戦下での企業再生や技術革新に貪欲に取り組む新進気鋭の経営者のひとりであった（永江２０１８：28）。

鉄というものを熟知した現場経験豊かな技術者出身社長としての先見性が敗戦という新しい状況下で、その旺盛な開拓者精神（フロンティア・スピリット）と結びついて、一貫製鉄所建設の駆動力となっていく。

第3章　戦後労働争議の嵐の中で

1．労組優位の労使関係

鉄鋼一貫化に立ちはだかった二つのハードル

戦後、西山が鉄鋼一貫製鉄所の建設を意思決定するまでには、二つの大きなハードル、言い換えれば、壁を突破する必要があった。

ひとつは、川崎重工業における造船部門・製鉄部門の併営という問題であり、もうひとつは、戦後改革の嵐の中で先鋭化した労組優位の労使関係であった。

そのなかで、川重からの製鉄部門の分離・独立、すなわち、鉄鋼専業体制への転換は、鉄鋼一貫実現のための近代化投資の遂行において、西山がリーダーシップを発揮できる体制、そのための意思決定機構の構築を意味していた。

労使関係については、鉄鋼一貫製鉄所を建設し運営していくためには、急進的、過激な労働組合運動から経営権、言い換えれば、経営へゲモニーを奪取し、職場の秩序を回復し、平和的労使関係を構築する必要があった。

日本の労働組合運動は敗戦によって大きな転機を迎えた。占領下、財閥解体、農地改革、労働組合の組織化など、ＧＨＱによる一連の民主主義的改革が破局的食糧危機とインフレ、そして社会的な混乱のなかで、推し進められた。労働運動は全国に広がり、先鋭化した。

戦後の労働運動には、二つの流れがあった。戦前の社会民主主義から合法左翼にいたる諸流派を糾合した日本労働総同盟（総同盟、一九四六年一月一七日結成）と、日本共産党系の連合体である全日本産業別労働組合会議（産別会議、同年八月一九日結成）である。労使協調を基本方針とした総同盟が生産性向上による経済復興等を標榜したのに対し、産別会議は体制改革的な労働組合運動を最も代表するものであった。

製鈑分会、全鉄労の関西地区最大の拠点に

川重製鉄所の労働組合は当初、総同盟兵庫の働きかけにより結成準備が進められた。その結果、すべての組合が総同盟に加盟した。しかし、産別会議の執拗な働きかけ・オルグによって、一九四七（昭和二二）年四月以降、葺合労組、西宮労組、西宮職組、知多労組が総同盟を脱退して産別会議に加盟し、共産党の影響を受けた急進的な労働運動が急速に拡大した。

その結果、全日本鉄鋼産業労働組合（全鉄労）で最も強い闘争力を持つ組合となった葺合労組（製鈑分会）は、全鉄労の関西地区における最大規模の拠点となった。

ここで注目すべきは、全鉄労の上部組織である産別会議の闘争方針が共産党の地域人民闘争と同質の戦術であり、占領体制下においても革命が可能であるとし、その指導下で労働組合は職場権力、地域権力の打倒に向かって戦うべきとする方針を掲げたことである（坂本１９７５：33－34）。

このように、産別会議勢力は企業レベルにおける労働組合や労働権・経営参加権の実質的確立を通して、多くの企業に浸透し、労働組合運動の主力となっていった。全鉄労は闘争方針として、労働者生活の絶対擁護、平和的鉄鋼生産力の確保、経営の民主化徹底など五項目を掲げた（『川鉄労働運動史』１９７４：78）。

製鉄所における労働組合運動の高まりについて、当時、葺合工場の第一圧延部長であった藤本一郎（のち川崎製鉄二代社長）は次のように回顧する。

戦争に負けた反動で、葺合工場の工員は身体もよかったけど、頭もよい人間が多かったですよ。みんな軍隊上がりで、上等兵が多かった。それで自分たちはよく働いたのに、これはなんじゃとね。そういう反動じゃなかったかと思います。それで、最低賃金をよこせと言い出したんです。そのうち最低賃金ばかりじゃなく、企業の民主化とか言い出してね。オレ達にも経営にタッチさせろとかね。それが盛り上がりましてね、手に負えなくなった（『先達に聞く（下巻）』１９８５：１５６）。

この産別会議・全鉄労に主導された急進的労働運動は、藤本のコメントにもあるように、川崎重工業製鉄所の労使関係に労組優位の状況をもたらした。一九四七（昭和二二）年の争議において、強気の西山「天皇」であっても、物価上昇予想を大きく上回る大幅な賃金増額回答に追い込まれたことなどはその象徴的なケースであった。

一九四七年争議における「失敗」

なぜ、西山は大幅な賃金増という譲歩を強いられたのだろうか。

争議開始時点では、製鉄所は経営協議会において各工場長が持ち回りで交渉委員長を務めたが、労使交渉に不慣れな技術者出身の工場長は組合側の激しい追及に耐えかねて次々と降壇せざるを得ない状態に陥った。

これを受けて製鉄所長の西山が交渉委員長となり、工場長・総務部長が補佐する体制がとられたが、この体制も組合側の攻勢に押されがちであった。一九四七（昭和二二）年の待遇改善要求交渉は七回の協議を経たが、西山はストライキを回避するために、大幅な賃金増に追い込まれたのである。

西山は自ら経営側の敗北であったことを認めているが、この争議は技術者としての西山のキャリアからいえば、新たに遭遇した事態であり、大きな試練となった。

西山は交渉の途中で「会社なんかやめて淡路にでも行くか、牧場でもやるか」と苦笑したといわれる。そして、争議終結時には「労働問題ではおれたちは失敗した、キズモノだ」と語ったと伝えられている（『巨人伝』1971：320）。

この経営側が事実上経営へゲモニーを自失した間隙を縫って、共産党主導の戦闘的・急進的な労働運動が製鉄所に浸透していった。職場においても、組合は「手袋よこせ」「石鹸よこせ」から「休憩時間に賃金よこせ」など、さまざまなレベルの要求闘争を構える中で、部課長を引っ張り出して要求を行うという、いわゆる職場闘争を積み上げ、職場を掌握して経営の実権を奪取する戦術に出てきた。

「拘束された経営権」の状況へ

このように、敗戦後の混乱期、川崎重工業製鉄所における組合側の攻勢は増していった。一九四六（昭和二一）年に入り、賃上げ要求（一月）、労働協約交渉（五月）、賃上げ要求（六月）、飢餓突破休暇要求（七月）、越年闘争（一二月）と続いた。

このなかで見逃せないのは、労働協約交渉において、組合側が労働協約の締結を要求したのに対し、経営側は組合提案をほとんど実質的な審議を行うことなく、一方的に締結に追い込まれてしまったことである。

その結果、一九四七年一二月に締結された労働協約では、「工場その他の施設の閉鎖・売却・譲渡、および経営組織の変更については事前に組合の諒解を得ること」、「会社は組合員の転任、転職、解雇または休退職については事前に組合に通知し、組合において異議あるときは諒解を得ること」などが明記されるなど、経営側の人事権を大きく制限するものとなった。

波に乗る製鈑分会は職場闘争の積み上げや労働協約で勝ち取った諸権限に加え、職場を掌握して経営権を拘束する戦術に進み、遂には「川崎独占資本の打倒」を標榜するにいたった（『川鉄労働運動史』１９７４：87）。

製鉄部門の生産復興を急務とする西山に大きく立ちはだかった壁が、この労働攻勢に基づく経営権の大幅な制限、すなわち「拘束された経営権」であった。

経営権という言葉自体は一九四五年一〇月の第一次読売新聞争議時に生まれたが、四六年一一月の関東経営者協会の「労働協約に関する意見」で、人事権、営業権、経理権などを総称するものとされた。山本潔（１９８３）や西成田豊（１９９２）らは、経営権の大幅な制限を「拘束された経営権」と呼んでいる。

西山にとって、争議の重要な争点はこの経営権であり、経営権の奪還、言い換えれば、経営へゲモニーの獲得にあった。西山は経営権奪還についてつぎのように述べている。

ストは泥沼の様相を呈してきた。そもそも事の起こりは、会社が出した待遇改善策を不満として、組合側がカウンター・オファーを出してきたことにあった。つまり三箇条の改善案なのだ。（中略）それがまた、実に過大な要求である。会社は、「とうていのむことはできん」「のんだら会社がもたん」とこれを拒否した。これが争議の争点であった。またそのうえに、経営権の問題がからんでいた。三箇条だけをみると経済闘争のようだが、ついには経営権の問題にまで口出しをはじめた。会社側は「いっさいまかりならん、経営権は絶対に譲らぬ」と主張し、三カ月半ぐらい対峙した（『鉄づくり・会社づくり』１９６４：23）。

2.「東の東宝」「西の川崎」

ＧＨＱによって回避された一九四七年争議

一九四八（昭和二三）年の葺合工場における大争議、「川崎製鈑争議」は同時期の東宝映画製作所（東宝株式会社）の労働争議と並んで、「東の東宝・西の川崎」と言われたほどの激しい労働争議であった。

この二つの争議の共通点として、敗戦後三〜四年の騒乱期に労働組合の圧倒的優勢のもとで、経営側によってさまざまな争議対抗手段が駆使された点、経営側が争議を通じて組合分裂を利用しつつ、共産党組合幹部の追放による経営権の確立を目標とし、これを実現した点が挙げられる。これらは戦後騒乱期の労働争議の基本パターンでもあった。

川崎製鈑争議の主体は、西山「天皇」に率いられた経営側と、全鉄労によって関西地区の最重要の拠点と位置づけられた製鈑分会であった。

ここで、一九四八年の川崎製鈑争議の前史となった一九四七年争議がＧＨＱによって回避されたプロセスについてにふれておこう。

一九四七年一月一〇日、組合側による待遇改善要求に対して経営側が示した待遇改善案は葺合労組によって拒否され、逆に組合は提案を申し入れたが、経営側は先手を打って一月二九日、第二次会社提案を示した。葺合以外の組合はこれを了承し、妥結した。

その結果、葺合労組は単独闘争を宣言し、三月一一日、無期限ストライキに突入した。しかし、三月一四日、GHQ兵庫軍政部はこのストは「二・一ゼネストに該当するもの」としてスト中止命令を発したため、組合は調停案の受諾を強いられ、闘争の終結に追い込まれた（「戦後川鉄の歩んだ道」）。

この二・一ゼネストとは、産別会議、総同盟、官公庁労働組合の共同闘争体制ができあがり、一九四七年二月一日の実施を計画された全国レベルでのゼネラル・ストライキであった。しかし、決行直前に連合国軍最高司令官ダグラス・マッカーサーの指令によって中止となり、戦後日本の労働運動の方向を大きく左右する事件となった。

このように、一九四七年の争議はGHQの手で回避された形になったが、その一方で、組合は無期限ストが阻止されたことによって、大きな挫折感とエネルギーが鬱積されることになった。

その意味では、この一九四七年争議は、翌年の大争議の前ぶれとなった。当時、川崎重工業では、第4章で述べるように、製鉄部門を第二会社に移す計画が進行しており、西山は多事多難な渦中にあった。そのなかで、製鉄所労組の状況も大きく変わりつつあった。

葺合労組は一九四七年の争議が実質的に産別会議・全鉄労の指導下で行われたことで、同年六月の年次大会において産別・全鉄労への再加盟と総同盟からの脱退を決議した。この全鉄労関西支部および兵庫県産別会議への再加盟により、葺合労組は「全鉄労川崎製鈑分会」となった。そして先に述べたように、関西における産別会議の拠点となっていったのである。

西山「天皇」、全面的決戦を決意

西山は戦後のインフレーションの進行、生産の低下の中から、「従業員の生活を維持するためには、生産を軌道に乗せることが急務であり、そのためには、労使一体となって生産復興に努めたいという固い信念」を有する人物であった（『追悼集』1967：525）。

川崎重工業製鉄所の経営活動はもっぱら西山「天皇」のトップダウンの意思決定に負うものであり、川崎製鈑争議も例外ではなかった。製鉄所労組の中核をなす製鈑分会との闘いには、西山は重大決意をもって対決せざるを得なかった。したがって、紛争の長期化をも覚悟した。

そこに意図されていたのは、この機会をとらえて組合側の中軸である製鈑分会に対し、いわゆる左翼労働組合主義の一掃をめざして全面的な決戦を挑み、経営へゲモニーを奪還し、職場秩序を回復することであった。

一般に、政党がその伸長をはかるため、労働組合など大衆団体内に設ける分派あるいは出店をフラクションと呼ぶ。日本共産党が主としてこの組織方針をとっていた（川崎重工業『製鉄所所報』一九四八年三月一日、以下『製鉄所所報』と表記）。共産党は一九四七（昭和二二）年末の第六回党大会でフラクションをグループと改称したが、西山は企業の存続と銑鋼一貫製鉄所建設への夢をかけ、政治目的をもつ組合とは絶対に妥協せず、長期にわたってもこの共産党フラクションを排除するという強い決意を固めた。

この西山の争議解決の決意について、藤本一郎は「西山さんはこの戦（いくさ）は会社の存亡をかけた闘いである。経営の基本理念を貫き，存分の活動をやれ。株主には俺が責任をもつと号令を発した」と述べている（藤本一郎「西山弥太郎を語る」１９８２）。

八カ月間にわたった一九四八年争議

一九四八年争議は、以下に掲げる争議過程の略史にみられるような三つの段階を経た。

まず、一九四七（昭和二二）年一二月の製鉄所労職協議会による三大要求（最低生活保障賃金制・非常融資規程・退職金規定）提出から、四八年三月の労職協議会からの製鈑分会の離脱による単独闘争が開始した時期である。

西山は戦闘体制の構築をめざす観点から、後述するような労働専門家による争議対応の体制づくりや争議対策要綱の策定を進めた。その結果、葺合工場の管理職層は部課長会を結成し、製鈑分会の闘争第一主義を批判した。一方、分会は三大要求に「民主的」企業再建整備を加えたあらたな四大要求を経営側に提起した。ここに一九四八年争議の幕は切って落とされた（第一期）。

次いで、製鈑分会が三次にわたる二四時間ストライキを決行した時期である。分会は単独闘争に入ったが、一方では、この時期に第二組合としての葺合工場職員組合、給食所従業員組合が結成された（第二期）。

さらに、製鈑分会による無期限ストライキ決行とその後の生産管理への戦術転換とその失敗、工場占拠と給食所襲撃についての経営側による神戸地方検察庁（地検）への告訴、首謀者の懲戒解雇・大量検挙へと続いた。この時期に、葺合工場の役付工有志が製鈑分会を脱退して再建同志会を結成し、さらには第二組合、葺合工場労働組合が結成された。このようなプロセスを経て、最終的に経営側の勝利によって争議は妥結に至った（第三期）。

その結果、分会組織は崩壊し、一九四八年七月七日、経営側主導による争議終結の最終協定書が調印された。四七年一二月の三大要求提出から八カ月が経過していた。

【川崎製鈑争議の争議過程・略史】

① 第一期

経営側、給与改定案提示。組合側、これを拒否、三大要求を提出（四七年一二月一日）

葺合工場部課長会声明（四八年二月七日）

経営側、三大要求に関し、第一次回答（二月一〇日）

製鈑分会、共同闘争を離脱、単独闘争へ（三月一二日）

第二次回答、再度の拒否（三月一七日）、第三次回答（二四日）

経営側、西山所長声明を出し、改めて組合要求を拒否、（三月一七日）

②　第二期

製鈑分会、「民主的」企業再建整備を加えた四大要求を要求（三月二三日）
経営側、四大要求に対抗し、争議行為に対する会社方針を告示（三月二四日）
製鈑分会、賃金諸要求解決困難につき地労委に調停申請（三月二六日）
経営側、製鈑分会の地労委提訴に応じられない旨を申入れ（三月二七日）
本店職組・西宮職組・兵庫労組、会社回答受諾（同）
経営側、製鈑分会に西山所長名で闘争体制を解くよう申し入れ（四月一日）
第一次二四時間スト決行（四月一五日）
葺合工場職員有志、第二組合としての職員組合結成（四月一七日）
西宮労組・知多労組、会社回答受諾（五月四日）、製鈑分会の孤立した単独闘争へ
給食所従業員、製鈑分会を脱退、住吉従業員組合結成（五月六日）
第二次二四時間スト決行（五月七日）
第三次二四時間スト決行、無期限ストを会社に通告（五月一二日）

③　第三期

無期限スト突入（五月一三日）
葺合役付工有志、製鈑分会を脱退、再建同志会を結成（五月一六日）
製鈑分会、無期限ストを解除し、生産管理に入る（五月一八日）

製鈑分会員約二〇〇名が住吉給食所襲撃事件発生、事件の責任者を告訴（同）
製鈑分会、生産管理を解き、争議行為打ち切りを会社に通告（五月二〇日）
葺合工場労働組合結成（五月二一日）
新労組員により生産再開（五月二二日）
闘争終結、製鈑分会解散（七月六日）
争議妥結、調印（七月七日）

注：時期区分は筆者による。
出所：労働省編『資料労働運動史　昭和二十三年』に基づき作成。

3．三大要求提出から単独闘争へ

賃金理論をめぐる対立

前述のように、川崎製鈑争議（一九四八年）は、一九四七（昭和二二）年一二月一日、労職協議会による最低生活保障賃金制の確立、非常補償規程の制定、退職金規程の改訂という賃金体系に関する三大要求を争点に展開された。

西山は最低生活保障賃金制についての組合側の要求を拒否した。この三大要求で重要な争点となったのは、賃金理論をめぐる労使の対立であった。

組合側は最低生活保障賃金要求の理論的根拠として、鉄鋼復興の基礎は労働力であり、賃金は労働力の再生産費用でなければならないとし、労働力の単純再生産のための最低生活の保障が絶対的条件であり、労働力が生産の根本要素であることが「民主」経営の道を拓く方途であると主張した（『製鉄所所報』一九四八年二月一一日）。

これに対し、西山に率いられた経営側は以下のように主張した（『製鉄所所報　号外』一九四八年二月一三日）。

① 企業が労働者から購入するのは労働力そのものではなく労働給付であるから、賃金は労働力の価格ではなく労働給付の対価である

② 賃金は提供された労働の対価であるが、現実に賃金の水準を決定するものはその企業の経理状態、すなわち、企業の負担能力である

③ 最低生活保障の近道は労使協調して一体となり労働の生産力を高め、生産を増強する以外にない

このように、この三大要求の重要な争点となったのは、賃金理論をめぐる対立であった。労働力をひとつの商品とみなし、賃金の本質をその労働力の価格と考え、賃金は労働力の再生産費用でなければならないとする、いわゆる労働価値説にもとづく賃金理論と、企業が労働者から購入するのは労働力ではなく労働給付であるから、賃金は提供された労働の対価であるとする賃金理論の対立であり、妥協の余地はなかった。これに対し、「従業員に告ぐ」として、西山は労使協調による生産増、給与

増をつぎのように訴えた。

組合は生産のための労働力の再生産が先決条件であると主張するが、労働力・資本・経営・技術が相まって初めて生産を完遂することができるのであり、労働力のみならず資本の再生産もまた欠かすことはできない。現実を無視した過激な思想にとらわれることなく、労使協調により生産の増強をはかることによって収入を増加させ生活苦の緩和に努めよう（同前）。

三月二三日、製鈑分会は三大要求に加えて、新たに「民主的企業再建整備」を加えて四大要求とし、同時に闘争宣言を発した。同日、経営側は「争議行為に対する会社の方針」を西山所長名で通告した。

三月二五日の第一回の団体交渉は決裂し、製鈑分会は翌二六日、兵庫県地方労働委員会（地労委）に調停を申請したが、経営側はこれを拒否した。地労委の打診に対して、経営側は妥結に向かいつつあると交渉状況を説明し、左翼分子の煽動を抑えて自主的に解決を図るよう指導されたい旨を要請した。

このころ、組合の活動は激化の一途をたどった。西山の次女・礼子は「西芦屋の社宅に移って間もなくあの大争議がありまして、阪急芦屋川の駅より家の塀まで、いたるところ「鬼畜西山」などのビラがぎっしりはられていました。が父は意気軒高」と当時の模様を語っている（『巨人伝』１９７１：

340－341)。

西山、争議体制を構築

過去二年の争議経験から、西山が最優先で取り組んだことは、経営側の一元的な争議体制の確立であった。

西山が指揮した争議戦術は何か。以下の三点をあげることができる。

① 社内外の労働専門家による新たな争議対応体制の構築、争議対策要項の策定など、組織的・体系的な争議対応体制の整備

② 職員組合、給食所従業員組合、さらには、再建同志会を母体として組織された葺合工場労働組合という第二組合の結成などの「組織分裂工作」

③ 兵庫地方労働委員会の調停拒否戦術、二四時間ストライキの翌日臨時休業措置、出勤停止戦術など、製鈑分会の切り崩し策

一方、過去数年にわたる争議において勝利してきた製鈑分会は、他組合が経営側と順次妥結していく中で、単独闘争に突入していった。

まず、西山は労職協議会が三大要求を提出した一九四七（昭和二二）年一二月、自らに代わって経営の意思を貫き、①労使関係の安定をはかる社内外の労働専門家陣容の整備、②争議に関わる対応

策を明確化した争議対策要綱の策定を進めた。

争議対応体制について、西山は社内の労働担当スタッフとして、労働担当・製鉄所副所長として佐分利輝一（製鉄所東京事務所長、商工省出身）、労働部長に原田慶司（久慈工場総務部副部長）の就任、そして対組合職制である労働課長として桑江義夫（本店組合長、労職協議会戦術委員長）を任命した。

桑江（のち川崎製鉄副社長）は一九四七年の争議では戦術委員長として闘争宣言を起草し、西山吊し上げの先鋒をつとめ、三大要求の提出代表者であった人物であったので、桑江の労働課長就任をもって、西山の対労組陣営の布陣は完成した。

さらに西山は、桑江の京都大学時代の教授であった石田文次郎（奈良県地方労働委員会会長、弁護士）に指導顧問を委嘱した。西山は自らは総司令官として統括し、これらの陣営に縦横の活躍を期待した。石田に争議顧問を委嘱した際に、西山は一九四七年争議における自らの失敗を述べ、一九四八年争議の勝利に向けた決意を語ったという。石田はつぎのように語る。


争議の指導顧問を委嘱された際に、「二二年の争議の時に組合の要求をのんだが、あれ以来半年、頭がぼけていた」と西山氏が言ったのを覚えている。そして、西山氏は「分会との争議はどうしても避けられない。会社がこの争議に敗れるようなことになると、この会社の再建は不可能である。自分も一大決意をもってこんどこそは乾坤一擲の戦いをしようと思う。ぜひ指導してくれ」

と、争議勝利に向けた強い意志を私に伝えた（『追悼集』編纂用資料「石田文次郎談話」一九六七年二月二二日）。

つぎに争議対策要綱について、西山は労働課長の桑江を委員長とする専門委員会を組織し、一九四七年末から四八年年初めにわたって極秘裏に検討を行わせた。その結果、策定された争議対策要綱案は西山に答申され、採択された。

当時、労働担当スタッフの一人であった佐々木藤雄（のち常務取締役）によれば、この争議対策要綱は、①攻撃目標を製鈑分会に絞る、②部課長（当時は組合員）の結束を強化する、③生産活動に意欲をもつ者は擁護する、④組合活動であっても、不法行為は断固処断する、を主眼とし、争議中に発生しうる事態を体系化したものとなった。このように、争議対策要綱は製鈑分会の孤立化、管理職層の結束強化、穏健派組合員の擁護と左派勢力の一掃、不法行為への徹底した対応を主眼としたものであった（佐々木藤雄聞き取り、一九九九年七月八日）。

4．ストライキ・生産管理闘争と西山の対応

二四時間ストとロックアウト

前述の争議の時期区分の第二期において、製鈑分会は三次にわたる二四時間ストライキを決行し

た。

第一次二四時間ストは四月一五日、経営側の地労委調停拒否戦術への抗議として行われた。第二次二四時間ストは四月一七日、地労委に経営側が応訴することを要求するとともに、三大要求の受諾を督促するための意思表示として行われた。

この間、第一次二四時間ストの翌々日の四月一七日、暴力事件が発生した。製鈑分会員の多数が西山所長室に侵入して、そこにいた労働部長に乱暴を働いたのである。西山は当該事件で暴行した社員を解雇処分にした。

西山は争議顧問の石田文次郎に対し、このように波状的に二四時間ストを反復されては、炉を保温するための石炭の消費が著しい、貴重な工場の資源がかくのごとく消費されては、会社は耐えて行けない、これを防ぐ方法はないかと相談し、石田は争議解決までの対抗手段として工場のロックアウトを助言した。

その結果、経営側は石田の助言に基づき、工場のロックアウトを宣言した。注目すべきは、この二四時間ストへの対抗手段として採用したロックアウトが会社側の正当な争議行為であり、その間の賃金は支払わなくてもよいと認められたわが国の労働運動史上最初の事例となったことである（『巨人伝』１９７１：２７４－２７５）。

そして第三次二四時間ストが五月一二日、経営側の労働協約破棄通告に対する反対、スト翌日の臨時休業反対などを理由に決行された。

この第三次二四時間スト決行時、製鈑分会は工場内において、全鉄労、産別会議等の外部勢力とともに、士気昂揚大会を開催し、無期限ストライキを会社に通告した。

無期限ストへの突入、葺合工場閉鎖を検討

争議の時期区分の第三期において、労使の攻防は大きな高揚期を迎えるが、以下のように、西山に率いられた経営側の周到な争議対応のもとで、製鈑分会の組織が壊滅的打撃を受け、敗北に追い込まれていった。

①　製鈑分会による無期限ストライキの決行、その後の生産管理への戦術転換とその失敗
②　役付工の製鈑分会の脱退と再建同志会、その後の葺合工場労働組合の結成
③　工場占拠と給食所襲撃についての経営側による地検への告訴
④　組合リーダーの懲戒解雇・大量検挙
⑤　闘争終結、製鈑分会解散

このなかで、とくに葺合工場の役付工有志による再建同志会が母体となって結成された葺合工場労働組合（第二組合）は、分会敗北の直接要因ともなった。

三次にわたる二四時間スト続行の効果に対する争議団内部の疑問が次第に高まり、このような玉砕戦術、すなわち、初めから成功を疑われる無期限ストに出ざるを得なかったことは、製鈑分会が経営側に追い込まれた結果であった。製鈑分会によるこの無期限ストライキの決行は、争議の分岐点と

なった。

製鈑分会が無期限ストに突入したことによって、西山は葺合工場の閉鎖やむなしと判断し、川重取締役会の諒解をとって、葺合工場工員退職金相当額の融資を帝国銀行（のち第一銀行）に要請して承認を得たが、五月二〇日の生産管理の打ち切り、二一日の葺合工場労働組合結成となるなど、情勢が急転して杞憂に終わった経緯がある。

このとき、西山から退職金の融資の相談を受けた帝国銀行の神戸支店長、大森尚則（のち川崎製鉄会長）は、西山との面談の模様をつぎのように語る。

西山さんはある日の夜七時ごろ、突然甲子園にある銀行の寮に訪ねて来られて、争

葺合工場でピケをはる製鈑分会
（出典：『川崎製鉄五十年史』）

議の顛末を子細に述べられ、会社側の誠心誠意、懸命の努力にもかかわらず、少数の極左分子に阻まれて、長年同じ釜の飯を食ってきた大勢の従業員が苦しんでいるのは残念に耐えない。さりとてこのままの状態を目当てもなく続けるわけには行かないので、きょうの川重の役員会で、まことに不本意であるが、葺合工場を一時閉鎖することに決定した、と悲痛きわまる面持ちで語られ、それについては三〇〇〇人の従業員の退職手当を考慮してほしいとのことであった。二時間ぐらいの会見のあと、明るい表情で帰られたが、これを転機に、さしもの大争議も急転、解決に進んだのであった（『追悼集』1967：25)。

生産管理闘争への突入と失敗

無期限ストライキ突入を契機として、再建同志会（第二組合）の急速な勢力伸長と経営側の攻勢に対抗していくために、製鈑分会が無期限ストを解除し、生産管理を決行することを決めたのは一九四八（昭和二三）年五月一八日である。

生産管理を実行するに先立って、製鈑分会が住吉給食所を襲撃して精米六四俵をトラックで運び去るという給食所襲撃事件が起こった。このときの西山の対応について、石田文次郎はつぎのように語る。

組合は生産管理を要求するところまできていた。自分はそれ以来、六〇日間会社へ通った。西山氏と二人で明石の二松旅館に身を隠した。自宅にいては危険だったからだ。朝五時ごろ、至急電話があり、朝食抜きで出社した。葺合労組が二台のトラックで住吉給食所に押し入り，食糧を出せと強要、これを拒絶したところ、入り口を破って食糧を強奪、給食所の女性従業員もトラックの前に座って抗議したということであった。

会社側はこの件に関係した全員三六人を切れということになった。この解雇文は自分が口述し、組合側に渡し、佐分利氏（会社側交渉委員長）の隠れ家（御影大和旅館）に逃げ、その晩、明石の宿に帰った。翌日、出社したところ、入り口にいた西山氏が「あの処置はきわめて適切で大いに効き目があった」といかにもうれしそうに、われ勝てりといった風貌が躍如としていた（「石田文次郎談話」一九六七年二月二二日）。

職場から排除された製鈑分会は実力をもって工場を占拠し、独自にこれを運転すべく工場の生産管理を通告した。そして分会員数百名は保安課員の制止を排して、葺合工場の各門を封鎖した。また、約三〇名が変電所従業員を監禁して変電所の操業を迫ったが、電気課長の徹底拒否にあい、約一〇時間にして退却を余儀なくされた。

五月二〇日、製鈑分会は生産管理を解き、争議行為打ち切りを会社に通告した。生産管理は三日間で終わった。翌二一日には、葺合工場現場の社員三〇〇〇名のうち実に二五〇〇名が正式に製鈑分会を脱退して、新たに第二組合の葺合工場労働組合を結成した。製鈑分会はわずか五〇〇名を残すのみとなり、闘争の足場を失った。

三つの第二組合が結成される

ここに、製鈑分会の敗北と川崎重工業製鉄所の労働組合運動における第二組合の制覇が明らかになった。製鈑分会の孤立化をめざした西山は「組織分裂工作」として、部課長会による製鈑分会執行部批判を皮切りに、葺合工場職員組合・給食所従業員組合・葺合工場労働組合に及んだ三つの第二組合の結成をはかった。

まず、製鈑分会内部でこれまで争議において中間的存在であり、分会執行部の急進的傾向に不満を抱いていた管理職層（部課長）に向けられた。葺合工場の部課長三〇名は一九四七（昭和二二）年三月に組合を脱退し、藤本一郎（第一圧延部長、のち川崎製鉄社長）を委員長とする葺合工場部課長会を結成した。部課長会は「組合民主化」を一般組合員に働きかける中心勢力となった（『製鉄所所報』一九四八年三月二一日）。

「攻撃目標を製鈑分会に絞り、部課長の結束を強化して、左翼労働組合主義勢力を一掃し、平和的労使関係を樹立するというのが、西山社長の争議対策の根幹であった」という佐々木藤雄の証言にみられるように、経営側の意向に沿いつつ、製鈑分会の孤立化を推し進めた葺合部課長会の果たした役割は大きかった（佐々木藤雄聞き取り、一九九九年七月八日）。

これに呼応したのが、製鈑分会の職員層であった。製鈑分会の職員有志二四四名が分会を脱退し、第二組合としての葺合工場職員組合を結成し、「非民主的にして独裁的なる現組合に留まるを潔しとせず。（中略）、現組合に対し断固脱退を宣し独自の立場において自由にして健全なる職員組合結成を宣言する」という脱退声明を発表した（『製鉄所所報』一九四八年五月二五日）。

さらに製鈑分会組織の分裂の決定的要因となったのが、従来から製鈑分会の闘争第一主義に批判的であった役付工有志による再建同志会の発足であった。

当時の川崎重工業は「職長―組長―伍長―手―助手―工員」という多階層職階制度を採用しており、職長は役付工の中核を形成していた。役付工は戦前から製鉄所に勤め、経験と熟練を積み上げ、一般工を統率し、職場において強大な権力を持っていたボス的存在でもあった。

鈴木玲（１９９８）は、一九五〇年代の日本の鉄鋼労働運動において、右派（会社派）の支持基盤が役付工であり、左派（組合派）の支持基盤が若手を中心とする一般工であったと述べている（鈴木１９９８：１０１‐１０２）。

一九四八年五月、役付工有志二五〇名は、①長期スト突入は生産低下の国家的罪悪であり、従業員・家族の生活の脅威となった、②実現不可能な要求・手段を選ばぬ闘争方式、荒唐無稽な宣伝等、従業員を煽動して混乱状態に陥れ、政治闘争に堕した無意味なストと化した、③特定政党の手先となり、会社覆滅を企図せんとする一部分子の策動であり、組合を脱退し危機に立つ会社を保全し、生産復興に一意邁進すると宣言し、再建同志会を結成した（『製鉄所所報』一九四八年五月一日）。

役付工が主導して結成した再建同志会には、先に述べたように、葺合工場全工員約三〇〇〇名のうち二五〇〇名が加入した。そしてこの再建同志会を母体に、総同盟兵庫県連の指導によって、一九四八年五月二一日に新たに結成されたのが、葺合工場労働組合である。葺合工場労働組合の結成は争議における製鈑分会の敗北を決定的なものとした。

5．経営ヘゲモニーの獲得

経営側、勝利へ

このように、西山が企図した「組織分裂工作」は、最終的には、葺合工場職員組合、住吉給食所従業員組合、再建同志会を母体として結成された葺合工場労働組合という三次にわたる第二組合結成として結実した。

組合側の生産管理・給食所襲撃事件、第二組合の葺合工場労働組合の台頭、制覇について、藤本一郎（川崎製鉄二代社長）はつぎのように振り返っている。

その間、生産活動はなかった。生産管理は結局主張するだけで終わりましたね。給食所の米を持ち出してそのために幹部が検挙された。それがきっかけになってガラガラと足元が崩れた。第二組合に会社は弁当、米を支給していた。それで、第一組合は夜、給食所の米を持ち出した。計画的にね。そのため警察の手がのびた。当時、労働者の中には革命を考えていた者もいたし、「当然だ」

ぐらいに思っていたんじゃないの。
そういうことが事態収拾の一つのきっかけになった。第二組合ができ、第一組合の力が弱くなった。第二組合もだんだん勢力を増して、結局、第一組合の人間は会社をやめるか、あるいは会社に復帰するかで収まった（『先達に聞く（下巻）』１９８５：１５７‐１５８）。

ここで、製鈑分会の二四時間ストライキが第二組合の発生を招いたことに注目したい。すなわち、四月一五日の第一次スト後の一七日に職員組合、五月七日の第二次スト前日の六日に給食所従業員組合、そして五月一二日の第三次スト後の二一日に葺合工場労働組合がそれぞれ結成されている。この三つのタイミングは、申し合わせたように、二四時間ストの前後であった。製鈑分会の闘争激発主義に反対した一般組合員が脱退し、経営側はこれを正式に承認したのである。

西山はこのような第二組合の結成をとらえて、「自分は若い時代から長く工場内で工員や職員とともに働いてきた。この工場内に自分と生死をともにしようとする職員や工員は何千人かいる。これらは他日分会から分裂すると思う」と語っていた（『追悼集』１９６７：２７４‐２７５）。

製鈑分会執行部は第二組合の発足によって総辞職に追い込まれるが、改選された製鈑分会の共産党フラクションはますます戦闘性を高めた（『製鉄所所報』一九四八年三月一日）。この共産党フラクションについて、部課長会は「彼らの正体」は「全鉄労関西支部」「共産党神戸東部細胞集団」「共産党川崎製鈑細胞」であるというプロパガンダを繰り返し、製鈑分会執行部を攻撃した。「葺合工場部課長声明」は、製鈑分会を「闘争公式主義は無責任な破壊主義」「組合を道具に使い、組合員大衆を手先にして、暴力革命を夢見る急進左翼主義者達の陰謀」であると激しく批判した（同前、一九四八年三月二一日）。

「拘束されざる経営権」の確立

これまでに述べたように、一九四八（昭和二三）年の川崎製鈑争議は、労働組合の組織分裂による第二組合の設立、経営側と第二組合による急進派の追放、残留従業員の企業別組合のもとでの再統一という労働争議における一連の典型的なパターンをたどった。

以上の経緯を経て、一九四七年一二月以来、八カ月にわたる労働争議は終止符が打たれ、製鈑分会は要求を撤回し、会社回答を受諾して闘争態勢を解除するにいたった。産別会議、全鉄労は川崎重工業製鉄所における足場を失った。

経営側と製鈑分会との間の最終協定書は一九四八年七月七日に正式調印された。

争議の解決は西山にとって「産別型へゲモニー」の否定、言い換えれば、基本的に安定した経営へゲモニーの成立を約束するものであった。

この争議は後年、千葉製鉄所建設計画に際して、労働組合の全面協力という形で行われることにつながり、同時にこの争議に勝利した西山が技術者から経営者として大きく成長を遂げる契機となった。

西山「天皇」の名は広く知られることとなった。飯田賢一（1987）は、「《技術者西山》はいまや一回り大きい人物＝《経営者西山》」となり、この争議経験が「その後ながく西山と川鉄の筋金となり、良好な労使関係のもと、千葉建設その他大建設のいしずえとなった」と述べている（飯田1987：229）。

争議解決後、西山は川崎重工業製鉄部門の自主的な再建、言い換えれば、最終的には第二会社としての川崎製鉄の設立、そしてその後の千葉製鉄所建設へ向かうことになる。

労組法改正後初の労働協約

西山は争議の反省から、経営権の明確化、組合活動の「適正化」、紛争予防措置の設定、労働条件の明確化などの項目を新労働協約に明確に織り込むことを方針として掲げた。その結果、一九四八（昭和二三）年から四九年にかけて、前述の「争議対策要綱」とともに、「争議対策善後措置要綱」「協約審議対策要綱」というふたつの要綱を策定した。

これら三つの「要綱」は公表されていない幻の文書である。その策定に当たったのは、いずれも桑江労働課長をリーダーとした若手スタッフであった。その一人であった佐々木藤雄によれば、この「争議対策善後措置要綱」は、根本原則と細部要領からなっていた。根本原則には、厳格主義・強硬政策によって経営秩序を貫くとともに、慈恵主義・宥和政策により組合員の厚生増進をはかり、このことによって能率の向上と生産増強に資することが謳われていた。一方、細部要領では労働協約の改訂をはじめ、さまざまな労組対策項目が記述されていた（佐々木藤雄聞き取り、一九九九年七月八日）。

労働協約は労使関係の反映であり、また、労使関係は労働協約によって成文化される。そして、逆にこの成文化された労働協約によって労使関係は規制され、新しく形成されるという性格を有する。一九四九年三月上旬、新しい労働協約案が西山以下製鉄所首脳に報告された。その骨子はつぎのようなものであった。

① 経営権を規定する
② 人事権が会社にあることを確認する
③ 団体交渉期間の制限（平和的条項）として、紛争における団体交渉については、工場協議会二週間、中央協議会二週間、代表者による交渉は四週間継続し、解決しないときは第三者による調停を行い、調停案に不服の場合は一五日の冷却期間を設ける

先に述べたように、一九四七年一二月に締結された労働協約においてはいわゆる平和条項がなく、製鈑分会は何時でもストライキ権を行使できるように留保されていた点で、大きく異なっていた。この改訂案は四八年三月、組合に提示され、審議交渉を経て組合意見により労働権についても規定すること、非組合員の範囲を課長以上に限定することなどを修正し、同年六月七日、新労働協約が誕生した（『川崎製鉄二十五年史』１９７６：５１３）。

この川崎重工業製鉄所の労働協約は一九四九年五月二二日に成立した改正労働組合法施行後に締結

されたわが国最初の労働協約となった。労働協約は、経営権、人事権、労働権など労使双方の権限を明確にし、平和条項の設定、労働条件の明示を行うなど、条文一八〇条に達するものであり、かつての労働組合の権利宣言的な協約を脱して、近代的労働協約の先駆けをなすものであった。この協約は各方面の注目を集め、一九四九年八月、労働省発行の『労働協約集』に全文が掲載された。

この新しい労働協約の特徴とは何か。それは経営権の明確化や相対的平和義務協定による組合活動に象徴される経営優位の労使関係を明確に規定するものとなった点である。

この相対的平和義務協定は団体交渉期間の制限（平和的条項）による争議権の制限を狙いとしたものであり、川崎重工業製鉄所およびのちに設立される川崎製鉄に「ストなし型組合」を生み出した。

新労働協約において明示された平和条項については、相反する二通りの評価が行われたことに注目すべきである。すなわち、この平和条項が「その後わが国の平和的労使関係を規定する労働協約の模範となり、労使関係安定の基盤となった」（桂　１９８７：89）という評価がなされた一方で、組合側からは「金縛り協約・ストのできない協約」（『川鉄労働運動史』１９７４：１３７）であり、「武装解除された労組」（『労働』第一四三号、一九四九年七月）という位置づけがなされたからである。

労働省、日経連の支援

西山の争議対策や新労働協約の締結が、政府当局（労働省）や日経連と意思疎通をはかりつつ、支援をうけながら進められた点は注目される。

賀来才二郎労働省労政局長が「川重の争議は日本の鉄鋼業の重大なヤマ場である。もしも負ければ、鉄鋼各社は全部負けてしまうであろう。（中略）会社をつぶしても争議には勝て…」と述べたことからも明らかなように、労働省も川崎製鈑争議の動向に重大な関心を寄せていた（『飼手眞吾』1983：194‐196ほか）。

西山の労働担当スタッフは争議対策と経過報告を労働省労政局労働組合課（課長は飼手眞吾）に行い、適宜アドバイスを受けた。労働省も「東の東宝」「西の川崎」といわれた大争議を無視できなかったのである。

労働省は争議終結後の労働協約についても助言した。新しい労働協約を検討する過程で、総括責任者であった桑江義夫労働課長が協約案について労働省に相談してはどうかを提案した。小室安正（主任、のち川崎製鉄取締役）等がひそかに上京して労働省の意見を聞き、修正に修正を重ね、六度にわたる修正を経て、成案を得た（佐々木藤雄聞き取り、一九九九年七月八日）。

黒田秀雄（川崎重工業人事課長、のち川崎製鉄副社長）も「健全な労使関係の確立と育成を急務とするため、従来の労働協約に代え新しい労働協約の締結が急がれ、（中略）この協約が成立するまで数次にわたり労働省の指導方針に沿って原案を修正しながら締結された」と述べている（『飼手眞吾』1983：196）。

日本経営者団体連盟（日経連）も西山を支援した。

一九四八（昭和二三）年四月、日本経営者団体連合会（経団連）の労働組合対策本部としての役割を担う経営者団体として、日経連が設立された。「戦う日経連」の誕生である。

日経連は東宝争議、日立争議、日産争議、日鋼室蘭争議など相次いで発生した大規模争議と同様に、川崎製鈑争議についても経営権確保の成否にかかわる争議と位置づけ、西山を全面的に支援する姿勢を打ち出した。西山は日経連の関西代表・鉄鋼代表として初代理事の一人に選ばれた。経営権確保をスローガンとする「日経連の初仕事は、『神戸の西山君支援』であり、総資本対総労働の様相を呈した」といわれた（『巨人伝』１９７１：３４０）。

日経連は一九四九年二月のドッジ・ライン以降、企業整備とこれに反対する労働争議が頻発するなかで、同年四月「合理化に関する見解」を発表し、さらに「人員整理の基準」を作成して、経営権の確立をめざす経営者の姿勢を明らかにした（神代ほか編１９９５：１９２）。

6．協調的労使関係の成立

労使協調路線への転換

川崎製鈑争議における組合側（製鈑分会）の敗北は、組合リーダーの交替と運動路線の転換をもたらした。

当初、この争議を組織した労組の指導層は、産業別組織（産別会議・全鉄労）の強化をはかりつつ、他方で職場組織の強化を通じて、労使関係における経営側との対等の交渉、あるいは主導権を確保しようとした。しかし、敗北の結果、従来の労働運動の主唱者は去り、この路線に対する批判者としての第二組合が主導権を握ることによって、組合リーダーの交替が進んだ。

この批判者の路線は労働組合主義と呼ばれる。労働組合主義は、企業が打ち出す合理化方針を基本的には容認し、その成果を賃金などの労働条件の向上という形で得ようというものであった。言い換えれば、この方針は企業の発展のなかで労働条件の改善を追求しようというものであった（松崎1991：196-197）。これは、文字通り、生産性と能率の向上を重要視する西山の思想とも通底するものであった。

川崎製鈑争議の解決による経営へゲモニー（経営権）の確立は、後に西山によって推進される大規模な近代化投資・合理化遂行の基礎となる経営優位の労使関係の確立と労使協調路線の定着につながるものであった。

一九四八（昭和二三）年の争議終結から四九年の新労働協約締結によって経営権を確立した西山は、朝鮮戦争特需によって経営再建の財源を確保し、新鋭製鉄所建設による企業成長をめざすことになる。

川崎製鉄設立後の千葉製鉄所の建設段階では、労使関係は組合主導型から経営者主導型へ転換した。これは同時に、労働運動内部における労使対立主義に立脚する勢力（左派）から労使協調主義に立脚する勢力（右派）への主導権の転換の過程と対応した。川鉄労組は千葉製鉄所建設をはじめとする経営合理化遂行に対し、全面的な協力姿勢を打ち出したからである。

川鉄労組、鉄鋼労連を脱退

川崎製鉄労組と他の大手鉄鋼五社（八幡製鉄、富士製鉄、日本鋼管、住友金属、神戸製鋼）労組は、鉄鋼労働運動の路線において、著しい対照を見せた。

先に述べたように、川鉄労組は一九五〇年代前半に協調的な路線を支持する勢力（右派）が労働組合主義を標榜し、労組執行部の主導権を握ったことによって、協調的企業別組合としての路線を維持した。これに対し、大手鉄鋼五社の労組の労働運動は当該時期は左派主導であり、企業合理化反対運動を進めた。

その具体的なケースが一九五七（昭和三二）年と五九年の鉄鋼争議であった。一九五七年争議は川鉄を除く大手五社を中心とした一一波統一スト、五九年争議は富士、鋼管両労組を中心とする長期の全面スト、部分ストであった。

川鉄労組はこの時期、鉄鋼労連を脱退していた。

鉄鋼労連という産業別組織から川鉄の各労組が脱退（一九五二年一一～一二月）した直接的要因として、川崎製鈑争議の経験によるストライキへの忌避感情の存在とともに、千葉製鉄所の完成への期待を込めた協力一致の姿勢がストライキを受け付けなかったという事情がある（『川崎製鉄二十五年史』1976：516）。このことは言い換えれば、千葉製鉄所の建設を労使一体となって推進しようという従業員多数の意思がそうさせたということであろう。

川鉄労組の鉄鋼労連脱退の直接の契機は、鉄鋼労連の総評加盟決定であった。これは鉄鋼労連の総評加盟をめぐって内部で論議が分かれたからである。川鉄の労組は組合員の総評に関する認識が不十分であったこと、争議の失敗を挽回するため、総評加盟を求めるのは他力本願であること、社会党の左右分裂（一九五一年一〇月）の影響が総評内に現れ、鉄鋼労連の中にもその内紛が持ち込まれたなどの理由から、時期尚早として反対した。

さらに、平炉メーカーの高炉分野への参入という企業間競争の論理が組合間の問題に波及していたことも無視できない。

川鉄の高炉建設をめぐって先発、後発メーカーが対立しており、また、鉄鋼労連本部の見解も鉄鋼業再建政策論議との関係で高炉建設に批判的で、大会の場で川鉄労組と対立したという事情が作用していたからである（松崎 1991：200-201）。

鉄鋼労連脱退について、金田清水（元川鉄労連委員長）は、川鉄の「社運を賭した千葉工場の建設」に対して、「政財界の阻止妨害運動」のみならず、「鉄鋼労連内においても（川鉄の世銀借款など—引用者—）外資導入等に対する反対運動が議論されていた」と指摘し、「企業の浮沈をかけた千葉工場建設にはもちろん全面的な協力態勢」をとったと述べている（『川鉄労働運動史』1974：179）。

川鉄労組をこのように労使協調の方向に転じさせたのは、西山「天皇」に率いられた労働スタッフの労務政策の成功もさることながら、根本には「天皇」に対する従業員の強い信頼感があったといってよいだろう。

労使一体の「美談」と「奇跡」

しかし、千葉製鉄所建設を労使共通の目標として位置づけた川鉄労連の独自の労働運動は、鉄鋼大手六社で下位の賃金水準をもたらした。千葉製鉄所建設に伴う経理事情の悪化によって賃金水準を他社並みとすることが困難な情勢にあったからである。

千葉建設着手時には、鉄鋼界随一の無借金会社だった川崎製鉄が逆に随一の借金会社となったのである（桜井編 1961：76）。この相対的に低位の賃金水準の是正をめざした川鉄労連の労働運動の基調は、「大手に追いつき、そして追い越せ」「生産を上げて、その成果配分を求めていこう」（上村茂元川鉄労連委員長）であった（宮田 2000：445）。

この「他社に追いつけ、追い越せ」という組合要求の中で、西山はその声に応えざるを得なかった。西山は「工場に三百億の金を投じたが、これを生かすも殺すも従業員だ。待遇改善を考えなければ」と語り、ベースアップしたと伝えられている（桜井編 1961：74）。鉄鋼大手他社水準に達したのは、千葉製鉄所の新設、拡張工事が一段落した一九六〇年代初頭であった。

当時、神戸の本社事務所は二階建てバラックに近いもので、冷房も暖房にもこと欠いたといわれる。これについて「工場のなかで、真っ赤に焼けた鉄の前で、汗水流して働く社員の労苦を思えば、冷房だ暖房だ、などとぜいたくなことはいっていられない」というのが西山の考えだったという「美談」もある。

社運を賭した千葉建設のための鉄鋼労連からの脱退、そして各社に比べて相対的に低い給与水準でともに苦労するという労使一体の「美談」、さらにその後の千葉製鉄所の建設および葺合工場の生産縮小のための要員対策として実施され、神戸から千葉への「川鉄の民族大移動」として注目を浴びた四〇〇〇人を超える配置展開に労組が応じたといわれる「奇跡」も生まれた。

配置転換は葺合工場だけでも、一九六三（昭和三八）年までに四二七四名にのぼった。とくに五八年には葺合工場の熱鈑工場の休止に伴い一二四三名、六二年には平炉休止に伴い一二四三名が転勤した（『川崎製鉄二十五年史』1976：517－518）。一口に四〇〇〇人というが、これだけの人員がスムーズに大都会の神戸から農業県であった千葉への配置転換に応じたのである。

西山「天皇」と従業員の相互信頼

この「美談」や「奇跡」は、西山の徹底した現場重視主義と労使間の信頼関係から生まれた。低水準の賃金条件およびその格差是正について、西山は労組リーダーに対して、「今は迷惑をかけるが、必ず他社以上の待遇ができるようになるから」と、耐乏を要請した。労働組合がこのような厳しい労働条件や賃金水準を受容した要因について、労組リーダーであった佐藤貞晴（元川鉄労連委員長）がつぎのように、西山への信頼の根拠として、彼のパーソナリティと現場重視の姿勢、そして千葉製鉄所建設計画の合理性等をあげていることに注目したい。

すべての面で待遇が悪かったなかで、反対らしい反対もなしにやられたということは、一口にいって社長のお人柄。現場をよく回って上下なしに激励の言葉をかけておられた。そういう、同志的な愛情があった。

現場の人もまた、「西山社長のいわれることだから、どうしてもやらなきゃいかん。また、できるだろう」という気持ちをもち、組合の方でも職場の空気を知ってか、「組合もあげて協力しますから、社長もひとつしっかり会社の方をやってください」といっているんです（『追悼集』1967：471）。

西山は第5章で述べる千葉製鉄所建設に際しては、巨額の資金を要してまで新製鉄所を建設する必要があるのかという批判を招いた。そして、通産省がこれを合理化計画として認め、融資斡旋の方針を決めるまでに一年半近くの時日が経過した。その間、一九五一（昭和二六）年には朝鮮戦争ブームの反動不況に見舞われ、金融機関の財布のヒモはひとしおきつかった。

しかし西山はこうした資金面での厳しいハンディキャップにも挫折することなく着々と計画を進めた。また、金融機関が手厳しい態度を見せても、西山は一向に動じる色を見せず、計画を遂行しようとする決意はあくまで変わるところがなかった。このような西山の毅然とした態度は社内の動揺を防ぎ、信頼感を強めるうえにどのくらい役立ったか、測り知れないものがあった。

西山は「天皇」と呼ばれた。これは西山がワンマン経営者であり、社務を掌握しており、また、西山の指示ならどんな難しい課題もやらなければならないということを意味していた。しかし、ワンマンとはいえ、筋の通らないことを無理強いしようとはしない。根っから現場を愛し、工場を愛した。社員を「川鉄は金はないが、従業員の腕がある。絶対に他社に負けない」と言ってはばからず、社員のモラールの高さを事あるごとに語った（『川崎製鉄新聞』一九六六年九月二六日）。当時の西山「天皇」についてこのような記述がある。

西山社長は一カ月のうち半分を神戸、半分を東京で過ごしているが、神戸の本社は葺合工場の中にあるので現場の好きな西山社長には都合よく出来ている。東京に半月といってもそのうち半分は千葉製鉄所で執務し、現場を回っては、従業員とアレコレ話し合っている。社長の工場に対する強い愛着が現場の人たちと社長との関係を緊密に結びつけ、作業能率向上の推進力となっているのである（桜井編１９６１：67）。

西山「天皇」のこのような人柄と現場との接し方、そして仕事一筋に打ち込む態度が社員、ひいては労組の共感を得たのではないか。そのような西山をイメージできるひとつのエピソードが伝えられている。

千葉第二期計画の世銀借款の交渉時のことである。世銀調査団の製鉄所視察に同行した第一銀行頭取の酒井杏之助が、世銀の審査担当者からメインバンクとしての意見を聞かれた。酒井はつぎのように、「川鉄には貸借対照表に記載されぬ資産がある。それは西山社長の事業に対する知識と熱意であり、社内全員の規律正しく働く意欲である」と語っている。

酒井は率直に語った。「川鉄の現状は財務諸表から見れば到底、世銀の融資対象にはなりますまい。しかし日本は、敗戦によりゼロから出発しなければならない。川鉄には貸借対照表に記載されぬ資産がある。それは西山社長の事業に対する知識と熱意であり、社内全員の規律正しく働く意欲である。あなた方は工場を見て気づかれたでありましょう」

調査員は深くうなずき、「それはわれわれも認める。西山氏は実にダイナミックな人物で、製鉄に関する知識はきわめて豊富だ」と答えた。これを聞いた酒井は笑いながら、こう言った。「ただ西山氏のダイナミックなことは、いささか過ぎたることがないでもない」。調査員も笑って相づちを打った（大谷 1980：120）。

第4章　製鉄部門の分離・独立

1．経済パージとトップ・マネジメントの交代

西山、経済パージを免れる

先に述べたように、一九四五（昭和二〇）年八月、第二次世界大戦における日本の無条件降伏を受けて、ＧＨＱは日本経済の民主化と非軍事化を目的に、労働改革・農地改革・財閥解体を中心とする経済改革に着手した。そのなかで、ＧＨＱの占領政策の一環として実施された経済界における人的関係の切断、その結果としての経営陣の全面的な交代を進めた公職追放措置（経済パージ、財界パージとも称される）によって、川崎重工業のトップ・マネジメントは大きな影響を受けた。

一九四六年三月一〇日にＧＨＱが日本政府に指令した公職追放措置は、三七年七月七日から四五年九月二日までの期間、日本の戦争政策に加担した金融機関ならびに開発機関の役員、軍国主義者・超国家主義者の排除を目的とした四六年一月四日の追放指令を通じて行われ、該当者として戦争政策と軍需生産に従事した経済人を追放の範囲に入れた（宮島１９９２：２１１）。

このように、経済パージは戦争政策に協力、加担した経営陣の全面的な交代を意図したものであった。

川重の経営陣では、海軍中将で艦船工場の総責任者だった吉岡保貞専務がまずやり玉にあがり、辞任に追い込まれた。これをきっかけとしてパージ旋風は、鋳谷正輔会長兼社長、川崎芳熊専務、松村守一専務、清水良策、片山貫三郎、阿部市助、川辺昌徳の各取締役、そして西山へと、だんだん襲いかかってきた。

最終的には、川重の経営陣（会長・社長・専務取締役・取締役・監査役）の総勢一八名のうち、会長兼社長の鋳谷正輔をはじめとする一三名が辞任に追い込まれた。留任したのは、西山、手塚敏雄、神馬新七郎、児玉久の四取締役および坂田幹太監査役のみであった。

当初、西山は砲弾や魚雷部品を製造する川崎造機という軍需会社の社長、軍需用大型鍛造品を製造する伊保工場建設委員長として軍需会社法による生産責任者であった点から、経済パージの可能性が危惧され、一部では追放必至とみなされていた。

ここでいう軍需会社は、軍需会社法（一九四三年一二月制定）において、「兵器、航空機、戦艦等重要軍需品その他軍需物資の生産、加工および修理」を行う事業を営む会社として政府が指定した会社であり、生産責任者は政府に対し軍需会社の責務遂行を負う者として選定された（森川 1996：106－109ほか）。

黒田秀雄（のち川崎製鉄副社長）は「（西山の経済パージは）当時、新聞にも取り沙汰された。軍需会社の生産責任者は追放すべきだというような雰囲気があった」と述べている（『社史編纂のための記録シリーズ・製鉄部門の分離独立―終戦から第二会社分離発足まで―』一九七〇年九月。以下、「製鉄部門の分離独立―終戦から第二会社分離発足まで―」と表記）。この経済パージに関する当時の新聞報道の中には、「昭和二一年七月二九日現在、各部門にわたる一六五の機関約一千名の審査が残っている」という記事もあった（『朝日新聞』一九四六年八月八日）。

川重の顧問弁護士であった山田作之助（のち最高裁判事）は、「（西山は）公職追放令の軍需会社の生産責任者、長期役職にあったという条項に該当するおそれがあった。川崎造機はまさに時限爆弾だった。西山さんも大心配だった。除外してくれと随分運動に行った」と述べている（「製鉄部門の分離独立―終戦から第二会社分離発足まで―」）。

新しい経営リーダーへ

経済パージの結果、川崎重工業の戦後再建は、若くして大きな裁量権を手にした西山ら、当時いわれた「三等重役」が担うことになった。「三等重役」とは、それまで役職経験を持たない工場長・部長クラスから昇格した経営者であり、当時は経験の不足を揶揄して源氏鶏太の小説タイトルにもなった言葉である（永江 2018：28）。

一般に、戦後期の経済パージによる経営者の交代の特徴として挙げられるのは、①新経営者が外部からの採用ではなく、内部昇進の専門経営者で占められた点、②新経営陣の多くを現場出身の元工場長クラスの人物が占めた点である（宮島 1995：101‐102）。

新しい経営リーダーとしての西山の登場も例外ではなかった。西山は川崎造船所に入社して以来、製鈑工場技師長、取締役、その後の製鉄所長就任にみられるように、戦前・戦後の連続性を有していた。

この経済パージをきっかけとして、新しく登場した経営リーダーである西山について、「彼ら若い経営者は、以前の経営者に比べて、しばしば果敢で、新技術や現場の技術についての知識をより多く持っていた。（中略）最も典型的なのは川崎製鉄の西山だった」という位置づけがなされている（小田切・後藤 1998：98）。また、「最年少の重役西山が戦後最も大胆な意思決定を行いえたのは、経済パージを通じて西山がトップ・マネジメントに昇進しえたからに他ならない」という指摘もなされている（米倉 1993：191）。

ここで問題となったのは後継社長の選任であった。

一三名の辞任が確定した一九四六（昭和二一）年一二月、追放処分となった鋳谷会長兼社長が後継社長を指名できなかったためである。

このときの状況について、神馬新七郎は「直ちに会議を開いて協議に当たった。その一つは社長を置くべきかどうかだった。もちろん順序、統率力の点からみて、西山氏を最適任者として認めていたのであるが、差し当たって現在直面している問題を早急に処理していくには民主的に協議することとし、各自の責任を明らかにする必要があるとして、それぞれ五人の分担を決めた」と述べている（『巨人伝』1971：309）。

もちろん、ここには、後継社長として、造船部門を率いる手塚と製鉄部門を率いる西山のいずれかを選びきれなかったという事情があった。神馬が述べるように、西山は取締役としての在任期間が最も長く、社長の最適任者と見なされたが、その一方で、手塚は川重の本業である造船部門の責任者であったからである。

その結果、川重は従来の代表取締役制を廃止し、社長不在の五人の取締役による合議制に基づく経営体制を採用した。経営全体に関わる事項は合議制とし、部門業務については、製鉄所：西山弥太郎、艦船工場：手塚敏雄、整理部門（GHQ、持株会社整理委員会）：神馬新七郎、総務部門：児玉久、経理・資金部門：小田茂樹という分担制が採られた。

神馬は「分担を決定、各々代表権を持ち、直ちに実行に移した。会社の運営は五人の合議とし、その役員会は週一回とした。会議の議題はきわめて流動的で、初めは持株会社として持株の整理が主であった」と述べている（同前）。

2. なぜ西山は川崎重工業を二つに分けようとしたのか

本格的近代化・合理化遂行に向けた組織革新

製鉄部門の分離・独立という鉄鋼専業体制は、西山が本格的な生産復興および銑鋼一貫構想実現のための近代化投資の遂行を戦略目標としてリーダーシップを発揮できる体制、意思決定機構を構築することを意味していた（桂 1987：85）。

銑鋼一貫メーカーから銑鉄を買って来て製品をつくっているようでは、二次製品メーカーにすぎない。銑鋼一貫でなければ、これからの製鉄事業は成り立たない。言い換えれば、高炉をもたなければ大きな発展は望めない。その高炉をもつためには非常に金がかかるので、造船所と高炉がいっしょであっては、経営そのものがむずかしくなるというのが、西山の戦前期からの一貫した考え方であった。

この鉄鋼専業体制の構築は、前章（第3章）で述べた川崎製鈑争議（一九四八年）の解決による経営へゲモニーの確立、協調的労使関係の形成と同時期に進行した。

西山「天皇」が強い信念で押し切った製鉄分離について、当時、西山の部下であった藤本一郎（のち社長）は、製鉄分離が西山が一貫して主導したプロジェクトであったこと、造船部門の反対論は説得性に問題があったこと、そして自らは西山「天皇」に全幅の信頼を置いていたとして、つぎのように語っている。

西山さんはやっぱりオレがお山の大将になって一つ盛り上げようと決心したのとちがいますか。この分離には曲折はなかったでしょう。相手は手塚さん（手塚敏雄取締役、造船部門の責任者―引用者―）でしょう。そんなに抵抗はありませんわ。自由に手足を伸ばそうと考えたのが西山さん、そのためには離れるべきだと…。ザックバランにいえばね。私は西山さんに全幅の信頼だった。でもそんな相談はなかったです。あくまで西山さんが一人で考えて決断した（『先達に聞く（下巻）』１９８５：１５９）。

西山の多角経営批判

西山の製鉄分離論の背景には、どのような考えがあったのだろうか。

川鉄社史は以下の三点を挙げている（『川崎製鉄二十五年史』１９７６：58）。

① 製鉄部門と造船部門は、将来の発展のために相互に経営責任を明確化する必要がある。
② 製鉄部門と造船部門では、労働条件に差異があるため、同一企業では十分な管理が行えない。
③ 両部門には収益差があり、このままでは両部門とも今後の発展が望めない。

西山はこの製鉄部門の分離・独立の発想と実現の経緯について、分離・独立、すなわち、川鉄設立の二年後の一九五二（昭和二七）年八月、『中央公論』に寄稿している。以下はその一部である。

川崎重工は造船と製鉄の二部門に分割することを会社としても戦時中から考えていた。というのは、かかる二部門は分離したほうが、作業が専門化でき、業種の異なるものを総合して経営するよりもよいからである。

したがって昭和二四年、集排（過度経済力集中排除法―引用者―）による分割が不必要となっても、川崎重工は世界情勢のうつり変りを考えてほぼ分離する計画をすすめていたが、二十五年七月の朝鮮動乱の勃発はこの二部門の分離の必要度を高めたというか、とにかくそのチャンスだった。そしてついに二五年八月、製鉄部門は川崎製鉄として発足し、私が社長に就任したわけだ（西山 1952：169）。

このように、造船と製鉄の両部門はこの際独立して、それぞれの経営責任を明確にし、拡大発展をはかることが中長期的に双方のためであるというのが、西山の考え方であった。そしてある業種が不調でも他の業種が好調であれば、安定した経営ができるという多角経営論に対して、西山はつぎのような疑問を呈している。

Aの業種がよくて、Bが悪いとき、Aの稼いだ成果がBのほうにいってしまう。したがって、Aは伸びたくても伸びられない。そうなると、経営に関する責任の所在も明らかではない。そのうえ、お互いに相手に頼るという傾向がみられた。多角経営必ずしも万能ではない。おのおのが漫然と仕事をするより、お互いに仕事を分けて、責任の所在を明確にしたほうが、事業の発展のために効果的であり、お互いに、広く浅くせず、狭く深くやっていくべきである（『鉄づくり・会社づくり』1964：20）。

さらに、ここで挙げた多角化経営における経営責任の明確化、両部門の収益格差、労働条件における違いに加えて、第1章で述べたような松方幸次郎に主導された川崎造船所の多角的拡大志向および造船部門がもたらした経営破綻が、製鉄部門の技術者であった西山に、多角経営批判、製鉄分離論の素地を形づくったと考えられる。

一九二八年、初任管理職（製鈑工場製鋼課主任）に昇進し、川崎造船所の製鉄部門の将来に夢をはせていた西山にとって。同社の経営破綻に伴う松方の辞任、社員八九〇〇名のうち三三〇〇名の人員整理（「第一次整理」）の進行は驚きとともにショックであったに違いない。先に述べたように、松方に率いられた川崎造船所は一九二〇年から約一〇年間の長期不況期に、多角化戦略というビジネス・モデルが大きな足かせとなり、経営破綻を余儀なくされたからである。

製鉄分離をめぐる厳しい意見対立

西山が製鉄分離の根拠としていた製鉄部門と造船部門における収益格差や労働条件＝賃金水準の違いとは、どのような実態だったのだろうか。

両部門の収益格差については、製鉄部門は政府統制による計画生産のもとで公定価格が採用されており、かつ一九四八（昭和二三）年の争議解決後の改善された生産性向上によって高収益をあげていた。これに対し、造船部門は注文生産でかつ計画造船により船舶の建造が制約され、加えて同社が従来海軍にその主力を注いでいた関係上、民間からの注文が激減し、輸出造船もなかったために、造船部門が業績不振に陥っていたという事情があった。

また、賃金水準については、当時の製鉄部門は能率給制度を基本としたので、生産高の著しい増加に伴って給与が自然と大幅に上昇したのに対し、造船部門は早急な生産高の増加が期待できず、製鉄・造船両部門間の給与水準がますます乖離し、同一会社でありながら、両部門の賃金の調整には大きな困難が生じるという労働政策上の問題があった。

西山が主張した製鉄分離をめぐって、川崎重工業経営陣には厳しい意見の対立があった。西山の製鉄分離論に対して、非分離を主張したのが造船部門のリーダー、手塚敏雄（取締役）であった。顧問弁護士として取締役会に陪席していた山田作之助は、当時の状況を回顧している。

役員会では西山さんが分離論を主張された。労働条件を盛んに言われた。当時、鉄の方は能率給でどんどん生産が上がるにつれて、給与も増えていった。で、船の方は注文もそう来ない。もうアップアップしていたようなものだった。当時、造船の側では、同じ会社で鉄と船で給与に差があるのはけしからんというようなことを考えていた。それで、西山さんが別れた方がお互いにやりやすいんじゃないかといわれた。その上、一九四七年から四八年にかけての未曽有の大争議を西山さんの陣頭指揮で無事乗り切り、労使間に協調と相互信頼の気運が定着したことは大きな収穫であったことも、西山さん自身の経営者としての自信を確固たるものにしたことは間違いなかった（「社史編纂のための記録シリーズ・製鉄部門の分離独立」）。

西山の主張に対して、手塚は「日本の製鉄業は、いままでに民間企業として成り立ったものはないではないか。日鉄は言うまでもなく官営だ。儲かるものなら、財閥といわれる三井や三菱がすでにやっている。かれらがやらないのは製鉄だけというのをみても、難しい問題に違いない。今後の日本で製鉄業が成り立つかどうかもわからない」と反論した（『追悼集』1967：261）。

このように、手塚は民間鉄鋼業が専業体制で経営していくことの困難さを訴えた。戦後の鉄鋼需要の見通しが不確実であること、製鉄原料の調達面で鉄鋼業の国内立地の採算性に疑問があり、鉄鋼製品については国内生産よりも輸入に依存することが有利であるという主張であった。戦後、鉄の需要は民需に限られたし、しかも、国内には鉄鋼資源はない。むしろ鉄は外国から買って加工する方がよい。大きな製鉄所を建設しても、決して成り立つものでないというのが、手塚の考えであった。

3. 製鉄分離と西山のリーダーシップ

曲折を経た分離・非分離案

一九四七（昭和二二）年七月以降、川崎重工業の企業形態はGHQとの対応の過程で、以下のように、①一九四七年七月の製鉄部門・造船部門の非分離案、②同年秋の製鉄部門の分離案、③四八年四月の川重の解散に基づく二つの新会社（神戸重工業株式会社・東洋鉄鋼株式会社）の創設案、④四九年の製鉄部門の分離・独立の決定（川崎製鉄株式会社の設立）という案が、四次にわたって検討されるなど、曲折を経た（『川崎製鉄二十五年史』1976：57－59）。

第一次案（一九四七年七月）
　企業再建整備法に基づく再建案＝製鉄部門と造船部門の非分離
第二次案（一九四七年秋）
　GHQから独占禁止法の建前により分割案を求められた際の試案＝製鉄部門の分離
第三次案（一九四八年四月）
　過度経済力集中排除法による再編成計画の試案＝川崎重工業の解散に基づく「神戸重工業株式会社」「東洋鉄鋼株式会社」の創設

第四次案・最終案（一九四九年四月〜八月）
企業再編成計画を練り直し、企業再建整備法による整備計画の認可申請＝製鉄部門の分離・独立の決定

ＧＨＱは先に述べた一連の財閥解体措置と同時に、財閥の復活を阻止する施策として、独占禁止法（一九四七年四月公布）と過度経済力集中排除法（集排法、四七年一二月公布）を制定した。集排法は財閥解体、独占禁止法に続いて、ＧＨＱが巨大企業の解体を目的に日本政府に制定を指示したものであった。一九四八年二月、持株会社整理委員会はＧＨＱの指示に従い、工業・商業・サービス業関係の三二五社を集排法による分割の対象企業に指定した。川重もその一社であった。しかし、その後の占領政策の転換によって、日本の非軍事化から経済復興が優先された結果、最終的に過度経済力集中と認定されて二社以上に分割されたのは、①同種部門が分割された日本製鉄、三菱重工業、王子製紙など七社、②異種部門が分割された三菱鉱業、三井鉱山など四社、③工場・株式などの処分がなされた日立製作所、東京芝浦電気、日本通運など七社の計一八社であった。

川重の企業再建整備は、持株会社の指定取り消しによって、集排法に基づく分割再建という法的規制がなくなった状況で、企業再建整備法に基づく自主的な意思決定によって行われることになった。

以下では、分離・非分離案の推移とそこにおける西山の行動を跡づけてみよう。

ＧＨＱ、造船・製鉄分離案の策定を求める

占領下の一九四六（昭和二一）年一〇月、企業再建整備法が公布された。このような環境下で、川崎重工業は同法に基づく再建整備計画を提出することを求められた。川重の再建案は、ＧＨＱをはじめとして、日本銀行、商工省、大蔵省、持株会社整理委員会など、各方面の意向を確かめながら進められた。

その結果、第一次の再建案が一九四七年七月に策定された。川重においてはこの段階では、造船部門と製鉄部門は分離せず、できれば川重内に製鉄部門を置くという不分離案が大勢を占めていた。

このように分離せずに、川重の中に製鉄部門を併置し、従来の体制を継続しようという考え方について、企業再建整備の担当取締役であった神馬新七郎は、この間の経緯をつぎのように述べている。

当初は分割は考えていなかった。でき得れば、川崎重工業の中に製鉄部門を置いて従来通りの仕事を継続しようという考え方だった。なぜかというと、製鉄、今でいう川鉄の方は物資がないために繁忙で製品は飛ぶように売れていた。ところが造船の方は大きな船が造れない、大きい船を一隻造るというとＧＨＱの許可を受けなければならないということで、造船の存在というものは極めて薄弱になってしまった。できれば、このまま頽被りしていたほうが川重の戦後の復活は早くないかなと。製鉄を造船所に並置して川重を育成しようという考えだった（「製鉄部門の分離独立―終戦から第二会社分離発足まで―」）。

しかし、一九四七年初め、GHQは川重に対して造船・製鉄両部門を分離する案を自発的に提出するよう示唆した。造船業が製鉄業を兼営した場合、資材調達面で有利になり過ぎて、独占禁止法の建前上、好ましくないという理由で、分離案を求めたのである。

当時のGHQの示唆といえば、命令・指示と同様に受け止める必要があったので、川重は日本鋼管などを引き合いに出して、日本では造船業が製鉄業を兼営することは何ら珍しいことではないことを説明した。そして、万一の対応策として、製鉄部門を分離して資本金七〇〇〇万円の別会社を設立するが、資産は川重が保有し、設備の一切を別会社が川重から借り受けて経営に当たるという形式だけの分離案を検討した（同前）。

しかし、この案はGHQから拒否された。もちろん、西山もこの不完全な分割案には反対であった。その後、GHQの態度は変化し、分離するかどうかは川重自らに一任される形になった。ここから西山「天皇」が製鉄分離の主役となってリーダーシップを発揮していくことになる。

西山、川重社長案を固辞する

川崎重工業の最大の債権者であり、指定特別管理人であった帝国銀行（のち第一銀行）の意向も当初は非分離論であった。帝国銀行は、この段階では川重自体は集排法による分離を要求されていなかったので、強いて分離する必要はないという考え方であった。

さらに、当時の製鉄部門と造船部門では経営内容に格段の差があったため、分離した場合、造船部門の経営が困難になりはしないかという危惧があったと考えられる。

一九四七（昭和二二）年、製鉄部門の分離・非分離問題を収拾する裁定案として、帝国銀行は「西山社長、手塚副社長」という人事案を提起した。

これに対して、西山は「製鉄業と造船業は本質的に両立しないものであるから、手塚さんに造船の社長をやってもらい、自分はあくまで製鉄をやる」として辞退した（『追悼集』１９６７：２６２）。この時の模様について、高田宗一（川崎製鉄専務取締役）はつぎのように回想する。

第一銀行の頭取が西山さんに「重工とは分離しないでほしい。重工の社長になってくれ」と言っていたと、大森さん（大森尚則川鉄会長、第一銀行出身―引用者―）から聞いたことがあります。ところが、西山さんは「俺は鉄屋なんでね。船のことは全然知らない。船のことは真っ平だ」ということを言われたそうです（「製鉄部門の分離独立―終戦から第二会社分離発足まで―」）。

近い将来の製鉄分離、鉄鋼専業会社の設立を視野に置いていた西山には、川崎重工業の社長に就任する意思はなかったのである。このように、西山は両部門並立のままの存続には反対で、この問題がしばしば論議された役員会においても、常に分離を主張した。

この点について、山田作之助顧問弁護士は「最初からその最終案に至るまで、西山さんはとにかく溶鉱炉を持たなきゃならんと、重工からどうしても独立するんだという考えが強く、決して妥協しなかった」と回顧している（同前）。製鉄分離に賭けた分離一本の強固な意思の持ち主、西山「天皇」を誰も説得できなかったのである。

二つの新会社（神戸重工業、東洋鉄鋼）設立案

製鉄分離論が川崎重工業で支配的な流れとなったのは、第三次案の二つの新会社、神戸重工業株式会社、東洋鉄鋼株式会社の設立案以降であった。

この第三次案は一九四七（昭和二二）年一二月に発動された集排法による企業再編成計画に基づいて、川重が解散して、造船と製鉄の二つの新会社を創設する案であった。新会社の社名は、川崎家の影響を排除するという理由で、川崎という名称を用いず、神戸重工業、東洋鉄鋼とされた（川崎重工業「再編成の基準（基準第三）の各項目に該当する事項を記載した報告書」一九四八年四月八日）。

その骨子は、以下の各点である。

① 川重は造船、製鉄を中核とする二個の第二会社として神戸重工業、東洋鉄鋼を設立し、解散する。

② 第二会社の設立方法は、いずれも旧会社（川崎重工業）より将来の生産に必要とする資産の現物出資を受けて設立する。

③ 第二会社の資本金は、神戸重工業二億五〇〇〇万円、東洋鉄鋼三億円とする。

以上のように、第三次案は抜本的な製鉄部門の分離・独立をめざした再建計画として、持株会社整

理委員会に提出された。しかし、一九四九年四月三〇日のＧＨＱの占領政策の変更に基づく川重の持株会社の指定取り消しによって、情勢は一変する。川重の再編成計画はこの時点で、集排法による分割再建という法的規制から解放されたからである。同年八月一七日、川重は企業再建整備法に基づき、製鉄部門を分離し、第二会社の設立を主眼とした再建整備計画の認可を申請した。このとき提出された第四次案（製鉄部門の分離・独立案）は、造船部門（川崎重工業）を存続会社とし、製鉄部門の第二会社（川崎製鉄）を設立する案であった。

第二会社（川崎製鉄）設立案

このように、法的には造船・製鉄の両部門を分離すべき理由がなくなったため、西山は製鉄分離案一本に絞って再編成計画を主導することになった。

西山の分離案は最も強硬であったが、筋が通るだけに、分離反対であった手塚敏雄にしても口をはさむことが出来なかったという状況があった。持株会社の指定取消しによって集排法に基づく分割再建という法的規制がなくなった状況下で、企業再建整備法に基づく自主的な意思決定、言い換えれば、「下からの」イニシアティブという形で、一九五〇（昭和二五）年七月、第二会社・川崎製鉄が誕生することになったのである。この間の経緯について、朝倉次男（元川崎製鉄総務部長、のち取締役）は語る。

（一九四八年）四月二〇日に、集排法を取り消すということになり、だから川重としては製鉄部門を切り離さなくてもよろしいのだという状況になってきた。ところが、最初から西山さんとしては製鉄部門は分離するのだと強く言われた。いまさら集排法の指定が取り消されて造船・製鉄が一本でいいということになっても、分離案で進むのだと強く主張された（「製鉄部門の分離独立―終戦から第二会社分離発足まで―」）。

このような西山に主導された川崎重工業の企業再編成は、同時期に展開された鉄鋼他社の企業再建整備とは著しい対照を見せた。

日本製鉄は一九四八年二月、集排法の指令を受けて分割対象となり、集排法および企業再建整備法に基づき、八幡製鉄、北日本製鉄、日鉄汽船、播磨耐火煉瓦の設立後の解散が最終的に決定した。その結果、五〇年四月、第二会社として、八幡製鉄、北日本製鉄（富士製鉄と改称）など四社が発足した。

一方、日本鋼管は当初、集排法の指定を受け、分割対象となったが、最終的には分割せず存続した。住友金属、神戸製鋼も最終的に非分割で存続した。

西山にとって製鉄部門の分離・独立は、鉄鋼事業の「選択と集中」という事業構造の改革、組み換えを意味していた。川重からの分離は自ら望むビジョンであり、ＧＨＱの命令があろうとなかろうと、あえて選択すべき道であったのである。

4. 川崎製鉄が発足、社長に就任

僅差で決まった製鉄分離

前述のように、約二年間の議論を経て、西山「天皇」の主張である製鉄分離が合意された。川崎重工業の取締役の中で、西山を支持した小田茂樹（のち川崎製鉄専務）は、西山の一貫した製鉄分離の主張とそのリーダーシップについて、つぎのように回顧する。

かねて大きい夢というか、銑鋼一貫工場建設の構想を抱いている西山さんは、両部門並立のままの存続には反対で、この問題がしばしば論議せられた本社の役員会においても、常に両部門の分離を主張しておられました。

造船工場側は分離に消極的でありましたが、分離反対の強い根拠もなく、西山さんの強い信念に押された形で、ついに役員会も分離に踏み切ることに決定しました。旧債整理の関係上、不分離を希望していた第一銀行も、西山さんの熱意に動かされて分離を認め、旧債整理は法律上の存続会社である川崎重工業（造船工場）が引き受け、製鉄所は新設の会社として、身軽な姿で新出発することになったのであります（『追悼集』１９６７：２８７－２８９）。

川重取締役会は一九四九（昭和二四）年四月一一日、造船、製鉄の分割を決議した。取締役会にオブザーバーとして出席していた顧問弁護士の山田作之助は、つぎのように述べている（『追悼集』編纂用資料「山田作之助談話」）。

①　五人の取締役のなかで、西山と手塚は分離・非分離論で対立し、神馬、児玉は中立で、小田は西山を支持した。
②　西山は戦前から銑鋼一貫構想を堅持していたため、西山の分離論は説得性があった。
③　最終的に、三対二の多数決で分離が決定した。

川重の「企業再建整備法による整備計画認可申請書」（一九四八年八月一七日提出）によれば、以下のように、西山が従来から主張してきた製鉄分離の必要性とその意義が明示されている（『川崎製鉄二十五年史』１９７６：58）。

①　造船業および製鉄業の二業種間にはほとんど関連性はない。むしろ両部門が自己の経営責任を画然と区別して、相互依存の観念を払拭し、独自のスペシャリティを最高度に発揮すべきである。
②　資材の調達についても、総合経営における自給自足の概念を揚棄して、各個経営が広く一般の供給により有利な調達をなすべきものと考える。
③　造船事業は、創業以来の基本事業であるから、これを存続会社にて継続し、製鉄事業部門を第

二会社として分離発足せしむることとする。

新鉄鋼メーカー、川崎製鉄の誕生

一九五〇（昭和二五）年四月、日本製鉄は四分割され、新しい民間鉄鋼メーカーとして、八幡製鉄、富士製鉄が発足した。日鉄の解体は、一九五〇年以降の日本鉄鋼業が純然たる民間企業の競争を基軸として展開されるようになったことを意味する。

すなわち、西山「天皇」率いる新鉄鋼メーカー、川崎製鉄を先頭に住友金属、神戸製鋼など従来の平炉メーカーが、先発高炉メーカー（八幡製鉄・富士製鉄・日本鋼管）とともに激烈な近代化競争の時代に入ることになった。

川崎重工業は一九五〇年八月五日の株主総会で、企業再建整備計画にもとづき、製鉄部門の分離・独立を決定し、八月七日をもって艦船部門（存続会社）、川崎重工業＝資本金五億六〇〇〇万円、社長手塚敏雄、製鉄部門（第二会社）、川崎製鉄＝資本金五億円、社長西山弥太郎、がそれぞれ発足した。西山五七歳であった。

川崎製鉄の設立に際して、西山は『鉄鋼新聞』（一九五〇年八月一四日）に所信を寄せている。以下はその要旨である。

川崎重工業製鉄所はこの八月七日、新たに川崎製鉄として発足した。大正七年、葺合工場として呱呱の声を上げた当時は僅かに年間六万トンの厚板を製造する規模に過ぎなかったが、現在では年間三六万トンの各種鋼板を製造し得るに至った。顧みるに、この三三年間に大正末期の不景気、昭和初期の恐慌、さらに敗戦による打撃等、会社の運命に関わるような難局に遭遇したが、常に川崎に脈々として伝わる伝統精神、すなわち、誠実と敢闘の精神をもってこれらの難局を克服してきた。

然るに、わが国経済の情勢はインフレ収束を目的とする超均衡財政下、鉄鋼補給金の減廃をみ、加えて問題の原料その他諸問題山積し、業界の前途は多事多難を極めている。この難局に処し当社は従来から誠実と敢闘をモットーとしてきたが、なお一層技術の向上をはかり、経営の合理化に努め

創立記念式典で挨拶する西山社長
（出典：『川崎製鉄五十年史』）

ていきたい。

西山は創立記念式典でも、「新会社発足の日を迎える今日、先輩諸氏から脈々として伝わる川崎の伝統的精神、すなわち誠実と敢闘の精神を将来にわたって持続発展せしめて、後進に伝えることをわれわれの義務として自覚しなければならない」と社員に訴えている（『川崎製鉄新聞』一九五〇年八月一一日）。

伊丹敬之（2015）は、西山が語るこの誠実と敢闘の精神に注目し、つぎのように述べている。

この言葉をなぜ彌太郎は創立式典ではじめて言ったのか。そこには、念願だった製鉄部門の独立のときの、そして銑鋼一貫の夢の実現へのスタートラインに立ったときの、彌太郎の精神の高ぶりが見られるようだ。

彌太郎自身、あらためて自分の五七年の人生を振り返り、それを川崎造船所での三一年に及ぶ実業生活と重ね合わせ、さらにこれから夢の実現までに予想される多くの困難を思ったとき、誠実と敢闘こそ重要、それこそ自分の生き様だ、とあらためて思ったのではなかろうか（伊丹 2015：267）。

5．銑鉄の自給自足に対する強い執念

ここで、川崎重工業で製鉄分離・非分離が議論され、新会社・川崎製鉄設立に向かう過程で起こった関西平炉メーカーによる広畑製鉄所の共同経営案、そして、既存の銑鋼一貫メーカーに対する西山「天皇」の挑戦的発言について触れておこう。いずれも銑鉄の自給自足に対する西山の強い執念を示す象徴的な事例であった。

広畑製鉄所のさまざまな活用案

戦後、GHQは占領政策として日本産業の「非軍事化」を進めた。とくに鉄鋼業は将来の平和的需要の限度内という枠組みの中でその規模および性格が決定されることになった。一九四八（昭和二三）年一二月の日本製鉄解体の最終指令の背景には、対日占領政策の一環としての過度経済力集中排除を推進してきた持株会社整理委員会の存在があった。同委員会は、日本製鉄が過度経済力集中排除法（集排法）に触れる点として、鉄鋼業における生産シェア、市場の独占的支配、株式保有率による支配力を指摘した。

そして、集排法の指定に従い、GHQは日本製鉄に対し、①八幡製鉄と北日本製鉄（のちに富士製鉄に改称）の二社に分離、②広畑製鉄所の賠償指定が解除されたとき、八幡に加えることは許されないが、北日本に帰属することは差し支えないとする「日鉄分割再編成計画に関する決定指令」を

通達した（『私の履歴書』１９９２：２６２－２６３）。

このように、ＧＨＱが日鉄解体に関する考え方として、広畑製鉄所を当分そのままにしておくことを勧告したため、新会社の柱となるべき広畑製鉄所の帰属が宙に浮いた形となった。

広畑は一九三七年に日鉄が着工（三九年第一高炉火入れ）したもので、当時わが国屈指の最大の高炉二基と厚板生産設備などを持つ最新鋭製鉄所であった。敗戦直後来日したアメリカの戦略爆撃調査団が唯一のＡクラスの設備と格付けした製鉄工場であったため、四六年八月、第一次賠償の対象に指定された。

この日鉄分割の機会に、同製鉄所を獲得しようという内外からの激しい働きかけが行われた。具体的には、以下の三つの案があった。

・第一案（広畑売却案）：英国企業（ジャーディン・マセソン社）との合弁事業、または外国に売却して、外貨獲得の手段にしようとする案
・第二案（第二昭和製鋼案）：高碕達之助（東洋製罐社長）による旧満州の昭和製鋼所からの引き揚げ者により広畑を経営する案
・第三案（関西三社共同経営案）：関西地区の平炉メーカーによる銑鉄供給会社設立案

第一案は吉田茂首相の発案といわれた広畑への外資導入策あるいは外国への売却案であり、広畑を海外合弁事業の拠点とする案であった。吉田首相の外資導入策の対象案件として選ばれたのである。

吉田の側近、白洲次郎（初代貿易庁長官）によるジャーディン・マセソン社と日英合弁事業とする

案であったが、その阻止に動いたのが、永野重雄（のち富士製鉄社長）であった。永野は吉田の経済顧問であった宮島清次郎（当時日清紡会長、日本工業倶楽部理事長）に吉田の説得を依頼し、吉田を翻意させることに成功した。

第二案は旧満州重工業総裁であった高碕達之助による満州重工業の帰還技術者の就職に広畑を活用する提案であった。昭和製鋼の陣容そのままで、広畑を独立会社にしようという第二昭和製鋼案であったが、永野は引揚げ者を広畑で雇用することを約束することによって高碕と妥協した。

失敗に終わった関西三社共同経営案

このなかで、関西三社共同経営案は、この広畑に着目した川崎重工業の西山が扶桑金属（のち住友金属）の古田俊之助前社長（当時、追放中）、広田寿一専務、神戸製鋼の田宮嘉右衛門元社長（同）、浅田長平前社長（同）、町永三郎社長らに、広畑の再建を共同で引き受けようではないかと主唱したのが契機となった。

関西三社共同経営案は、銑鉄の安定した供給を確保するとともに、有力な競争相手とみられる鋼板設備を手中におさめることをねらった大胆な試みであった。

西山らは広畑が再開されれば、半製品（銑鉄）にとどまらず、鋼材まで生産することを想定されるとし、営業政策の上からも広畑の鋼材生産に反対を表明した。それは広畑を北日本に所属させず、関西平炉各社による投資によってあくまで銑鉄の供給会社として運営すべきであるという考え方であった。

しかし、この広畑共同経営案は、永野重雄がその諾否をにぎる笹山持株会社整理委員長を説得したことによって、その試みは失敗に終わった。

広畑の銑鉄を平炉各社に供給する新会社を設立する案であり、社長は日鉄から出し、資金は各社が出資するという案について三鬼隆日本製鉄社長は了解していたが、日鉄の分割で広畑が富士の製鉄所となったことによって、この案は挫折した。この経緯について、西山はつぎのように述べている。

この溶鉱炉を動かして、管内の各社に銑鉄を供給してもらおうではないか。賠償指定だから、解除してもらって別会社とし、日鉄から社長に来てもらい、カネは関西の連中が出すというプランだった。当時の日鉄社長三鬼さんは、これを承知してくれていた。ところが、そのうちに日鉄が二つに分離するということになり、うやむやのうちに広畑は富士製鉄に行くことになって、これも立ち消えになった（『鉄づくり・会社づくり』１９６４：56）。

西山、一貫メーカーに対して挑戦的発言

一九四九（昭和二四）年暮れ、鉄鋼業界はドッジ・ラインの緊縮政策の影響で販売不振、資金不足などの悪条件に見舞われていた。その中で、銑鋼一貫メーカーと平炉メーカーの対立は顕著になりつつあった。この時期、西山「天皇」が分割・民営化直前の日本製鉄に対していくつかの挑戦的発言を

行っていることに注目したい（「西山氏に意見を聞く（上）（下）」『鉄鋼新聞』一九四九年一二月一二日、一三日）。

西山は独自の「銑鉄輸入」論、「日本製鉄の三分割による競争促進」論をつぎのように述べている。

　銑鉄は日本鋼管でも作っているが、大部分は日鉄で、しかし品質も決して良いとは言えず、出荷も理想的とは言えない。これからの鉄鋼業は安くてよいものを作らなければ立っていけないので、主原料たる銑鉄の品質をもっと良くし、入手の状況も改善されるべきである。また値段も補給金がはずされ高くなることが目に見えているので、もっと安くしてもらいたい。

　そのためには、日鉄が八幡、北日本、広畑の三社に分かれて競争してくれることが望ましい。それができない場合、外国銑を輸入しなければ、現状を改善することは難しかろう（同前）。

これは何も唐突に出てきた見解ではなかった。西山の「銑鉄輸入」論は、外国から輸入するのではない、八幡や広畑や日本鋼管よりもコストの安い新しい一貫製鉄所を自らが建設するというアドバルーン的発言であった。また、「日鉄・三分割」論は、銑鋼一貫メーカーは多い方がよい、それだけ競争して安くなる、その中で自分たちは最もコストの安い銑鉄をつくる自信があるという意思表明であった。

このように、西山は直截な挑戦的発言を展開した。この「銑鉄輸入」、「日鉄の分割による競争促進」は、日鉄からは文字通り「暴論」として受け止められたに違いない。

しかし、世間は一年後にこの発言の真意を理解することになり、驚く。川崎重工業から分離・独立した川崎製鉄のような新しい企業が設立と時期を置かず、それも世界一級の銑鋼一貫製鉄所をつくることを表明するなどとは予想されていなかったからである。

第5章　銑鋼一貫製鉄所建設という決断

1．なぜ、銑鋼一貫製鉄所なのか

銑鋼一貫製鉄所とは

川崎重工業からの製鉄分離によって、鉄鋼専業企業・川崎製鉄を設立した西山は会社設立からわずか三カ月後の一九五〇（昭和二五）年一一月、千葉製鉄所建設計画を通産省に持ち込んだ。西山がめざした銑鋼一貫製鉄所とは何か。

銑鋼一貫製鉄所とは、以下の三段階を垂直的に統合した製鉄所である。

① 製銑：銑鉄を製造する工程
② 製鋼：硬くてもろい銑鉄から炭素含有量を減らして強じんな鋼にする工程
③ 圧延：製鋼工程で製造された鋼を鋼板や棒鋼、鋼管などの鋼材にする工程

銑鋼一貫体制によって、原料から製品までを一貫して生産できることは、生産計画の立案や原料手

当ての準備を行ううえで、まず有利である。さらに、銑鉄にしても、鋼塊、半製品にしても、すべて熱せられたままで、次の工程に運ばれる。また、高炉ガスやコークス炉ガスは重要な熱源として、製鋼、圧延工程に利用されるうえに、コークス炉ガスや高炉滓など副産物の回収は、全体のコスト引き下げに大きく役立つ。これに対し、平炉メーカーであった川鉄は原料の銑鉄を銑鋼一貫メーカー（高炉メーカー）から供給する必要があった。

一九五〇年に勃発した朝鮮戦争前後から銑鉄生産は急激に上昇したが、一貫メーカーの鋼材生産の上昇につれて、平炉メーカーへの銑鉄供給量が制約を受ける局面があらわれる状況にあった。

そこでは、平炉メーカーの一貫メーカーに対する依存性、従属性はますます強まった。しかも、安い中国の原料の輸入を制限され、遠距離の国から大量の輸入を余儀なくされた当時では、銑鉄コストは割高となっていた。川鉄は八幡、富士から銑鉄を購入していたが、品質的にも価格的にも、また量的にも思うに任せない状態が続いた（「戦後川鉄の歩んだ道」）。

このように、割高の銑鉄をさらに独占価格維持の体制のもとで購入を強いられた平炉メーカーが、次第に苦境に追い込まれたのは当然であった。前年の一九四九年には、前章（第４章）で述べたように、西山は銑鉄確保の悩みを抱いていた関西平炉メーカーとともに、広畑製鉄所の共同経営案を試みたが、失敗に終わっている。

銑鉄の他社依存体制を打破するために

敗戦直後の時点において、日本の鉄鋼業には銑鋼一貫製鉄所を稼働する日本製鉄（のち八幡製鉄、富士製鉄）、日本鋼管の二社と、この二社（主に日本製鉄）から銑鉄の供給を受けて、粗鋼・鋼材を生産する川崎製鉄、住友金属、神戸製鋼の平炉メーカー三社という区分が存在した。

高炉を持たない平炉メーカーである川鉄は、「下流」工程の圧延部門に特化し、材料の銑鉄は高炉メーカーから供給を受けなければならなかった。その供給を握っている限り、高炉メーカーは川鉄の成長を制約できた。西山が自ら高炉を持って独立したいと強く考えたのは当然であった。

銑鋼一貫、すなわち、高炉を持って安定した基盤に立つ鉄鋼業経営の必要性について、西山がどのように考えていたかについて、側近の植山義久（川鉄副社長）は「西山社長が一番痛切に申されていたことは、高炉を持たない情けなさというのか、哀れさというのか、そういう面でした。高炉というものを持たない今後の製鉄業というのは絶対だめだということだった」と述べている（「社史編纂のための記録シリーズ　千葉製鉄所の建設その一」以下「千葉製鉄所の建設その一」と表記）。

当時、銑鋼一貫体制の構想を持ったのは、川鉄の西山だけではなかった。川鉄を含めた住金、神鋼のいわゆる関西の三大平炉メーカーが等しく描いた理念であったかもしれない。川鉄が銑鋼一貫へ一歩踏み出そうとした状況について、藤本一郎（川崎製鉄二代社長）は次のように語っている。

大争議が解決して、それから社内の空気がコロッと変わったというか、よくなりましてね。朝鮮事変（一九五〇年）が起こって仕事が順調になり、もうけもした。あれから会社のムードもよくなったのとちがいますか。経営状態もよくなった。

そのころから西山さんがボッボッ（一貫製鉄所建設に―引用者―）本気になりだした。ストが解決し、労使も協調体制が育ってきた。朝鮮事変で景気もよくなったし…。高炉をつくるには、いい機運だと。その頃には、設備の合理化も進めなきゃいかんという空気もでてきましてね。ただ、資金がないとか、周囲の賛同を取り付けることがむずかしい問題だったのでしょうね（『先達に聞く（下巻）』１９８５：１６１）。

このように、西山は川鉄が今後鉄鋼界に雄飛するためには、必ず銑鋼一貫、すなわち、高炉を持たねばならないと考えた。すなわち、銑鉄の供給を高炉メーカーに依存しながら、一方では圧延製品において競争しなければならないということでは、川鉄の企業成長は望めないとし、高炉をもって安定した経営基盤に立つことの必要性を痛感し、銑鋼一貫化へ進んだ。

かつて葺合に小型高炉計画があった

川崎重工業製鉄所は戦時中、銑鉄を自給するために小型高炉建設を検討したことがある。この小型高炉計画について、西山はつぎのように振り返る。

何とか銑鉄を自給する方法はないものかと、あらゆる手段を尽くして研究した。（高炉メーカーが銑鉄を―引用者―）売ってくれないことには商売にならぬ。何とか補助的な方法でもないものかと研究を重ねた。戦時中、朝鮮でやっていた方法があった。鉄鉱石をガス発生炉に入れて、ガスを発生させると、一方、アッシュの中に還元された銑鉄が出てくる。この方法を利用できないかいろいろ検討を加えたが、ものになりそうにない。戦争中、満州や朝鮮でやっていた小型溶鉱炉をつくってみようかと、考えてもみた。これもダメという結論だ（『鉄づくり・会社づくり』1964：55）。

西山が語るように、葺合工場では戦時中、発生炉に鉱石を入れて銑鉄を造った経験があった。そして敗戦後、銑鉄確保に悩んだ挙句、この経験を生かして銑鉄を造ろうと試みたのである。しかし、いわゆる簡易方式ではなく、葺合に小型高炉を立てる計画が浮上した。当時、神戸製鋼が最も熱心に小型高炉の研究を行っていた。

この計画を進める段階で、高炉の専門家として、当時長野県松本市の商工会議所専務理事であった浅輪三郎を招聘しようということで、同じ東京帝大冶金卒の桑田賢二（のち川崎製鉄専務）を通じて交渉したが、浅輪の承諾は得られなかった。その後、情勢が大きく変化して、葺合での小型高炉建設の検討は過去のものとなった（「戦後川鉄の歩んだ道」）。浅輪は旧満州の満鉄（南満州鉄道株式会社）傘下の昭和製鋼所の銑鉄部長を務めた高炉技術者であり、一高、東大鉄冶金学専修でも、西山の一年後輩である。のちに千葉製鉄所長となる。

2．西山のビジョンと戦略

アメリカ型産業社会への予感

西山は敗戦直後、日本鉄鋼業は従来の欧州式の小規模生産方式からアメリカ式の大量生産方式に切り換え、抜本的なコストダウンをはかり、国際競争力をつけていかねばならないと語っている。西山の頭の中にあったのは、大量生産、大量消費からなるアメリカ型産業社会が必ず訪れるという予感であった。つまり、日本はアメリカの経済システムの方向に行くべきである、多分そうなるだろうと考えた。大量生産方式による大量販売・大量消費、それを通じてのコストダウン、そういった方向に日本は行くべきであり、鉄もしかりということを見抜いたひとりが西山であった。西山はつぎのように述べている。

戦前の製鉄所はみなドイツ式であった。損をしないよう、もうかるようにという気持ちが働いていたために、小規模なつぎ足し設備になっていた。しかも国の援助を頼りにしていた。私は戦後の日本鉄鋼業はそれではダメだと思った。なぜなら、日本が何でメシを食っていくかといえば、重化学工業であって、そのもとは鉄である。しかし今までのように高価格で低品質の鉄ではメシのタネにならない。どうしても大量に安く作る必要がある。同業者は「マス・プロにしたってそんなに鉄鋼需要はあるのか」という意見が圧倒的だったが、私は「日本は伸びる」という洞察をもっていたから自信があった（野田 1963：73）。

このように、西山は米国式大量生産型の銑鋼一貫製鉄所、言い換えれば、高炉、製鋼、圧延が合理的に結合された製鉄所をグリーンフィールドに建設しようというスケールの大きなビジョンを描いた。そして、鉄鋼業の近代化・合理化を大規模に展開する戦略の遂行なしには、日本鉄鋼業の復興、ひいては川崎製鉄の企業成長は不可能であると認識していた。

日本鉄鋼業の業界地図を変える

西山が日本鉄鋼業のあり方と川崎製鉄の戦略について講演した資料がある。一九五六（昭和三一）年の「川崎製鉄の現状と将来」と題する講演であった（一九五六年九月一四日、清和会での講演）。以下はその要旨である（傍線筆者）。

①　日本鉄鋼業の設備近代化・合理化の遅れ

欧米に比して日本は旧態依然の設備の上に惰眠を貪っている。速やかに近代的設備を備えなければ、来るべき国際的商業戦争において再び竹槍を以て機関銃と闘う愚を繰り返さなければならない。

②　川鉄の高炉建設の必要性

敗戦後、銑鉄は八幡、富士、屑鉄は焼け跡の屑鉄と東南アジアの日本軍の兵器の残骸に依存する状態であったが、これらの資源が永続する理由はない。しかも、日本の高炉の多くは旧時代の遺物に属し、非能率な設備である。日本鉄鋼業は高炉を増設して銑鉄を増産し、銑鉄を主原料とする銑鋼一貫作業に進むべきであり、私は近代的高炉を建設して鉄源の確保をはかり、コストの切り下げをはかるべき必要性を痛感している。

③　川鉄のストリップ・ミル建設の必要性

川鉄としては、昭和初期に薄板の大量生産を始めて以来、日本における最大の薄板の供給者であったので、今後の需要増に対処すべく、ストリップ・ミルの建設を行う必要があると考える。

④　鉄鋼需要の増大への対応

現在、すべての産業設備の近代化が進みつつあり、戦前戦後を通じ進歩が止まった日本から見れば、新旧設備の能率の差はあまりに甚だしく、これから進む「第二の産業革命」の時代に、鉄鋼の需要が増大するのは議論の余地がない。

西山は「旧態依然たる設備に安住している」日本鉄鋼業の設備の近代化・合理化の必要性、とくに多くが「旧時代の遺物」である高炉の更新投資の必要性、さらには、戦後の鉄鋼需要増加は議論の余地はないとし、鉄鋼メーカーとしての供給責任を強調した。このように、西山の考える戦略は日本鉄鋼業の構造改革ともいうべきスケールの大きなものであった。

戦後の鉄鋼需要増大を予測した西山は、川鉄が国内および輸出市場において競争力を有していくためには、高炉・平炉・ストリップ・ミルから構成される銑鋼一貫製鉄所の建設による大量生産方式の採用が必要であると考え、銑鋼一貫製鉄所建設への道を模索し続けたのである。

すでに述べたように、西山は戦時中に陸海軍の要請に応えて、知多工場を銑鋼一貫製鉄所とする計画を立てたが、建設が緒についてまもなく敗戦となり、その計画は藻屑と消えた経緯がある。

川鉄の銑鋼一貫化を促進した要因

西山が銑鋼一貫参入を意思決定した要因として、当時の川崎製鉄をめぐる外的・内的要因をあげることができる。

まず、外的要因として、国策企業であった日本製鉄の分割・民営化に基づく八幡製鉄、富士製鉄の発足があった。前述のように、一九五〇（昭和二五）年四月、集排法および企業再建整備法に基づき、八幡製鉄、北日本製鉄（富士製鉄に改称）、日鉄汽船、播磨耐火煉瓦の設立という形で解散が決定し、四つの第二会社が発足した。

八幡、富士は条鋼（形鋼、線材など）や薄板（薄鋼板、厚板など）の鋼材に加えて、平炉メーカーなど他の鉄鋼メーカーに販売する銑鉄・鉄塊（銑鉄を製鋼したもの）を製品として製造する一貫メーカーであった。

ここで重要なことは、日本製鉄が八幡と富士に分離され、鉄鋼メーカー間の競争が激化する事態になると、競争上の優劣は銑鉄の自給力よって左右されることである。銑鉄の品不足、価格高騰時において、高炉を稼動する八幡、富士、鋼管と、そうでない川鉄、住金、神鋼との間の格差は明らかであるからである（森川 ２００１：２６１）。

平炉メーカーである川鉄、住金、神鋼などは鋼材販売ではライバル企業の立場にあった八幡、富士から銑鉄の供給を受けなくてはならないという不利な状況に置かれた。このように、日鉄の分割・民営化は、西山にとって企業間競争における脅威となると同時に、川鉄の銑鋼一貫参入の促進要因となった。

次に、内的要因として、川崎重工業から分離して鉄鋼専業として出発した川鉄にとって、その製造品目は厚板、薄板など、鋼材の品質において戦後の世界市場に対応していくうえで設備の近代化を最も迫られていた鋼板類であった。

しかし、主力工場の葺合工場の旧式設備を近代的なストリップ・ミルに転換し、さらに銑鉄確保のために高炉を建設するアイデアがあったとしても、敷地狭隘な同工場にはその余地はなかった。このように、西山は設備老朽化と拡張不可能という一貫製鉄所建設の決断を迫る制約条件を抱えていたのである。

通産省には川鉄支持者がいた

西山が新製鉄所用地を探索する際に山口県光工廠跡への進出検討をアドバイスした商工省（一九五二年七月三一日から通産省と改称、以下通産省）の製鉄課長田畑新太郎のケースに限らず、通産省の官僚のなかには、従来の既存一貫三社中心の鉄鋼行政に対して、これでは日本の鉄鋼業界は発展しないのではないかという問題意識をもつ者がいた。

Ｋ・Ｅ・カルダー（１９９４）は、「通産省にはかなりの数の川鉄支持者がいた。（中略）関東地方の自治体をいわばクライアントとする東京通商産業局は川鉄を支持した。下級で技術志向の通産官僚、例えば通商鉄鋼局製鉄課長だった田畑新太郎なども千葉の計画は現実的だし練られたものだと感じていた。田畑にとって、鉄鋼業界の三社寡占状態は打破すべきものだった」と述べている（カルダー１９９４：２７２）。

とくに若手官僚は大勢として川鉄などの社運を賭けた新しいプロジェクトには好意的であったと、東京通商産業局長を務めた山地八郎（のち川崎製鉄専務）はつぎのように語る。

あのころ通産省で問題だったのは川鉄ともう一つは倉敷レイヨン。新しい技術を擁して新製品をやってみようという社運を賭けた大事業だった。それから新潟の天然ガスを利用する日本瓦斯化学。これらはすべて新しい経営者が心血を注いで、社運を賭けてみようという新事業計画だった。それには若手官僚はみな賛成だった。しかし、繊維業界に行ったら「あんなばかな計画はない」

ということになるし、化学業界でも「あんなばかな」と言って、既存勢力はみな反対だった。鉄鋼業界の反対派は、いずれ川鉄は行き詰まって投げ出すだろうと言う。この三つがつぶされるような、通産省の政策はないぞというのが若手の意見だった（「千葉製鉄所の建設その一」）。

また当時、西山構想の理解者の一人であり、通産省の大臣官房で長期政策を担当していた若手官僚、赤沢璋一（のち富士通副会長）はつぎのように語る。

昭和二五年ごろは物資は不足し、統制、キップ制でしのいでいた、いわゆる「傾斜生産方式」と呼ばれた計画経済時代だった。外貨も底をつき、これも割当といった厳しい経済環境下で、新たに事業を興すこと自体、考えられない時代だった。

そんな時代に多額な資本を必要とする製鉄工場を新設するという西山さんの計画の根拠は、長期的に見て日本の産業復興に役立つものと理解した。確かに高炉はたくさんあったが、空襲でやられたり、また、生産性の低いものばかりで、新しいものは何ひとつなかった。それに関東地区には、高炉を持つ製鉄所は川崎市の臨海部にあった日本鋼管一社というだけに、西山さんは大消費地となる首都圏進出に期待をかけたのではないだろうか（土屋 1997：34-35）。

森川英正（2001）は、西山の濃密な人的ネットワークを指摘する。とくに一高卒業の学歴を活用し、通産省説得を行うにあたり、このネットワークを活用した。そのことが説得工作成功の主たる理由かどうかはわからないが、少なくとも一つの理由であったと考えて間違いないと述べている（森川２００１：２６６）。

銑鋼一貫工場建設計画書と見返資金貸与願書を通産省に提出した一九五〇（昭和二五）年一一月、同省首脳部には、次官山本高行、官房長永山時雄、資源庁長官始関伊平と一高卒業生がくつわを並べていた。西山が通産省説得に強い自信を持っていた一端がうかがわれる。

しかし、通産省の高官がすべて川鉄を支持したわけではなかった。この時期、通産省は川鉄の銑鋼一貫化計画に慎重にならざるを得ない理由があった。大手高炉メーカーに天下りをしている先輩とのつながりがあったからである。

当時、八幡製鉄に天下っていたのは戦時中の商工省次官だった。K・E・カルダー（１９９４）は、こうした人脈がブレーキとなり、一九五〇年から五二年にかけて通商鉄鋼局長を務めた中村辰五郎、四九年から五二年にかけて補助金交付を管轄していた通商振興局長の平井富三郎は、揃って川鉄の計画に冷たい態度をとったと述べている（カルダー１９９４：２７２）。

西山の銑鋼一貫化戦略の特徴――住友金属との比較――

銑鋼一貫化戦略をめぐって、西山「天皇」に率いられた川崎製鉄は、住友金属や神戸製鋼とは著しい対照を見せた。

川鉄が第一次鉄鋼合理化（一九五一〜五五年）において、一挙に千葉製鉄所という新鋭製鉄所建設に進んだのに対して、住金や神鋼は当該時期には高炉建設という大胆な戦略には向かわなかった。両社は二段階作戦をとり、それぞれ小倉製鋼、尼崎製鉄を傘下に収め、その後、新製鉄所建設に進むという漸進的な路線を選択したからである。

以下では、川鉄と住金の銑鋼一貫化を比較してみたい。

両社の銑鋼一貫化のプロセスの違いについて、鈴木謙一（1966）は「川鉄が鉄鋼界の技術革新に先駆的役割を果たし、西山の決断は経営史を飾るものと評価するのに対し、住金は和歌山工場があり、昭和一五年には高炉建設計画もたてていながら、既存設備の利用に進んだのはあまりにも消極的で、一歩遅れたという見解が現れた。結果からみればその通りだが、これには両社の性格の相違、住友グループの内部事情などによる面もある」と述べている（鈴木 1966：64）。

ここでいう住友グループの内部事情とは何か。

当時の住金には、高炉メーカーに進出しようとする積極経営の方針と、高炉進出に対する危惧から戦前の「伝統」を堅持しようとする保守的な経営理念との対立があり、結局は鉄源確保をめぐって同社は漸進的な戦略をとったという事情がある（張 1992：31）。西山「天皇」というワンマン経営者に率いられた川鉄とは、この点で大きく異なっていた。

ここで、住金のリーダー、日向方斉（当時常務、のち社長）は、小倉製鋼との提携、さらには合併という形で銑鋼一貫化を急いだ。当時の状況について、日向自身がつぎのような一般にあまり知られていないエピソードを語っている。

西山さんは当社より前に千葉に出た。西山さんは「オレだけじゃ寂しいじゃないか。日向君やらんか」と、こう言っていたですよ。「やるけど西山さんと違った行き方をしますよ」と。すると「うん、どっちでもいいや」とね。はじめは尼鉄を狙ったが、複雑な事情が尼鉄にあった。たまたま小倉の話があったんで「じゃ、そちらの方でいいや」と。それで小倉へ行ったんです。西山さんとほぼ軌を一にして。たまたま西山さんが千葉第一高炉へ火を入れるときとウチが小倉製鋼と正式に合併する時が同じ。だから、「お互いやりましたね」と二人で大笑いしたことがあった（『先達に聞く（下巻）』１９８５：93－94）。

以下に掲げる両社の銑鋼一貫化プロセスの比較データからも明らかなように、先行した川鉄の設備投資行動を住金は数年間のタイム・ラグで追随していった。

一九五三年の小倉製鋼の合併、五六年の和歌山建設計画の発表、六一年の和歌山第一高炉火入れのそれぞれを隔てる時間的空白の大きさが、住金の抱えた社内事情と資金問題の厳しさを如実に物語っている。

住金は一九五六年一二月、和歌山の高炉建設を柱とする銑鋼一貫計画を発表した。所要資金は四九四億円、当時の資本金の一〇倍であった。ここには、第一次合理化を特徴づけた同社の漸進主義からの路線転換があった。そして、和歌山進出後の住金の成長力には、目を見張るものがあった。

【川崎製鉄、住友金属の銑鋼一貫化プロセスの比較（一九五三〜一九七一年）】

一九五三年七月	川鉄、千葉第一高炉火入れ
一九五三年七月	住金、銑鋼一貫化を企図し、小倉製鋼を合併
一九五六年一二月	住金、第二次長期設備合理化計画を発表
一九五八年三月	川鉄、千葉第二高炉火入れ
四月	川鉄、ホット・ストリップ・ミル完成
六月	川鉄、コールド・ストリップ・ミル完成
一九六〇年四月	川鉄、千葉第三高炉火入れ
一九六一年三月	住金、和歌山第一高炉火入れ
七月	川鉄、千葉第四高炉火入れ
一九六二年四月	住金、ホット・ストリップ・ミル完成
一九六三年三月	住金、コールド・ストリップ・ミル完成
四月	住金、和歌山第二高炉火入れ
一九六五年三月	川鉄、千葉第五高炉火入れ
四月	住金、和歌山第三高炉火入れ

一九六七年三月　住金、和歌山第四高炉火入れ
　　　　　四月　川鉄、水島第一高炉火入れ
一九七一年一月　住金、鹿島第一高炉火入れ

出所：『川崎製鉄二十五年史』、『住友金属工業六十年小史』。

3．なぜ、西山は千葉に進出したのか

「花嫁探し」で全国を物色

以下では、川崎製鉄の千葉進出決定のプロセスを追う。

西山は『中央公論』（一九六一年一〇月号）において、製鉄所建設用地を「花嫁」と呼んでいる（西山1961：241‐243）。

用地の選定に当たって諸種の立地条件を科学的な調査資料によって慎重に検討したことはもちろんであるが、同時に「嫁を探すような気持ち」で自分の目で考え、確認することを怠らなかった。西山は川鉄設立の一九五〇（昭和二五）年八月前後からこの「花嫁探し」を精力的に進めた。西山の片腕として候補地選定に携わったのが、大原久之（取締役東京支店長、のち常務）である。大原はつぎのように回顧する。

一貫製鉄所を初めの構想通り、知多でやろうと検討したが、埋め立てて大きな製鉄所をつくるのはだめだということで、ギブ・アップした。まずカネの問題だが、当時スクラップを大量に買い込んでいたので、朝鮮戦争でブームになって儲かってしようがない。オーバーかもしれないが、カネの使い道に困ったわけです。そのままでは税金にとられてしまう。それだけでは一貫工場は建たないが、一つのきっかけになった。それから土地を物色する必要があった。当時は民間の土地は農地法とかで大きな土地は手に入らない。そこで、軍が持っていた大きな土地を持て余している地域があったので、これを手に入れるしかないということになった。その時に推薦してくれたのが、通産の田畑新太郎君。光工廠跡地というのが山口県にある。これが一番いいんじゃないだろうかと助言してくれた（「千葉製鉄所の建設その一」）。

新製鉄所立地が一九五〇年一一月に決定するまでのプロセスは、以下の通りである。

八月末＝西山ら、山口県の光工廠跡を視察

九月＝山口県より徳山、防府、宇部を紹介され、この三候補地を視察。調査団を組織、再調査し、防府を内定

一〇月一日＝西山、東京湾岸の調査を指示、調査を開始

一〇月一九日＝西山、千葉市寒川海岸埋立地（日立航空機工場跡地）を視察

一〇月二〇日＝川鉄東京支店で会議。西山、浅輪三郎、山岡武（八幡製鉄）、古茂田甲五郎、上野

長三郎ほか出席。ほぼ千葉に決定
一一月七日＝通産大臣に見返資金貸与の願書を提出、計画の全貌を示す
一一月一三日＝西山、千葉県・市議会代表に会い、製鉄所建設計画の説明および要望書の提出を行い、了解なる

当初、山口県防府の内定が濃厚に

大原久之は川崎製鉄設立直前の一九五〇（昭和二五）年八月、西山とともに光工廠跡地を秘密裡に調査した。大原はつぎのように語る。

光工廠跡地を一度見ようということで、西山社長と相談したわけです。内緒にして調べなければいけないというので、秘書にも隠した。あの時は社長の行方が分からないで大騒ぎになった。現地に行くと、頑丈にワイヤーを張り巡らしていて守衛がいた。「誰ですか」と、うさんくさいわれわれを拒否するわけですよ。内緒で来ているのにここでばれても困る。

「社長、どうしましょうか。しかし偽名を使うのも問題です」「構わない。名刺を出そうじゃないか」ということになって、二人の名刺を出したら、中へ入れてくれた。県知事が責任者なので、守衛が逐一報告していたために、田中龍夫知事が「来ているのなら、ぜひ県庁に寄ってくれ」という。田中義一元首相の息子でね、役所時代に一緒に仕事をしていたポン友だった。その夜、知事を

招待して食事をした（同前）。

田中山口県知事は一九四六年、三六歳の公選知事としては歴代二番目の若さで当選し、五三年、知事二期途中で退任し、衆議院議員となった。その後、文部大臣（鈴木善幸内閣）、通産大臣（福田赳夫内閣）を務めた人物であった。

その翌日、大製鉄所をつくるために川鉄の西山社長がわざわざ出てきて土地を調べているという記事が、地元紙の『防長新聞』に大きく報道された。この記事が、川鉄が一貫製鉄所をつくろうとしていることが世間に知られるきっかけとなった。

しかし、この光工廠跡地は地盤その他の条件は満たされていたものの、築港が難しいなどの点があり、さらに山口県と八幡製鉄の間ですでに話が進展していたので、西山は不適当と判断した。

そこで、田中知事は新たに徳山海軍燃料廠跡、防府、宇部の三つの候補地を推薦した。西山は調査団を組織し、大原が団長格となって、植山義久、宗田太郎、田村直明らが光とともに、徳山、宇部、防府を視察した。

その結果、防府を除けばいずれも用地の広さ、築港などに難があり、防府を最適地として注目した。塩田の跡地で、土地の広さ、地盤、大型船の接岸、水、電力などの条件を満たしており、候補地の中では最良の土地と判断されたうえ、山口県選出の周東英雄代議士（当時、国務大臣・経済安定本部総務長官）の熱心な誘致もあって、西山は防府の内定に大きく傾いた（『戦後川鉄の歩んだ道』）。

千葉市寒川海岸埋立地が浮上

しかし一方で、西山は東京湾海岸にも目を向けており、東京湾千葉側の調査を大原久之に命じた。このときの経緯について、大原はつぎのように語る。

（一九五〇年の）一〇月一日の日曜日、西山社長から電話があった。ちょっと来てくれと。社長は日本地図を広げて、瀬戸内海ばかりでなく、東京湾の周辺も調べてみようといわれた。東京湾の川崎側はもういっぱいだから、千葉側しかない。じつは私は千葉で事業をしている旧知の人がいた。大多喜天然瓦斯株式会社の林辺健一郎社長だった。

千葉の海岸側に製鉄所をつくるような土地がないだろうかと林辺氏に相談に行ったら、地図を出してきて千葉市に近いところ（寒川海岸埋立地―引用者―）は製鉄所といっても大き過ぎてどうにもならんだろう。木更津と館山に軍の飛行場があるが、どちらもだだっ広いところでどうにもならんぞという話だった。林辺氏は製鉄所のスケールをご存じなかった（同前）。

このような経緯を経て、西山は製鉄所建設地として、千葉市寒川海岸埋立地（日立航空機工場跡地）、木更津市海岸（木更津海軍航空隊跡地）、館山市海岸（館山海軍航空隊跡地）を新しい候補地とした。そのほかには、神奈川県相模原、静岡県も候補地となったが、却下された。

寒川海岸埋立地の調査に当たった大原は「まったくほれぼれした。これ以上の敷地はほかになかろう」と思った（『巨人伝』1971：427）。大原からの報告を受けて、西山は一〇月一九日、現地を視察し、千葉進出に大きく傾いた。

地形、地盤、用水、電力、港湾、鉄道、労働力などについて周到な調査が始められた。製鉄所の生命である水や地盤、電力事情などについて、西山自ら現地をくまなく歩いて調査した。

西山は付近の井戸を覗いて地下水が豊富なこと、工業用水は千葉県印旛沼の余剰水を利用すれば十分間に合うことを確認し、地盤については潮が引いたあとの遠浅の砂浜を荷車が通るのを見て良好であると判断し、専門家による詳細な調査を命じた。製鉄所に必要な電力については関東配電（のち東京電力）に協力を求めればよいという目処をつけた。山口県防府の決定を中断しての千葉の調査であった。

西山、千葉進出を事実上決める

一九五〇（昭和二五）年一〇月二〇日、西山は東京・呉服橋の川崎製鉄東京支店に主要メンバーを集めた。

山岡武（八幡製鉄）、古茂田甲五郎（川崎重工業営繕担当、のち安藤建設顧問）、浅輪三郎（旧満州の昭和製鋼所製銑部長、のち千葉製鉄所長）、上野長三郎（のち千葉製鉄所土建部長）ほかが出席した。

山岡は西山と東大の同窓で、川鉄に高炉、コークス炉などの専門家がいなかったので、その方面の経験ある技術者を西山に紹介した。浅輪をはじめ、中国・北京の石影山製鉄所出身の岡村琢三、広畑製鉄所出身の藤井栄次郎などである。

一方、上野はかつて古茂田らとともに東京市港湾局技師であった。古茂田から「軍港も製鉄所も要領は同じだよ。キミは打ってつけだ。西山にそう言ったらぜひとのことだ。一肌脱いでくれ」と推薦され、この日、製鉄所建設の土木技術者として採用された（『巨人伝』１９７１：４３５）。

戦時下の海軍で上野の副官であった中曽根康弘（元首相）は彼について「終戦後、川鉄の建設について、天皇といわれた西山社長と呼吸を合わせ、ぐいぐい天皇をリードして、あの大建設を見事に成功させ、戦後の製鉄所建設（海辺コンビナート方式）を初めて成功させた」港湾・土木のプロであったと述べている（『上野長三郎さんを偲んで』１９８５：３）。

上野は千葉建設の初期段階から完成操業に至る間、西山を支えた土木建築部門のリーダーとなった。川鉄入社の経緯と当日の会議の模様についてつぎのように語る。

関西の製鉄会社のことで相談したいという話が古茂田さんからあった。「その社長に会え。お前とよくウマが合う人だ」といわれ、一〇月二〇日、呉服橋の事務所で西山社長と初めて名刺交換した。浅羽さんも来ておられた。会議をやるから出てくれという。初対面で会議に出ろとは何たる率直な会社かと思った。社長は古茂田さんから上野なら東京湾のことを全部知っていると聞いておられたので、すぐ列席させられたのだろう。社長の隣に八幡の山岡武氏が座っておられた。社長は千葉に製鉄工場をつくるのだが、それがいいのかどうかということを質問された。私はじつはこのときの会議が社長が千葉進出を事実上決定された重要な会議であったと思っている（「千葉製鉄所の建設その一」）。

上野長三郎、西山の懸念を払拭

千葉寒川海岸埋立地は地盤などの立地条件は良かったものの、「あんな泥の海に港をつくってどうする」という疑問が一部にあったことも事実である。西山にとっても、港湾をしゅんせつしても流砂のため水路が埋まるのではないかという大きな懸念があり、また大量に必要となる工業用水をどう確保するかという難題もあった。この西山の疑問に対し、上野長三郎は「千葉は天然の良港です」と西山の懸念を払拭し、つぎのように説明した。

近年、埋め立て技術は進歩してきており、千葉市海岸は浅いからよいのです。三メートルぐらいだから、これを掘って十メートルぐらいにして、その砂で防波堤をつくれば、深いところより二重に安上がりです。今はしゅんせつ、築港は何でもないところです。（中略）千葉は近くに大きな川がないから、砂を運ぶものがなく、なかなか埋まらない。ここの土はシルト（泥）まじりだが細砂質です。これは海流が静かな証拠です。つまり人工港をつくりやすい。天然の良港とはそのことです（『巨人伝』1971：435）。

また、工業用水についても、上野は農林省の印旛沼干拓・治水計画に通じており、西山に「印旛沼からは毎秒三トンはとれます。毎秒三トンということは日量二五万トンです。一方、千葉市海岸には上総掘りといわれ、よい水を多量に出す井戸が至る所にあり、地下水は豊富にあるから、そこで一〇万トンから一五万トンはとれる。両方合わせると三五万トンから四〇万トンとれ、製鉄用水はこれで十分です。ひとつ犢橋取水の水利権を建設省に申請しましょう」と説明した（同前：437－438）。

のちに上野は研究者の取材に答えて、千葉製鉄所の立地上優れた条件として次の各点を挙げている（山口 1988：66－67）。

・大戦中に約二〇〇ヘクタールの埋立が行われ、広大なスペースが存在する。さらに一〇〇ヘクタールを造成すれば、一貫工場の用地として充分である。
・遠浅の海岸であるためにしゅんせつが容易であり、その土砂で埋立地を築き、港を開き、防波堤の築造も安価である。
・沿岸の基礎三角州の地下（二八メートル）には厚い砂礫層が存在し、地耐力平方メートル当たり四〇トン以上で重量建造物の重圧に耐えうる。
・幹線鉄道や送電線の引き込みは技術上簡単である。
・懸案の工業用水の問題も、利根川総合開発の一環として印旛沼の水を引くことが計画されている。

・本地域は背後に京浜の大市場地域を控え、立地比重を増加しつつあった市場条件に恵まれている。

このような経緯を経て、西山は新製鉄所立地を千葉を事実上決めたが、さらに他地域の調査を命じた。あくまでも製鉄所立地には慎重を期したのであろう。上野は語る。

西山社長は疑問が解消されたのか、たいへん喜々として「そうか。それじゃ千葉はいいな」とおっしゃったが、なお念を入れて、他の区域はないかといわれた。私は海軍にいたので、川崎、多摩川の東側にまだありますよ、五〇万坪ぐらいだと思いますがといったら、社長から「狭いな。第一にそれは日本鋼管のそばでどうも面白くない」というような話も出てきたが、「まあ調査してみようじゃないか」ということになった（「千葉製鉄所の建設その一」）。

4．千葉進出を正式決定

破天荒だった川鉄の千葉計画

川崎製鉄の千葉進出において、社内外から西山を支えた人物として、大原久之と山地八郎（当時商工省東京通産局長、のち川鉄専務）という存在があった。

大原と山地は戦前、大原が官営八幡製鉄所勤務時代に、山地は福岡鉱山監督局総務部長を務め、肝胆相照らす仲だった。それに大原は、戦後、通産省東京鉱山局長も務めたこともあって、息の合う通産官僚同士だった。こんな二人の久しぶりの再会が、くしくも京葉工業地帯の芽となる川鉄千葉製鉄所の誕生となるとは本人たちも予想だにしなかったことであろう。

一九五〇（昭和二五）年五月の千葉市長選挙で当選した宮内三朗は、寒川海岸の埋立地六〇万坪に企業を誘致して、固定資産税などの税収入を増やすことをかねてから考えていた。この間、千葉市と県は大日本紡績、日清紡績、倉敷紡績などの紡績会社の誘致を計画し折衝したが、いずれも不調に終わっていた（『千葉県議会史　第五巻』１９８８：５１１）。

そのような状況下で、急きょ千葉市寒川海岸埋立地への進出が検討された経緯について、山地は宮内市長が進出企業を探しているという情報を大原に伝えたことが縁結びになったという。しかし、西山の構想は当時は夢のような話で、破天荒な計画だったとして、つぎのように語る。

昭和二五年ごろ、商工省から千葉県庁に出向していた人から「宮内市長が戦争の置き土産の飛行機工場跡地への進出企業を血眼で探している」との情報を得た。その話を大原さんが来たときに伝えた。瓢箪（ひょうたん）から駒（こま）ではないが、それが縁結びになり、新時代日本の工業発展の芽となるとはそのときは夢にも思わなかった。

一カ月後、西山社長自身が面会を求めてきた。そして千葉に大製鉄所を造りたいといろいろ構想を説明されたが、夢みたいな話で、初めのうちは本気だと思わなかった。そのくらい、当時としては破天荒な計画で、時の大蔵大臣池田勇人も感心していたほどだった（土屋 1997：33－34）。

千葉市は立地条件として日本一の大市場東京中心、つまり消費地立地をねらうには、候補地としての条件を満たしていた。そこに高炉を持たない川鉄が臨海製鉄所をつくるという大胆な計画であった。

このように、千葉市が製鉄所建設用地としてきわめて適切であることが判明する一方、千葉県・市の誘致運動も次第に高まってきたので、山口県防府が意中にあった西山は早急な決断を迫られた。

千葉県・市への要望書

一九五〇（昭和二五）年、千葉県企業誘致対策本部が設立され、経済部内に企業誘致対策事務局が新たに設けられた。こうして千葉県の開発行政がスタートしたが、これらの実質的な中身は川崎製鉄の誘致問題対策であった。

川鉄は千葉県・市との折衝過程で、県・市が示唆した積極的な援助内容を織り込んでこれを「要望書」としてまとめた。

同年一一月一三日、山地八郎東京通産局長の立会いのもと、千葉県・市と川鉄の公式会談が東京通産局で行われた。

会議には、県・市側からは、知事選による知事不在のために臨時知事代理の佐藤秀雄総務部長、宮内三朗市長、片岡伊三郎代議士、吉原鉄治県会議員、古荘四郎千葉銀行頭取など、川鉄側からは、西山社長、小田茂樹専務、大原久之（東京支店長）、浅輪三郎（製鉄所建設委員長）、宮本伯夫（同副委員長）が出席した。

西山は製鉄所建設の理由と製鉄所の規模を説明し、その後、千葉市へ進出するにあたっての要望書を提出し、この要望事項が千葉県議会、市議会で承認されれば、進出したいと表明した（『千葉県議会史　第五巻』１９８８：５１２）。

千葉県・市に提出した要望書は、以下のように、①工場予定敷地、②港湾、水路、防波堤、埋立地、③電力の確保、④工場用水の確保、⑤従業員住宅、⑥工場完成後五年間の地方税免除に関わるものであった。

【要望書の内容】

① 工場予定敷地：私有地、官有地計五九万一六六三坪は市より川鉄に無償譲渡すること。この埋立地に接続して川鉄は約四〇万坪の埋立てを行うこと。

② 港湾、水路、防波堤、埋立地：港湾、水路、防波堤の強化、構築および埋立てはすべて県市の費用負担で施工すること。

③ 電力：東京・新小岩から千葉に至る高圧送電線設備は市の負担において実施する。

④　工場用水：工場用水は印旛沼―検見川間疎水より引き入れるが、川鉄の水利権は一日一五トンを県市で保証すること。

⑤　従業員住宅：従業員住宅その他福利施設敷地として約5万坪を千葉市内もしくは近郊において低廉に入手し得ること。

⑥　地方税：工場施設及び厚生施設に対する固定資産税は全工場完成後五ヵ年間免除。また工場完成後五ヵ年間の付加価値税を免除。

出所：『千葉県議会史　第五巻』512－513頁。

県・市、川鉄の要望をすべて了承

この一一月一三日の川鉄、千葉県、市の三者会談において議事は円滑に進み、千葉側からの疑問や質問はほとんどなかったと伝えられている（同前：513）。

しかし、千葉県側では県知事選で知事不在であり、県知事職務代理を務めた佐藤総務部長が会議で県側の意見をとりまとめるのに難渋した点、そして会議の結果次第では、川鉄誘致を実現したいと考えていた田中山口県知事が都内で待機していた点を山地八郎はつぎのように述べている。

県の佐藤総務部長が臨時知事代理でした。知事選の真っ最中で県知事がいないわけです。非常に心細いから、それで県会議員や代議士の有力者も証人として必要だったわけです。県のほうは相当もめていたんですよ。川鉄の要望書には税金の問題などいろいろ書いてあったからです。そしてそういうことが川鉄に約束できるかどうかということになって、なかなか決めきれなかった。
その時に私は千葉県側に「そう言っちゃ悪いけれども、じつは山口県の田中知事が日本橋のほうで待っておられる。千葉県がノーということになると、自動的に山口県のほうに行く」、そういう客観情勢があるということを申し上げた。総務部長は「私はできない、判を押せない」と渋った挙句、最終的に了承したわけです。山口県の田中知事はずっと待っていたんです。申し訳なかった
(「千葉製鉄所の建設その一」)。

こうした経過を見ても明らかなように、当時の千葉県側は、川鉄の千葉誘致それ自体に大きな期待があったために、川鉄の要望事項が県や市にとってどれほどの負担になるのか具体的検討をほとんど行っていなかったと考えられる(『千葉県議会史　第五巻』1988:514)。川鉄の要望事項は山口県防府との競合問題、言い換えれば、条件闘争的な側面も有していたが、川鉄の千葉進出に過度の期待があったために、川鉄に有利な条件が大して問題にならず受け入れられたのである。

川鉄の誘致が議会で正式決定

一九五〇(昭和二五)年一一月一五日、千葉市の宮内三郎市長は臨時市議会を招集し、川崎製鉄

誘致案を諮った。当時、千葉市の一般会計四億四五〇〇万円、市税が一億八七四五万円であり、一〇〇億円を超える資本投下がなされる新製鉄所は全く予測がつかないのが実態であったと考えられ、満場一致で誘致が決定した。

その際、千葉市議会議長は、千葉市が消費地である東京を間近に控えていること、六〇万坪の埋立地が無償で入手できること、千葉港の地質が良く、港としての条件を備えて備えていることの三点が、川鉄の千葉進出が決定した理由となったと述べた（『千葉県議会史　第五巻』１９８８：５１４）。

千葉県も一一月二〇日、全員協議会を開催して川鉄誘致を決定した。

一二月、西山は通産省の許可を待たず、戦時中、旧日立航空機が埋め立て、使用していた千葉市海岸の蘇我地先の土地を最適地と認め、四〇万坪の土地を正式に買収した。この土地は、戦後は日本興業銀行（興銀）の管理下にあり、当時は工場の片隅で細々と農機具の生産が行われていた。

工場用地については、その後、造成済み埋立地五二万坪（一七一万平方メートル）とその前面三六万坪（一二〇万平方メートル）の埋立権を合わせて二五〇〇万円で千葉市より譲り受けることに変更された。地元の人にも、興銀にも手のつけようのない土地であったためか、買収費は一切合切わずか一億円であった（野田１９６３：74）。

さらに、千葉市は土地の実質的な無償提供、一万トン級の貨物船が出入り可能な港湾や水路の整備、地方税についての免税期間の考慮など、特別条件を提示した。また千葉県は誘致条例を制定し、主な工場設備の完成までの県税免除、航路しゅんせつ、防波堤の築造その他で優遇措置を講じることになった。

これらの優遇措置の中で後に問題となるのが、「工場完成後五ヵ年間免税」条項であった。

西山、県議会で聴聞を受ける

「工場完成後五ヵ年間免税」は工場の完成をいつの時点と見るか、すなわち、「第一高炉の完成時」か、「ストリップ・ミルの完成時」とするかで、千葉県・市と川崎製鉄の間で大きな問題となった。

当初、浅輪千葉製鉄所長が千葉市に対して「高炉の完成時」をもって工場の完成と発言していたことから、県・市ともに第一高炉の完成時点から五年間を免税すると認識していた。

浅輪がどのような経緯で第一高炉の完成時期と言ったのかは明確ではないが、その後、川鉄は銑鋼一貫の完成時期はストリップ・ミルの完成時点であるとし、「工場完成時」を先に延ばすことを申し出た。ストリップ・ミルの完成とした場合、免税期間はさらに三年間伸びることになり、税負担が軽減されるというメリットがあったからである。

しかし、県議会においては一九五二（昭和二七）年以降、川鉄誘致問題が大きくクローズアップされ、本格的に議論されるようになった。

県議会は同年四月一日に設置された県議会企業誘致対策特別委員会において、西山の出席を求めて、川鉄側の考え方を聴取した（『千葉県議会史　第五巻』1988：528）。以下、そのやり取りを『千葉県議会史　第五巻』から引用する。

委員長（松本清）＝千葉市長が前に浅輪工場長を喚問したとき、完成の時期について高炉であり、この完成が目的である旨、返事があった。

西山＝工場はもちろん自力で、まず高炉、製鋼設備から造り、かせぎが増してからしだいに圧延設備を増強する。工場完成の目標はストリップ・ミルの完成である。いままで「完成はストリップ・ミル」とは、あらためて言っていないが、言わなくてももちろんだから、言わなかった。

委員長＝できるかどうか、われわれはできると思っているが、基準はいつか。われわれは素人でわからないので、川鉄は高炉を持たないから、高炉ができれば完成するという市長案を信じてきたのだ。また、一工場、一工場完成ごとに、そのときから五年間免税という意味での竹の子式と解釈していた。そうすると、県市はトクだが、川鉄はソンですね。

西山＝川鉄はいま八幡、富士から銑鉄を買っている。銑鉄だけほしいなら、それでよいし、高炉を造ることはソンだ。高炉だけならわずかの土地でもよい。播磨でもいい。徳山でもよい。そうしないのは薄板が目的だからだ。高炉そのものはそんなに魅力があるわけでない。免税はカネがほしくて言うのではない。完成目標達成を応援してもらいたいのが目的である。県側としても高炉だけより、全工場が望ましいだろう。中途半端は精神的にも苦痛だ。途中でやめてしまえるものなら気は楽だが。

委員長＝完成はいつか。心配だ。

西山＝大変動がない限り、普通にいけば三十一年六月末だ。一、二年おくれることもありうる。早くなることもある。

副委員長＝目標をはっきりしてくれ。

西山＝一期工事および二期工事を、ダブって仕事をしている。

委員＝市長は独断で、あやふやであった。私など何も知らされなかった。

西山＝市長との公約は変わっていない。地元の新聞などデリケートだ。通産省が認めるまでは地元だけが味方であった。

委員長＝三十一年六月一日でよいか。

西山＝結構です。

委員長＝奨励金とか施設供与といった別案もある。これよりも免税案のほうが良いかどうか。

西山＝免税にしたい。

「工場完成後5カ年免税」問題はその後も議論に

この免税の件は、のちに県議会企業誘致対策特別委員会でストリップ・ミル完成から五年と確定して、終止符が打たれた。

千葉製鉄所のストリップ・ミル（コールド・ストリップ・ミル）が完成したのは、一九五八（昭和三三）、年六月であった。しかし、川鉄側は、最初の時点で五六年にできるといっていた手前もあり、県市と交渉した結果、五六年を「主たる工場が完成した年」と起算日を設定した（土屋

1997：118）。

しかし、川鉄の誘致とその誘致条件は、その後も県議会で数次にわたって、内湾漁業への影響、千葉港しゅんせつの際の泥の処理、工業用水などとともに取り上げられた（『千葉県議会史　第五巻』、『千葉県議会史　第六巻』『千葉県議会史　第七巻』）。

以上のような議論はあったものの、県・市当局は一貫して製鉄所完成を支援する立場であった。「農業県・千葉」から「生産都市・千葉」への転換という課題を県・市は抱えていたからである。

柴田等知事は千葉製鉄所建設は世紀の大事業であり、この大工場の誘致がもたらす将来的な利益というものを考慮し、地元としてはある程度の助力、協力をすべきであるとして、つぎのように県議会で答弁している。

> 二百七十億円以上の資金を約四年間に投じて建設しようとするこの工場は世紀の大事業といっても過言でない。一営利会社に免税、若しくは減税することは好ましいことではないかもしれない。しかし草創期の大工場については、この工場を持ってくることによる将来的な利益というものを見て、各県の間に非常な誘致の競争があるということは厳然たる事実である。将来の千葉県の産業を高度化し、県民に相当の利益を長きにわたり期待できる工場が黙って来てくれれば結構であるが、今のところはある程度の助力、協力の態勢を各県が競っている状況にある（『千葉県議会史　第五巻』1988：1218‐1220）。

この免税問題は、八幡製鉄が一九六三年に開設した君津製鉄所（当初は千葉製鉄所と呼ばれていた）の新規高炉（三基体制）建設問題においても議論された。

同社の藤井丙午副社長はしばしば千葉県庁に友納武人知事を訪問、川鉄誘致の際の優遇措置、つまり事業税、大規模償却資産税、不動産取得税など税負担の減免、工業用水の確保を要請した。また、地元君津町に対して銑鋼一貫体制完成後、三年間の固定資産税免除を陳情した（土屋 1997：367）。

しかし、川鉄進出時と異なり、当時は川鉄誘致の際の優遇措置が次第に県民から批判が出始めていることもあって、八幡の君津進出では「減免税をしない」との厳しい原則が打ち立てられた。しかし、その代わりに、県税相当額を工場が本格的操業する日まで君津、木更津、富津の三市町地区での県の事業費に充て実質的に還元するということで双方は了解点に達した（同前）。

ここで特徴的なことは、川鉄進出時と八幡進出時における買い手市場と売り手市場のポテンシャルの差である。川鉄誘致に対する地元の熱意は川鉄側の全要求をほとんどそのままのまざるを得なかったし、誘致の段階では、川鉄の千葉進出に過度の期待があったために、川鉄に有利な条件が大して問題にならず受け入れられたのである。

5．千葉製鉄所建設計画の公表

川鉄、銑鋼一貫計画を公表

一九五〇（昭和二五）年一一月一三日、西山は千葉製鉄所建設計画の全貌を添えて、横尾龍商工省大臣に対し、見返資金貸与の願書を提出した。

願書そのものは、新製鉄所建設用のレンガ、分塊圧延機、薄板用ストリップ・ミルなどを海外から輸入したいので認めてほしい、そのためには、新製鉄所の建設計画説明書を資料として付ける必要があり、その手続きを踏んだものであった。これが、西山が銑鋼一貫製鉄所を建設する計画であることを公然とアピールする機会となった。

川崎製鉄の願書は建設資金一三六億円の約二分の一の八〇億円をこの見返資金という政府資金に仰ぐものであった。①見返資金八〇億円、②利益金一七億円、③増資二六億円、④社債三一億円、⑤市中銀行借入金一〇億円という内訳であった。

この見返資金とは正式には米国対日援助見返資金といい、米国の対日援助物資を日本国内で売却した代金等を積み立て、その資金を日本経済の復興のために使用するというもので、その使用についてはＧＨＱの承認を必要とした。

西山はこの願書において、「理想の銑鋼一貫作業工場」を新設する理由として、つぎのように、ストリップ・ミル建設の必要性を訴えた（『川崎製鉄二十五年史』1976：73）。

・欧米鉄鋼業の薄板製造方法は高能率に機械化されたストリップ・ミルであり、これに対し川鉄のハンド・ミルは旧式かつ非能率的である。現有の設備では輸出市場において欧米諸国との競争において敗退することが懸念されるため、ストリップ・ミルを設置し、薄板の大量生産に着手する必要がある。

・ストリップ・ミルは多量かつ連続的に鋼塊を必要とするが、近い将来、屑鉄の枯渇と銑鉄の不足は必至であり、万難を排して原料の獲得並びに自給方法を講じる必要がある。また、輸出品として国際市場に臨むためには最新式の銑鋼一貫作業を行い、この利点を高度に発揮することによって、低コスト・高品質製品を生産することが求められている。

主要設備計画と生産計画は以下の通りであり、ここから明らかなように、西山による新製鉄所建設の目標は製銑・製鋼・分塊工程からなる、いわば暫定的な銑鋼一貫体制にとどまるものではなかった。高品質、低コストの鋼板を大量生産するためのストリップ・ミルの設置、すなわち「銑鋼一貫連続圧延」の実現が最終目標であった。

【主要設備計画と生産計画】
高炉　二基　日産各五〇〇トン　銑鉄年産三五万トン
平炉　六基　一〇〇トン／回　粗鋼年産五〇万トン
分塊圧延機　一基　年産七〇万トン
ホット・ストリップ・ミル　一連　年産六〇万トン
コールド・ストリップ・ミル　一連　年産五〇万トン

計画に対するさまざまな反響

戦後復興の先陣を切った川崎製鉄の銑鋼一貫計画という巨大投資プロジェクトは、日本の産業界をはじめとして多方面から注目された。

マスコミでは、「川鉄高炉建設計画の構想成る」という歓迎論から、「西山個人の空想」「暴挙に近い」「素手で太陽をつかむ」などの見出しが躍った。

このような批判は、川鉄のような誕生して間もない新しい企業が、それも世界一級の銑鋼一貫製鉄所をつくるなどとは予想されていなかったためであった。

当時の鉄鋼業に対する世間の認識も低く、日本の鉄鋼業が政府の保護なしで自立できるかどうかを危ぶむ人も多く、川鉄計画には反対意見も強かったのである。

しかし、川鉄の千葉製鉄所建設計画はまったく違う形で川鉄のイメージを変える「事件」に発展した。というのは、千葉計画の反響が大きかったためか、学生に注目され、突如として学生の人気を集めたのである。

一九五一（昭和二六）年一〇月から始まった川鉄の大卒社員の入社選考で、入社希望者が急激に増え、人事部をあわてさせた。とくに東大法学部からの志望者が六〇名を越えた。法学部在籍者のうち約一割が川鉄を受験したことになる。この年に入社した大卒社員のうち、五人が一九八一年に取締役に就任した（前田 1981：38）。マスコミなどで、戦後初の一貫製鉄所建設が紹介され、川鉄のかなり先を見た積極姿勢が、当時の学生の心をとらえたのであろうか。

政府見返資金への着目

この千葉製鉄所建設の設備資金の財源として、政府見返資金の存在を西山に示唆したのは田畑新太郎であった（『千葉製鉄所建設をめぐる資金問題等・座談会』）。川鉄設立当初の高収益に基づく利益や増資によって資金を調達しつつも、「建設計画申請時点では、確実な資金源を（中略）もっていなかった」西山は、田畑の助言によって見返資金に着目したのである（米倉 1983：87-89）。

このように、川鉄は設立当初、一定の資金を保有してはいたものの、資本金五億円の同社にとって増資、社債は限度があり、また、ドッジ・ライン下にあって、民間金融機関からの借り入れが困難視される状況にあった。

そのため、西山は千葉製鉄所建設に際して、企業への融資が本格化した見返資金という政府資金の調達をめざしたのである。じつはこの建設所要額の一六三億円の予算額算定そのものがストリップ・ミルの経験のない川鉄にとって困難な作業であった。西山から願書における予算額の策定を命じられた宮本伯夫（千葉製鉄所副所長、のち常務）は語る。

泊まり込みで作業した。しかし、その適切な予算を出すことがなかなかできなかった。高炉や平炉はまだよかったが、一番苦労したのはストリップ・ミルにいくらかかるのかがわからなかったことだ。ストリップ・ミルについては、八幡かどこかで計画していたものの情報を入手して、やっとオーケーということになった。それで一六三億円の予算になった。あの時、あまり大きいことを言ったら通らないから、予算を低く抑えろと西山社長から強く言われた（「千葉製鉄所の建設その一」）。

この見返資金を活用して高炉建設を進めようとしている川鉄の千葉製鉄所建設計画に対して、通産省、大蔵省、日本銀行など政府関係機関は反対ないし消極的な姿勢をとった。先発一貫メーカーも批判の手を緩めなかった。まさに西山は四面楚歌の状況に置かれた。

鉄鋼業界の批判と西山の反論

川崎製鉄が一貫製鉄所計画を発表した一九五〇（昭和二五）年時点で、日本の高炉は三七基中、稼働しているのはわずか一二基という状況であった。そのため、八幡製鉄、富士製鉄、日本鋼管三社の高炉の活用が先決であり、川鉄の高炉新設は「二重投資」であるとして、「高炉はもうたくさん」という空気が支配的であった。しかも、川鉄の見返資金の要求額は他社とは桁違いの金額であった。

業界は、西山が数年前から旧満州の昭和製鋼などから人材を招聘し、用意周到に検討し、建設計画を通産省に提出したことに目をみはる一方で、「本気でやる気なのかどうか。果たして認可されるものかどうか」、「一貫三社に対する嫌がらせ」と冷笑する空気もあった。

業界の反対論は、①「遠大で、過大な」計画の是非、②見返資金融資を川鉄に集中投資してよいのかという問題提起、③銑鋼一貫化した際の川鉄の事業採算に対する疑問の表明、という三つの観点から行われた。

西山は業界のこのような高炉建設の先送り論に対して、つぎのように鋭い舌鋒で反論した（『巨人伝』1971：483）。

「実にべらぼうな話だ。圧延設備の近代化はよいが、高炉の近代化はいけないという論拠は成り立たない」

「気の毒なほど老朽化した今の高炉をそのまま続けて使えとか、非能率遊休のものを活用せよなど、昼間臆面もなく主張する輩があるとせば、笑うべき存在であり、有利な一貫体制を利用し、独善を企図する高炉会社の陰謀と喝破したい」

「よしんば政府資金が出ずとも、私は万難を排して（中略）成功に導く充分の自信と勇気を持っている。ただ情勢の変化に伴い、完成までに若干期間がずれることは止むを得ない」

西山のこのような痛烈な反論は、政府当局および既存一貫メーカーに対して、あらためて建設遂行の意思を強調するものであったが、その計画が通産省に承認されるまでには多くの曲折を経た。

6．建設計画の数次にわたる変更

通産省、建設計画認可を先送り

一九五〇（昭和二五）年一一月に通産省に提出された川崎製鉄の千葉製鉄所建設計画は、一五カ月という長期にわたって、認可が先送りされた。その間、以下に述べるように、資金調達計画を中心に数次の修正・変更が行われた結果、建設予算は当初の一六三億円が最終的には二七三億円に増加した。

① 第一次計画案（一九五〇年十一月七日）：一六三億円
　建設所要資金の二分の一を見返資金に依存

② 第二次計画案（一九五一年十月三一日）：二〇五億円
　川鉄ミッションの海外技術調査により設備予算などを見直した計画案
　内訳は第一期（第一高炉関係）九一億一二百万円、第二期（第二高炉関係）三六億九一百万

円、第三期（ストリップ関係）七六億九六百万円
③　最終案（一九五二年一月三一日、通産省へ提出）：二七二億七五百万円
内訳は第一高炉関係一一三億九七百万円、第二高炉関係四六億二二百万円、ホット・ストリップ・ミル（熱間圧延機）七二億八七百万円、コールド・ストリップ・ミル（冷間圧延機）三九億六七百万円

川鉄計画に対する反対論は、すでに述べたように、既存設備との関連での二重投資であるとする見方、川鉄の資金調達方式に対する疑問、製鉄原料確保に対する不安などの形で展開され、通産省は見返資金融資を見送った。

この見返資金融資の見送りによって、千葉製鉄所建設計画は大きな暗礁に乗りあげ、西山は計画案の再度の修正を迫られた。業界では「規模縮小か、工事延期か」という風評が囁かれた。

さらに、鉄鋼業に対する設備資金への融資が、一九五一年五月以降は見返資金に代わり全額政府出資の特殊法人として設立された日本開発銀行（開銀）に一元化された。同年五月、通産省は開銀融資工事を選定するために、鉄鋼各社に建設計画案の再提出を求めた。

これを機に、建設予算は当初と同じ一六三億円であったが、当初計画案の主要な資金源であった見返資金が削除されたため、工事工程が大幅に変更された。

そして、この時点で、建設予算一六三億円は建設する製鉄所の規模に比して過少ではないかという

批判があらためて提起された（「千葉製鉄所建設をめぐる資金問題等・座談会」）。

西山、川鉄ミッションを海外派遣

この川鉄の建設予算の策定根拠には不備があり、意図的に過少予算にしているという批判を打ち消すために、西山は一九五一（昭和二六）年五月、浅輪三郎（千葉製鉄所長）ら七名の技術者からなる技術調査団（川鉄ミッション）を三カ月間にわたって海外に派遣した。

メンバーはコークス、製銑、製鋼、圧延、設計部門のトップ・エンジニアであった。その中には、のちに後継社長となる藤本一郎もいた。鉄鋼業では戦後初めての一企業単独の海外視察団の派遣であった。

西山はメンバーに「俺たちの建設は五年、十年は続くのだ。日本は情勢の一大変化に直面しているから、種々の新計画を立てる必要がある。それで一巡してよく観察してから、すべて事を決めたい。君らの持つ新知識をまず提供してくれ。範とするに足るときは必ず採用する。お前たちは世界中で一番新しい、国際的に競争できる設備を見てこい」とエールを送った（同前）。

視察団は欧米先進国の製鉄所を訪問し、製鉄所のレイアウト、原料の事前処理、高炉、製鋼、圧延技術を中心に調査した。

ヨーロッパではドイツのオーバーハウゼン、ラインハウゼンなどの一貫製鉄所で、高炉設備、製鋼設備、圧延設備、熱管理方式について調査し、アメリカでは主として製鋼、圧延設備について「鉄の都」ピッツバーグを根拠地として調査を行った。分塊圧延機、ホット・ストリップ・ミル、コールド・ストリップ・ミルなどの製作会社であるＵＥ、メスタ、ブロウノックス社を訪問し、大量生産方式や良質の鋼の製造、酸素原単位の切下げ策などをヒアリングすることによって、アメリカ方式が優位にあることを確認した（植山　１９８０：１０１－１１０）。

後述する千葉製鉄所の特色である「単純化」「集約化」「一貫化」「連続化」の四原則と、水平直線式、原料事前処理、熱管理の合理化などを採用した工場レイアウト計画は、この調査団の成果であった（『千葉製鉄所建設十五年の歩み』１９６７：15－16）。

海外鉄鋼技術調査団の一行
（出典：『川崎製鉄五十年史』）

7. 通産省との交渉、そして最終承認へ

通産省、川鉄計画の決着を迫られる

一九五一（昭和二六）年一〇月、川崎製鉄は製鉄技術・操業に関する海外調査結果を織り込んだ計画案を策定した。当初の一六三億円は約四二億円増額されて、二〇五億円に上方修正された。

このような計画案の変更を経て、一九五二年一月、通産省との集中的な交渉・協議によって、二七三億円の最終計画が決定した。

最終計画決定の背景には、鉄鋼第一次合理化計画がスタートし、今後の鉄鋼政策を確立する上からも千葉製鉄所建設計画について、通産省は早急な解決を迫られていたことがあった。通産省では当面の課題として、川鉄の千葉計画申請を認めるかどうかについて決着をつけなければならない段階に至っていたのである。

通産省は一九五一年度を初年度とする三カ年計画の鉄鋼第一次合理化計画策定をスタートさせていたが、この計画は資金的に必ずしも裏付けられたものではなかった。

そのため、通産省は鉄鋼各社に合理化計画の提出を求めて、計画をチェックするとともに、開銀対象工事の選定を急ぎたいという事情があった。川鉄には設備計画・生産計画・収益計画などの全面的な見直しを求める必要があったのである。

川鉄と通産省の交渉は、一九五二年一月八日から二二日にかけて集中的に行われた。川鉄資料「通産省に対する千葉製鉄所建設予算説明経過概要」（一九五二年二月二六日）によれば、通産省の担当部局は通商鉄鋼局鉄鋼政策課、製鉄課、通商企業局企業第一課、産業資金課であった。川鉄は通産省との第一回合同会議に西山自らが出席し、その後は植山義久（取締役千葉製鉄所副所長、のち副社長）が交渉窓口となった。

延べ一四回にわたるロングラン交渉

交渉は、三つの段階において、延べ一四回にわたって行われた（濱田２００５：１５１－１５８）。一九五二（昭和二七）年一月八日の第一回合同会議から一月一六日の第七回会議における川崎製鉄による建設計画案の説明と通産省の問題提起、一月一七日の第八回会議（第二回合同会議）から「最終案」決定の一月二二日における通産省の指摘事項に対する川鉄の対応、そして通産省との最終合意という三つの段階を経た。

一四回にわたる交渉・協議は、以下のように、千葉製鉄所完成時の生産計画・販売計画・資金計画から製造原価、コールド・ストリップ・ミルの型式や荷揚げ設備能力まで、広範囲にわたったことが特徴である。

【通産省、川崎製鉄の交渉プロセス】

① 第一回合同会議（一月八日）：建設予算、資金調達計画等、千葉製鉄所の全体像
② 生産・販売・資金計画（一月九日）
③ 設備据付費（一月一一日）：平炉、分塊設備、圧延設備の据え付け費の減額
④ 製造原価（一月一一日）：コークス比、高炉の作業費ほか
⑤ コールド・ストリップ・ミルの調達方法（一月一二日）
⑥ 原料調査、改訂生産計画、圧延機の型式（一月一四日）
⑦ 圧延機の型式（一月一六日）
⑧ 第二回合同会議（一月一七日）：建設工事全般、完成後の段階別生産計画ほか
⑨ 検討課題の集約（一月一八日）：物流問題（陸送・海送）、圧延工事費の他社比較
⑩ 建設予算総額の策定（一月二〇日）：二七二億七五〇〇万円で両者合意
⑪ 資金計画についての説明（一月二一日）
⑫ 荷揚げ設備能力（同）
⑬ 原料の荷揚げ設備の拡張検討（同）
⑭ 川鉄による建設申請書の提出（一月二二日）：製造原価、資金計画について説明

出所：川崎製鉄「通産省に対する千葉製鉄所建設予算説明経過概要」（一九五二年二月）

以上の交渉を経て、建設予算総額（二七二億七五〇〇万円）が確定した。「最終計画」における時期区分および部門別所要資金は以下の通りである。

第一期計画　一一三億九八〇〇万円　高炉一基、平炉三基、分塊圧延機一基
第二期計画　四六億二二〇〇万円　高炉一基、平炉三基
第三期計画　七二億八八〇〇万円　ホット・ストリップ・ミル一基
第四期計画　三九億六七〇〇万円　コールド・ストリップ・ミル一基

その資金調達内訳は、利益金一六七億七五〇〇万円、増資三〇億円、社債三〇億円、借入金四五億円となった（同前）。

西山は一九五二年一月二二日、千葉製鉄所建設に関わる「最終計画」を高橋龍太郎通産大臣に提出した。

通産省、建設計画を承認

一九五二（昭和二七）年二月一九日、高橋通産大臣は川崎製鉄に千葉製鉄所建設計画の第一期分について正式に承認したことを伝えた。千葉製鉄所建設予算として二七三億円が決定したのである。通産大臣は「川鉄の計画案は合理化の面から進歩的」と評価し、つぎのように表明した（川崎製鉄「通

産省の千葉製鉄所承認通告に関するご回答」一九五二年五月一二日）。

①川鉄はすでに三〇億円に近い資金を投じており、これを見殺しにすることは適当でないと考えた

②資金面は当局として斡旋できないので、川鉄自体が金融機関と折衝して調達すべきである

③日本銀行、日本開発銀行に対して当局から援助を要請する

④外資導入について今後努力するよう川鉄に勧告するつもりである

通産省通商企業局は同日の発表にあたって、川鉄計画を①鉄鋼業界の近代化に役立つ、②品質改善に役立つ、③コストダウンに役立つと述べた。さらにオア・ベッディング、ペレタイジングなどの鉱石事前処理技術の採用と熱管理集中方式、合理的なレイアウトなどをとくに付け加えて評価した。そして東京通産局長は千葉県知事あてに「政府は千葉製鉄所建設を正式承認の上、第一期工事に対し全面的に支援する」旨を通告した（同前）。

このように、通産省は当初の反対・消極論から川鉄の計画を承認するにいたった。そこには、通産省、川鉄双方に交渉を急がせた要因があった。

川鉄側には、計画発表から一五カ月が経過し、これ以上の建設遅延は今後の設備計画遂行に大幅な遅れを生じさせるという危機感が強かった。すでに製鉄所敷地の買収、埋め立て・しゅんせつ・護岸工事が進められており、投下資金はすでに三〇億円を超えていたからである。

西山は批判緩和のために、最新式プルオーバーの薄板工場、線材加工工場（ワイヤロープ工場）などを「卵を産ませるための雛」と称して、やる気十分の気配をアピールすることに努めた（『追悼集』1967：292）。

反対・消極論から千葉計画容認論へ

第一次鉄鋼合理化計画が具体化しつつあったこの時期には、反対論の根拠となっていた過剰投資抑制論は後退しつつあった。通産省は当初の反対・消極論から、千葉計画容認論、言い換えれば、合理化において二重投資は不可避であり、徹底した合理化を達成するには旧式設備を廃棄することが必要であること、一企業にとっては設備の拡張・新設であっても、日本鉄鋼業全体からみれば「純然たる合理化」であるという考え方に転換しつつあったのである。

西山の千葉製鉄所建設計画が通産省の承認を得た理由について、正式承認発表翌日（一九五二年二月二〇日）の『毎日新聞』、『日本経済新聞』はつぎのように報じている。

両紙の報道は、川鉄千葉の新設備の積極導入を高く評価し、千葉製鉄所のように近代的高炉工場は増えても二重投資にはならず、この工場ができたために鉄鋼需給事情が悪化するおそれはない、今後のスクラップ不足による銑鉄の需要増大に必要から、この合理化工場の設置は望ましいと述べている点で注目すべきであろう。かつて「二重投資」「西山個人の空想」「暴挙に近い」などの見出しが躍ったマスコミとは明らかに論調が変化していることがうかがえる。

『毎日新聞』

・現在全国で三六基の高炉があるうち稼働している一八基でフルに操業してもせいぜい二六基程度である。今後のスクラップ不足による銑鉄の需要増大を見込めば、この合理化工場の設置が望ましい。

・八幡、広畑のストリップ・ミル（帯鋼製造設備）は極薄板製造の五段連続圧延設備であって千葉工場は三段連続圧延によって厚手の薄板まで生産し可熔接鉄材の供給ができる。

『日本経済新聞』

・同工場の鉄鉱石貯蔵方式は鉱石を層状に重ねていくオア・ベッディング方式であり、これはわが国で初めての設備で、この方式によると鉄鉱石を均一に混合して炉に入れることができ銑鉄の品質は良くなる。

・平炉、分塊設備に自動調節設備が完備しており、この結果、管理は良くなる上にセミキルド鋼が生産でき，熔接用鋼材の増産ができる。

・コストは銑鉄で八〜九パーセント、鋼塊半製品で一五パーセント、現在の平均より下がることが期待される。

・このように近代的高炉工場は増えても、二重投資にはならず、またセミキルド鋼の生産は非常に不足しているので、この工場ができたために鉄鋼需給事情が悪化するおそれはない。

第6章　西山「天皇」に立ちはだかった資金問題

1．「銀行は夢には金を貸すわけにはいかない」

資金問題の解決が最大の課題に

前章（第5章）で言及したように、通産省と川崎製鉄は一九五二（昭和二七）年一月、千葉製鉄所建設計画について集中的な交渉を行い、合意した。そして、二月九日、高橋龍太郎通産大臣は、川鉄の千葉第一期計画を承認することを発表した。

西山は『中央公論』（一九五二年八月号）での論稿「鐵屋の經濟學―わが事業観・人生観―」において、千葉第一期計画における資金問題および銑鋼一貫化の目的について、①建設資金のうち六一・五パーセントを利益金の再投資に依存するが、計画の進捗によって合理化の促進が期待されるので、資金調達には問題はない、②コマーシャルベースの確保、品質の改善にはストリップ・ミルの採用が不可欠であり、ストリップ・ミルに付帯して高炉、平炉の新設が必要であると、つぎのように述べている。

今やっている千葉の工場の建設資金は二七三億円だが、まずその六一・五パーセントを利益金の再投資により、残余の三八・五パーセントを増資（一一パーセント）、社債（一一パーセント）、借入（一六・五パーセント）によっているが、この計画の進捗により合理化を促進していくから、資金の調達については絶対に無理はない。

米国は一九三〇年頃から、ヨーロッパでは戦後ストリップ・ミルを全面的に採用している。川鉄の手動式プルオーバー圧延機では今後の熱烈な国際競争に勝てない。コマーシャルベースの確保、品質の改善という国民経済的な要請に応ずるためには、ストリップ・ミルの採用によるのほかはない。

この近代的圧延設備の安定操業は銑鉄を外部に依存するかぎり不可能だ。だから、原料から圧延に一貫した生産体制の整備は、戦前のようにアメリカ、インド、中国の原料に期待できない今のわが鉄鋼業界には絶対不可欠のものだ。私がストリップ・ミルに付帯してこの拡張計画に最新の高炉、平炉の計画をたてたのも、かかる構想に基づくからだ（西山１９５２：１７０－１７１）。

このように、西山の将来構想は明確だったが、第一期から第四期計画までの総設備投資額（二七三億円）は巨額であり、資金問題の解決が西山にとって大きな経営課題となった。西山「天皇」は通産省の承認という「狭き門」を漸くくぐり抜けたが、今後は資金問題という大きなハードルが立ちはだかることになったのである。

西山、建設資金工作をスタート

資金問題に目処をつけることは、千葉製鉄所建設説をめざす西山の至上命題となった。

一九五〇（昭和二五）年の川崎製鉄設立と並行して、西山は早くも新製鉄所の建設資金工作をスタートさせた。西山はまず川崎重工業の先輩、松村守一に相談した。松村は第一銀行入行、神戸支店長を経て、一九三三年に川重取締役、三七年より専務となった人物であった。川重の経理担当役員として、同社の戦後再建や川鉄の設立に際して、増資・創立株の募集、払い込み、社債の発行などで、西山に協力した経緯があった。当時、経済パージで追放中の身であった。

松村は西山に対して新製鉄所建設の資金問題についての協力を約束し、一九五〇年初秋、金融界の有力者である原邦道を紹介した。

原は大蔵省退官後、一九三九年に民間に転じ、日本製鉄副社長、日本証券取引所副総裁を経て、野村合名総務理事、野村銀行社長、野村証券会長を歴任した人物である。原も当時は経済パージで追放中であった。松村は原の同郷（島根県）の先輩で、義理の叔父でもあった。

原は初めて会った時の西山について、「非常な活動家で精力家で実行型のたくましい人だと思っていたのとちがい、実に物柔らかな、愛嬌たっぷりで人を引きつける魅力が充満している好紳士だというのが私の第一印象であった」と語る。まず西山が一通り新製鉄所計画の輪郭と雄大な千葉製鉄所の未来図について説明し、次いで松村が所要資金について相談を行った（原 1974：379）。

当時、鉄鋼業界が二重投資だという見地から西山の計画に批判的であり、日銀、取引銀行、証券界も冷淡な態度をとっていた状況下で、原は西山の意向を受けて、関係者を訪ね、川鉄計画に対する意向を打診した。

原邦道、日銀総裁や八幡製鉄社長の意向を探る

その原邦道がまず大きなターゲットとしたのが、一万田尚登日銀総裁や三鬼隆八幡製鉄社長であり、その意向を探ることであった。

原は一万田総裁を訪ね、一万田の意向が川鉄計画に否定的であることをあらためて確認した。原は一万田訪問の模様をつぎのように述べている。

そのころの日銀総裁の権勢はすばらしいもので、ローマ法王の尊称が、だれいうともなく奏られたのであります。私はある日一万田さんを訪ねて有益なお話を拝聴しながら川鉄千葉製鉄所についてのお考えを、それとなくサウンドしてみました。案のじょう、ご機嫌麗しからず、有名なペンペン草云々という言葉が巷間に喧伝されましたのは当時のことでしたろう、事実このような考え方は当時の金融常識であったでしょう（同前：380）。

そして、原は西山について、「この常識を逸脱して、この大計画を貫徹すべく一路邁進された西山さんのファイトには何人も立ち向かうことができなかったようです。西山天皇の称号がうんぬんされ

たのは、このころではなかったでしょうか。法王様のお考えと天皇様のご行動がまったく正反対で、将来これがどのようになりゆくか、しばし静観しておりました」と述べている（同前）。

つぎに原は鉄鋼業界が千葉製鉄所計画をどのように受け取っているのかを探るために、三鬼八幡製鉄社長を訪れた。三鬼は鉄鋼連盟会長であった。

原はかつて日本製鉄で平生釟三郎社長のもとで常務となり、豊田貞次郎社長の下で副社長となった経歴の持ち主であり、鉄鋼業界の内情に通じており、三鬼は当時、後輩の取締役であった。

原が三鬼を訪ねたのは、本章で後述する川鉄計画に関わる日銀政策委員会が開催された一九五二年三月七日当日のことであった。原はその時の模様をつぎのように述べている。

川鉄千葉製鉄所は設備の二重投資だとの見地から熾烈な反対がありました。その真相をきわめたい気持ちから上京して三鬼八幡製鉄社長を丸ビルに訪ねました。三鬼さんは、かつての同僚であり鉄鋼連盟の会長でもありましたから業界の意見を率直に聞くのには最も適当な人でありました。丸ビル社長室で待っていましたがしばらくして帰ってこられ、「よいところへ来てくださった。今日一万田総裁から呼ばれて今帰ったところです」三鬼さんはいとも朗らかな顔つきと口調で、「総裁から川鉄千葉製鉄所の新設について鉄鋼連盟の意見を求められましたので、川鉄新製鉄所の建設は結構であります。ただし、われわれ他社が現在計画中の設備がそのために変更されたり削減されないものと諒解して賛成いたしますと答えてきました。どうですか、いいでしょう」と言われた（同前：380−381)。

原はのちに追放解除の一九五二年一二月、日本長期信用銀行（長銀）の設立を機に、初代頭取に就任し、五七年に会長となった。長期資金の供給を使命として発足した長銀はその後、第一銀行に次ぐ川鉄の大口の取引銀行となった。

原は西山の資金工作をめぐる行動について、「資金の調達に文字どおり東奔西走し、次から次へと精力的に既成事実を積み上げ、厳然たる客観的事実を作ったことによって、百家争鳴の資金効率論や二重投資論が漸次下火となっていった」と評価した（同前：381)。

第一銀行に対して協力を打診

一方で、西山はメインバンクの第一銀行に対しても資金工作と打診を開始した。

千葉製鉄所計画が発表された時点では、第一銀行は当時の金融事情や財界の反対、そして鉄鋼業界の批判もあり、微妙な立場に立たされていた。

西山は一九五〇（昭和二五）年後半から、常務（のち副頭取）の西園寺実を何度か訪ねている。西園寺は西山と旧制第一高校で同窓だった。

このとき、西山は建設計画とともに、幾枚もの図表を持って西園寺を訪ねたが、当時の銀行の常識としてはとてもついて行けないものであったとして、西園寺は西山に対して、「あなたの計画は夢だ。銀行は夢には金を貸すわけにはいかないよ」と述べたと回顧する。

昭和二五年、すでに千葉に一貫製鉄所の建設が決定しており、西山君は綿密な計画を立てて幾枚もの図表を持って銀行に現われたが、当時の銀行の常識としてはとてもついて行けないものであった。「あなたの計画は夢だ。銀行は夢には金を貸すわけにはいかないよ」。私は確かに彼にこう言ったことを記憶している。

西山君は夢ではないと言い張って、鉄鋼業の将来のあり方、世界の大勢等に関して信ずるところを強く述べた。そんな押問答が何回も続いて、かれこれ半年ほどたったのであったが、何となく銀行が押し切られたような有様になり、ついに工場敷地を視察に行ったのが、その翌年の初夏であった（『追悼集』1966：329－330）。

このように、西山は新製鉄所建設のために計画の内容を程度の差こそあれ打ち明けて、多方面からの協力・助言を得ようとした。このようなプロセスを経ながら、西山の新製鉄所建設構想は業界や関係筋に次第に流布していったと考えられる。

2.「ペンペン草」論争

西山、池田大蔵大臣、一万田日銀総裁を訪問

戦後経済史におけるトピックスとして、一万田日銀総裁の川崎製鉄千葉製鉄所建設計画に対する「ペンペン草」発言がある。

一九四六（昭和二一）年六月から五四年一二月まで八年半近くにわたって日銀総裁の座にあったのが一万田である。当時の金融界に君臨した一万田を人々は「法王」と呼んだ。

一万田発言でもっとも有名なのが、西山が千葉製鉄所をつくろうとしたときに「製鉄所にペンペン草を生やしてみせる」と発言したということである。

川鉄が一九五〇年一一月、千葉製鉄所建設計画を公表するのと時を置かず、西山はまず池田大蔵大臣を訪問し、計画を説明した。池田は初対面であったが、西山の考えに共鳴した。そして池田は実際に融資を所管する一万田日銀総裁の賛意を得る必要があるとして、紹介状を書いた。

西山は直ちに一万田を訪ね、千葉建設計画を説明した。一万田は西山の説明を聞き、「君のいう金はずいぶん大きいな。それをいっぺんにやるのは無理じゃないか。君の考えはいいけれど、といって全部一気に手をつけることは無理だ。できるなら、一つ一つ仕上げていって、先々、どこかで不況が起きるようなことがあっても、投下した資金ができるだけ生きるようにしてほしい」と慎重を期すよ

う要望した（『鉄づくり・会社づくり』１９６４：61－62）。
この西山の池田大蔵大臣、一万田総裁訪問に同行した大原久之（東京支店長、のち常務）は、その時の状況をつぎのように語る。

通産省に全体で一六三億円、そのうちの八〇億円を見返資金とする計画を提出したが、カネのほうは通産省だけでなく、大蔵省の方も口説き落さなければいけないということで、西山さんとともに池田蔵相を訪ねた。「どこの田舎者が来たか」というような格好で足を投げ出して聞かれたが、西山さんが諄々と説明をすると、耳を傾けて聞いてくださった。そして最後に「これは一万田さんにも説明しておきなさい」といわれた。

その後、一万田さんに会い、西山さんがまた諄々と説明された。そのとき、一万田さんは「西山君、近頃は経済情勢が猫の目のようにぐるぐる変わるんだ。だから、建設をやるときには、一から十まで全部同時にやるというプランを立ててはいけない。第一段階はこれだけ、しかも第一段階でとにかくペイするというようにし、それが目途がついたら、第二段階、第三段階と、一つ一つが無駄にならないようにやりなさい」という助言をいただいた（「千葉製鉄所建設をめぐる資金問題等・座談会」）。

一万田はなぜ態度を硬化させたのか

この一万田の助言について、西山は「総裁がおっしゃるまでもなく、一挙に手をつけて、もしものことがあれば、第一、会社がつぶれてしまいますよ。あなたのいわれるとおり、着実に一歩一歩やります」と答え、一万田は「それなら賛成だ。あとは理事連中や若い者に説明しておいてくれ」と述べている（『人づくり・会社づくり』１９６４：61－62）。

一九五〇年時点では、このように前向きに対応した一万田がその後態度を硬化させていった背景には、何があったのか。

川鉄資料によれば、川崎重工業の前社長で追放中の鋳谷正輔が一万田に会ったことがひとつの原因であるとされている（『戦後川鉄の歩んだ道』、『千葉製鉄所建設をめぐる資金問題等・座談会』）。

鋳谷は追放解除後、上京して千葉の現地を見学し、西山を激励した帰途、山田作之助顧問弁護士より紹介を受けた日銀の副総裁を通じて一万田に会った。その対談で、鋳谷は「自分の後輩の西山というのが製鉄所を建てているから、応援してくれないか」と話した。

これに対し、一万田は「それはなかなか難しい。そう簡単にはいかない」と答え、西山に語った通り、鋳谷に対しても建設の分割推進を説いた。ここで、鋳谷は「一挙にやらなければ、このような計画は駄目だ」と主張し、「君の世話にはならない」と席を蹴って立ったといわれる。一万田の京都支店長時代を知っている鋳谷にとって、一万田の態度が尊大に映ったのかもしれない。

このことがあって以来、一万田の態度は硬化し、川鉄への融資については、特別に面倒をみることはいらぬと局長に指示した。その後になって、後述する記者団に対する談話の中で、川鉄の計画なんてできっこないじゃないかという意味で、「雑草が生えるようになっても仕方がない」の発言となり、これが「ペンペン草」という面白い表現にまで発展した（『戦後川鉄の歩んだ道』）。

しかし、西山は一万田・鋳谷会談を当初は全く知らず、一万田の態度が急に硬化したことに疑問を持った。このような西山の追い詰められた心境をよそに、日銀は川鉄の設備資金はもちろん、銀行からの運転資金中止にまで手を出し、運転資金も停止された。その後半年ほどして、山田弁護士が一万田と鋳谷のケンカ別れのいきさつを西山に話し、謝ったという。

当時、鋳谷は川鉄とは一応無関係であり、この結果は迷惑なことであった。そこで、西山は国会議員の広川弘禅、星島二郎に仲介の労を依頼するなど、懸命に誤解を解くことに奔走した。星島は西山の娘婿である高原友生（元伊藤忠常務）の父とは同窓生であった（同前）。

一万田の「雑草」発言はこうした個人的感情のもつれとともに、当時の厳しさを増す金融情勢のもとに行われたものであった。

「雑草が生えるようになっても仕方がない」

「ペンペン草」発言の発端となったのが、一九五一（昭和二六）年一〇月三日、一万田が関西経済界との懇談のための大阪への車中での記者団との会見である。

このときの模様について、当時川崎製鉄の広報担当を務めていた柴田十三夫（川鉄調査部）は「千葉で会議をしていたとき、日銀の記者が電話をくれた。今日は大変なことになると言うので、何だと聞いたら、一万田さんの車中談が多分記事に出る。そのときにある記者がお前のところの問題を取り上げると言ってるぞ。一万田さんは否定しないだろうという内容の電話だった。なんとかならないかと言ったら、もう皆汽車に乗っているという話だった」と振り返る（「千葉製鉄所建設をめぐる資金問題等・座談会」）。

翌日の主要各紙が報じた一万田の談話はつぎのようなものであった（いずれも一九五一年一〇月四日付け、傍線筆者）。

『日本経済新聞』

朝鮮事変以来目先の好況につられて設備資金の過剰投資の傾向が目立ってきたが、景気の見通しもつけにくいのでインフレ抑制の建前からもこの傾向は問題にせざるを得ない。今後設備資金の供給は原則として電力、造船の合理化に限定すべきである。一部の鉄鋼業者などは合理化の美名にかくれて大々的な設備拡張をやっているが、このようなことは中止してもらうつもりである。

『朝日新聞』

設備資金の投資は電力とある程度の造船に限定さるべきで、これ以外の業種で朝鮮戦乱後、一時の好況から合理化資金の名目で設備の拡張を行っているものはすぐ中止させるよう、銀行はこの回収をはかるべきだ。

『読売新聞』

設備投資を抑制するため、設備資金の供給は電力、造船以外は原則として認めない。その他は合理化のために局限されるべきである。とくに鉄鋼については現在行われている設備拡張の継続資金も打ち切られるべきで、この結果、その工場が工事なかばで雑草が生えるようになっても仕方がないと思う。

この報道記事にある「一部の鉄鋼業者」(日経)、「朝鮮戦乱後一時の好況から合理化資金の名目で設備の拡張を行っているもの」(朝日)とは川鉄のことであり、読売の「その工場が工事なかばで雑草が生えるようになっても仕方がない」と語ったくだりは注目された。

この「雑草」が増幅されて、ペンペン草となった。『自立経済特信』という鉄鋼業界紙の神山記者がこの「雑草」を「ペンペン草」報道に仕立てたという説がかつて鉄鋼業界にあったが、管見の限りではその現物を確認できなかった。

「新聞記者がつくったマスコミ語録だ」

一万田は「ペンペン草」発言について、折に触れて「あれは全くの誤解だ。第一、そんな気のきいた言葉も知らない。新聞記者がつくったマスコミ語録だ」と否定した。

千葉製鉄所建設をめぐる一万田と西山の対立を世間では、「法王」と「天皇」の対決と呼んだ。この「ペンペン草」事件は、一万田の川鉄計画に対する否定的反応を象徴するものとして、一万田「法王」と西山「天皇」が対立する出来事として取りざたされた。一万田が川鉄への融資に賛成しかねた点について、大谷健（1978）はつぎのように述べている。

たとえ鉄鋼業への投資の必要があるとしても、まず既存の八幡、富士製鉄への投資の方が効率的と思うのが常識であった。一万田だけでなく、銀行も通産省もそう考えた。同業者もそう思った。川鉄が銑鋼一貫となって強引な商法で割り込めば、市場はかき乱されるだろう。だから八幡製鉄社長、日本鉄鋼連盟会長三鬼隆、この一万田に親しい人物は、御為ごかしに西山に「まずストリップ・ミルをやりなさい。それでかせぎながら溶鉱炉をやった方が無難ですよ。溶鉱炉は危険が大きすぎる」と忠告したくらいである。だから銀行家一万田が西山に賛成しかねたのは当然である（大谷 1979：63）。

千葉製鉄所建設について、一万田は拒否あるいは消極的姿勢を取った。戦後の混乱した経済にあって、日本が取り得る唯一の道は秩序ある体制のもとで安定的な成長をめざすしかないというのが一万田の考えであり、資金配分の統制が最も厳しかった時期のことである。このように考えたのは一万田のみでなかった。通産省、大蔵省の多くの高官、銑鋼一貫メーカーも揃ってこの計画に反対した（カルダー 1994：269）。

一万田「法王」対西山「天皇」

それでは、このような一万田の見解に対して、西山はどのような答えを用意していたのだろうか。『朝日新聞』のインタビューで、西山はつぎのように述べている（『朝日新聞』一九五一年一一月四日）。

①　高炉建設は合理化であって、決して二重投資ではない。一貫メーカーのもっている高炉のうち、三〇年以上のものが一一基あるが、これに手を加えても三〇年前の姿に戻るだけである。高炉を新設すれば、トン当たり約七〇〇〇円のコスト切り下げ（トン当たり二万円前後）ができる目当てがついている。

②　川鉄の今次の製鉄所建設の最終目的は高炉建設ではなく、（圧延部門合理化の一端としての）ストリップ・ミル建設であり、これを有効に動かすためにはどうしても、年間四〇万トンの銑鉄が必要で、自社の高炉がないとこの確保ができず、コスト切り下げにも銑鉄から始まる一貫作業が有利である。

この一万田と西山の関係について、二つの対立する見方を紹介しよう。

米倉誠一郎（2011）は、「残念ながら、当時経済界にあって法王と恐れられた日本銀行総裁一万田尚登には、西山の説く意味が分からなかった。激しいインフレと対外債務急増の中で、一万田はこの構想に激怒し、『千葉にペンペン草を生やしてみせる』と大反対した」と述べている（米倉2011：43）。

一方、黒木亮は「『ぺんぺん草』の真実」（『日本経済新聞』二〇一四年七月一三日）において、「誰かが面白おかしく言い換えた、『ペンペン草』という言葉のおかげで、すっかり悪役にされた一万田総裁だが、川崎製鉄の計画にはむしろ好意的だったようだ」と指摘している。

後年、一万田は回顧録（島本禮一編）において「ペンペン草」について言及している。その要旨はつぎの通りである。

基幹産業の鉄鋼業再建をどういう順序、方法でやるべきかという大きな問題であり、不足していた資金量のもとで八幡と富士の設備をまず復興し、川鉄は小さいから待てと言ったのであって、なにもペンペン草を生やしてやるなんて言ったわけではない。ところが、西山社長は「川崎としては今が大きくなるチャンスである。貴方の言うように建設の順序を待っているわけにはいかない」と強硬だった。個々の企業の立場からすれば、経済全体のバランスなど考える必要はない、自分の企業の成長だけを考えておればよいであろう。だが、日銀総裁の立場としては、日本全体に乏しい資金をどのように順序よく配分していくかが問題であった。したがって、限られた資金量のなかで優先順位をつける場合、あるものを抑えるときには相当厳しく、しかも明確な言葉を当時使ったかもしれない。それで、僕が言わんとしたことに先方がショックを受けて、誤解したかということもありえたかもしれない（島本1978：41－42）。

西山自身も「ペンペン草」発言を否定するが…

このように、一万田は「ペンペン草」という言葉は作りごとだと述べた。それでは、西山の見解はどうか。

西山自身も「よく新聞や雑誌に、ペンペン草物語とかいって、一万田さんが千葉にペンペン草を生やしてやる…といったとか書かれているが、これについて私は、まったく知らない。直接には、なにもそういうことをいわれるのを聞いたことはない」と否定している（「千葉製鉄所建設をめぐる資金問題等・座談会」）。

西山は一九六四（昭和三九）年、『鉄づくり・会社づくり』を出版したが、その際、スタッフが原稿として「ペンペン草」を入れたが、「そんな話はないんだ」「一万田さんが賛成されてくれているんだ」と言って、全部カットしたという（同前）。

このような「自分は直接にそういうことを言われるのを聞いたことはない」という西山談話について、会田雄次（1984）は懐疑のコメントをつぎのように行っている。

> 西山さんの追憶も本心であるまい。財界長老に対する遠慮と気づかいと、それに何もかもがうまくいった現在、何も一万田に喧嘩を売ったり、誹謗して自分の価値を下げる必要もないといった考えからに相違ない。一万田は慎重にと、釘を刺したつもりだったが、あとで西山の突進ぶりを知り、忠告を聞かぬことを怒り、千葉にペンペン草を生やしてやると息巻いた（会田 1984：35）。

「ペンペン草」発言についての会田雄次のこの指摘は当を得ているのではないか（石川 1998：94）。一万田は川鉄の千葉製鉄所建設への融資問題と同時期の一九五〇年、トヨタ自動車への再建融資にも懐疑的な姿勢をとったことで知られる。トヨタに対しては「乗用車工場不要論」を唱え、日本に乗用車生産が成り立つのか、疑問を呈している。しかし、川鉄とトヨタへの融資は、最終的には日銀が了承した。

「一万田は国際分業論をひけらかして一応は反対してみるが、経営者が熱心に、強引に押してくる場合は、大体話をのんでいる」という見方もある（大谷 1979：64）。戦後初の大型製鉄所建設をめざす西山のフロンティア・スピリッツ（開拓精神）が一万田をぐいぐい押し、ついには寄り切ったということだろうか。

3. 開銀の融資対象に

開銀融資を申請

千葉第一期計画は難産の末、一九五二（昭和二七）年二月、通産大臣によって承認されたが、資金調達そのものは当然川崎製鉄自体が日銀、開銀、取引銀行、証券会社などと交渉して、借り入れ、増資、社債発行などの方法を行う必要があった。しかし、日銀が承認し、斡旋してくれない限り、開銀も取引金融機関も手が出せない状況にあった。すなわち、日銀が川鉄の資金調達の死命を制したのである。

川鉄の計画が認可されたのは、以下に述べる一九五一年一〇月に始まった開銀審査、そして五二年三月の二回にわたって開催された日銀政策委員会の後であった。

千葉製鉄所の建設資金調達として重要な役割を果たした日本開発銀行（開銀）の発足の目的と役割は何か。

開銀は一九五一年四月二〇日付で設立された全額政府出資の政府金融機関である。初代総裁は小林中であった。本店は日銀別館に置かれた。開銀発足の目的は財政資金からの長期産業資金の供給であり、五二年一月の復興金融公庫の解散により、その権利義務いっさいを継承したので、その活動規模は一層広がった。さらに一九五二年度に入り、アメリカの対日援助打ち切りに伴い、米国対日援助見返資金特別会計からの私企業に対する貸付金債権を継承して、これを機会に、従来開銀が融資していなかった電力、海運および中小企業に対する設備資金の融資を行うこととなった。

こうして開銀は財政資金による産業設備資金を一元的に供給する金融機関となったわけであるが、電力、海運、石炭、鉄鋼の四つの基幹産業に重点的に融資が行われた（『巨人伝』１９７１：５２２－５２３）。

川崎製鉄千葉計画に対する開銀の融資決定のいきさつは、高杉良の『小説日本興業銀行』（１９９０）に描き出されている。

五月一五日、開銀が業務を開始した直後、西山の命を受けて小田茂樹（川崎製鉄専務）が開銀融資の打診で中山素平理事を訪れた。西山自身も時を置かず、小林中総裁に面会した。

千葉製鉄所建設計画の建設費は巨額であり、その資金調達いかんが川鉄の命運を左右する。「もめる川鉄高炉建設・焦点は資金計画」というのが、文字通りこのころの経済ジャーナリズムの焦点となっていた。

要するに一九五二年二月中には決定しなければならない財政資金支出の中に千葉を乗せるか落とすかであった。選挙でいえば、公認候補決定の最後の段階となった（同前：524）。開銀が川崎製鉄の千葉製鉄所建設計画を審査することになった。

川鉄千葉計画の審査を担当した竹俣高敏（審査部長）は、一九五一年一〇月、西山を開銀に呼び、計画内容を聴取した。設備内容、資金調達の見通しや収益見通しが主要なテーマであったが、同時に竹俣なりの西山という社長の人物鑑定であったと考えられる。

開銀審査部、川鉄計画に肯定的評価

竹俣審査部長は川鉄千葉計画について、日本にはすでに八幡、富士、鋼管と三社の銑鋼一貫メーカーがあり、平炉メーカーの川鉄まで新たに一貫メーカーをつけ加えねばならぬとは考えていなかったという。しかし、審査の結果、「断るつもりが、肯定的な審査調書になった」として、つぎのように審査の過程を明らかにしている（竹俣 1982：142-143）。

・当時、川鉄の千葉製鉄所建設はもっての外のことであり、このような計画に資金をつけることは、インフレを助長する何ものでもないという風潮であった。一万田日銀総裁がその震源地だった。

・私も一貫メーカー三社がすでにある以上、戦後の日本にさらに銑鋼一貫メーカーをつけ加えねばならぬとは考えていなかったので、おそらく千葉には「ペンペン草」が生えるであろうと考えていた。

・しかし、審査を進めるに従って、予想に反して、プラスの要素が多く発見されてきた。断るつもりが、肯定的な審査調書になった。

・技術顧問の井村竹市（元日本製鉄製銑技術部長）、吉川晴十（元帝国海軍呉工廠技術中将）なども千葉製鉄所建設に肯定的であった。技術面から川鉄計画を詳細にチェックした結果、川鉄の銑鉄コストが既存メーカーのそれを下回るとの想定は無理がなく、間違っていないというものであった。

開銀審査部は千葉計画の将来性に関する詳細な報告書を作成した。その結論は、西山を強く支持するものであった。報告書には、以下のように、川鉄千葉は薄板生産に特化した製鉄所になる見込みであり、今後成長が期待される自動車、家電部門への薄板供給に貢献できる、その最新設備は国際競争力強化につながるという千葉計画肯定論が述べられていた。

千葉製鉄所は薄板に特化する見込みである。日本の鉄鋼産業は朝鮮戦争特需の中で厚板生産に傾斜しすぎている。今や自動車、家電部門が芽をふき始めているが、このままではこの部門に必要な薄板供給でボトルネックが生じかねない。その困難を千葉プロジェクトは緩和し得る。また千葉製鉄所は技術的に進んだ設備となるはずで、日本鉄鋼産業の国際競争力を増進し得る。鉄鋼全般の需給状況改善にも資する（カルダー1994：274－275）。

このように、開銀審査は、川鉄千葉は日本の鉄鋼業というものを今後一つの基幹産業に育てていく大きなインセンティブを与えるものであり、鉄鋼業を近代化するためにぜひ取り上げるべき案件であるという判断を下した。西山の鉄鋼業近代化・合理化のビジョンを認めた形になったのである。

川鉄への融資決定に踏み切る

一九五一（昭和二六）年一一月、竹俣審査部長は川鉄肯定論を小林総裁以下各役員の前で報告したが、「さすがにその主張はそのままでは受け入れられず、小林総裁はこのたびの案件は特に重大であるから、開銀だけが突っ走るわけにはいかない。民間銀行との協調融資が望ましいと発言した」（竹俣1982：142－143）。

拒否回答ではなかったが、結論として開銀を踏み切らすことはできなかった。しかし、小林総裁は最終的には、民間銀行との協調論を一擲し、開銀単独で川鉄千葉工場建設融資を決断した。

日銀出身の太田副総裁以下の役員で、川鉄への融資に賛成したのは中山理事ひとりであったが、小林総裁は少数意見をくみ上げたのである。

中山は「小林さんに呼ばれて『開銀は一万田が反対でも金は出す。ただし、メインバンクの第一銀行が迷惑ならやめる。君が酒井頭取に会って来い』といわれた」と証言している（『日刊工業新聞』一九九四年九月六日）。そして開銀は川鉄への融資に踏み切った。

川鉄への開銀融資の意義について、K・E・カルダーは「もし一九五〇年代初めの日本が本当に決定権限が中央に集中した国で、政府立案に関する限り通産省と日銀に立ち向かえる者などいない国だったのであれば、川鉄の物語はもっとはるかに単純で即座に終わっていたはずである。しかし実際には、川鉄は当初の日銀の否定的反応をかわすことができた。川鉄を支持する政府系金融機関もあったからであり、それが開銀だった」と述べている（カルダー１９９４：２７４）。

だが、それで川鉄向けの開銀融資が最終決定したわけではなく、政府資金の融資であり、日銀の承認が必要だった。

西山は一九五二年三月に開催された日銀政策委員会に出席を求められた。

4．西山、日銀政策委員会へ

通産省、川鉄計画を評価

先に述べたように、一九五二（昭和二七）年二月、通産省は川鉄千葉製鉄所の建設計画について正式に承認した。そして、日本銀行が重い腰を上げた。日銀は通産大臣がその計画を承認し、金融機関の援助を希望した以上、当面の順序として、三月四日と七日、日本銀行政策委員会を開催し、川鉄千葉問題を取り上げた。

日銀政策委員会では川鉄計画について、一九五二年三月四日に通産省葦沢鉄鋼局長、石原企業局長、一万田総裁、宮嶋清次郎委員、三月七日に八幡製鉄三鬼社長、川鉄西山社長が意見陳述を行った。

この日銀政策委員会は一九四九年六月の日本銀行法の改正で、日銀理事会の上に設置された、最高方針を決定する日本銀行の最高意思決定機関である。委員会は日銀総裁と大都市銀行関係、地方銀行関係、商工者関係、農村関係各一名の任命委員、それから大蔵省、経済企画庁各一名の政府代表委員、合計七名をもって構成された。

以下では、両日の日本銀行の議事録である「日銀政策委員会議事録（川鉄千葉製鉄所関係）」を引用することによって、詳細にわたるが、一九五二年三月四日、三月七日の議事内容およびそこにおける論点を記述する。

まず三月四日、日銀政策委員会は通産省葦沢鉄鋼局長、石原企業局長を招き、聴取した。葦沢鉄鋼局長は鉄鋼業界における新製鉄所の必要性を述べ、川鉄の第一期計画の建設費一一四億円のうち、自己資金および増資八六億円を除いた二八億円についての善処を日銀に要望した。川鉄計画に関して通産省は、つぎのように、①スクラップ枯渇の趨勢にあって、今後は銑鉄の確保が重要な課題となる、②通産省としては高炉三社の合理化計画をまず実行することを考えているが、これだけで十分か否かは別問題であり、今回の川鉄の計画を支持していると述べた。

【葦沢鉄鋼局長談話】

・現状はスクラップ枯渇の趨勢にあり、銑鉄確保の要あることが第一であり、本邦生産も鋼材五〇〇万トンベースまでは持っていきたいと考えている。

・また、既設三社の合理化計画との関係は、もちろん通産省としては三社の合理化計画をまず実行することを考えている。しかし、三社の合理化計画が完成したあかつきには、これだけで十分か否かは別問題であり、今回の川鉄の計画を支持している。とくに熔接鋼については不足であり、その見地から、ぜひ本計画の実現が望ましい。

一万田総裁、川鉄計画に懸念を表明

これに対して、議長の一万田総裁は、①川鉄の新製鉄所は国家的見地から必要であるのか明確にすべきである、②資金配分について高炉三社と調整する必要があると持論を展開した。川鉄千葉計画は日本経済や業界の現状からみて不適切であり、資金的援助を認めるときは、先発三社の合理化資金を抑制せざるを得ないという懸念をあらためて表明したのである。

そしてその一方で、川鉄の計画の大部分は自己資金によるものであり、借入、社債は三年間で二八億円程度にとどまり、「やってやれないことでもない」という理解を示した。

【一万田総裁談話】

・もし国家的に必要であるなら、業界の意見が一致すべきものと思うが、各方面から反対が強い。したがってまず、その点を固めることが必要と思う。

・また、三社計画との関係も、順位の点は資金量にも限度があるから、ある程度調整を要すると思う。その上で本計画が具体的に取り上げられることになるが、以上の点が固まれば、金融のみで反対すべきことでもない。

・また川鉄の計画によれば、大部分が自己資金であり、借入・社債は第一期工事だけなら、三年間二八億円ぐらいであり、やってやれないことでもない。

宮島委員、日本鉄鋼業の存立自体を疑問視

委員の宮島清次郎は、戦後、経営不振にあった日清紡を再建し、社長、会長を務め、その後は日本工業倶楽部の理事長を務めた人物である。

日銀法の改正で政策委員会が新設された時点では、吉田茂首相から議長を要請されたが、一万田に譲ったという経緯がある。一万田とは距離を置く吉田政権に連なる有力財界人であった（大谷1979：51）。

宮島は日本における鉄鋼事業の存立や事業としての採算性、アメリカとの競争が本格化した際の国際競争力に対する強い疑問を提起し、川鉄の新製鉄所建設計画に否定的な態度を表明した。

そして後述するように、西山に対して原則として金融に頼らず、自己資金でやるべきであり、金融機関に協力を依頼する場合はより厳密な資金計画の策定が必要であると述べた。

【宮島委員談話】

・自分の考えは総裁の考えとやや異なる。結論からいうと、銑鋼一貫メーカーは将来米国と競争できない。したがって、これが立ち行くようにするには、鉄鋼輸入関税（しかも二〇～三〇パーセントの高率）で保護しなければならないと思うが、これでは日本の機械工業等二次製品は世界的に競争できない。

・だから、現在は米国にも輸出余力はないからよいが、将来余力が出てきたときに、仮に今度の計

画で従来よりやや廉価なものができるとしても、到底太刀打ちはできないと思う。日鉄も軍の保護でようやくやって行けたし、また輸入関税も当時はあったので、それと同じ条件と考えることは誤りである。

八幡三鬼社長、銑鋼一貫化に一定の理解

続いて、三月七日、鉄鋼需給見込みや川鉄の設備新設の問題に関し、八幡製鉄三鬼社長と川鉄西山社長より説明を聴取し、宮島委員が川鉄の設備新設の資金計画についてさらなる検討を要望した。川鉄計画について、三鬼社長は①川鉄計画は純国策的見地から疑問であるが、ここまで進んだ以上は金融面から援助する必要がある、②現有設備の近代化を優先すべきであり、川鉄の新設設備は別枠で考えるべきである、③スクラップ不足は将来の大勢であり、日本の鉄鋼業は原則として銑鋼一貫でいくべきものと思うと述べた。

ここに至って、日本鉄鋼連盟会長で、川鉄がまさに挑もうとしている先発三社の寡占秩序を代表する八幡・三鬼さえも、川鉄の融資要請を支持しなければならないと公に認めるようになったのである（カルダー 1994：273）。

【八幡三鬼社長談話】

①（川鉄千葉は）政治的な問題にもなりつつあるので微妙であるが、純国策的見地からいえば、

疑問である。しかしながら、ここまで進んだ以上は、金融面から面倒をみてもらう他ないと思う。

② 将来の需給その他、大局的に考えれば、現有設備の近代化が第一で、新設は第二の問題だと思う。したがって合理化計画昭和二七年度三二〇億円の計画に川鉄が割り込むのでは困る。川鉄の分だけは別枠で考えてもらいたい。

③ 需給面で通産省は二八年度高炉鉄供給四八〇万トン計画にしてあるが、自分は四五〇万トンくらいだと思っているが、仮に四八〇万トンを必要とするとしても、必ずしも川鉄の分をやらないでも、やれると思う。

④ しかし、スクラップ不足は将来の大勢であり、また自分の持論からいって、日本の鉄鋼業は原則として銑鋼一貫でいくべきものと思うから、その意味で川鉄の計画は結構である。また神戸、扶桑、日亜等の平炉メーカーもその見地から、今後は銑鉄メーカーともっと密接な体制になってくると思うし、その際には、我々銑鉄メーカーは十分協力すべきものと思う。

⑤ 二、三年先の需給状況では、或いは川鉄が苦しむ事態が起こるかもしれない。しかし、その際には、自分は鉄鋼界全体の問題として解決に努めたい。また、自分たちも（川鉄）を大いに援助していくつもりである。その時になって見捨てるようなことはしない。

西山、川鉄計画の合理性を説明

西山は、自社の自己資金調達には十分自信を持っていること、高炉建設の先送り、すなわち、第一期三カ年計画で完成しない場合は、スクラップの現状からみて、会社自体の経営に問題を生ずると述べた。

【西山社長談話】

①　自己資金調達が甘いという批判に対しては、自分のほうは十分自信を持っている。販売価格は本年二月を基準にしており、決して高い価格で水増ししたわけではない。

②　第一期三カ年計画を若干延ばしたらとの意見に対しては、スクラップの現状からみると、どうしても三年計画で完成しない場合は会社自体の経営に問題を生ずる。

これに対し、宮島委員は、①将来の見通しは意見の分かれるところであり、その点から考えれば原則として金融に頼らず、自己資金でやるべきである、②日銀として金融機関に協力を頼む場合も、計画が甘くては責任が持てない。したがって、堅い算盤をはじいて、もう一度ぎりぎりの資金計画を作ってもらったらどうかと思う、③それを基礎に、期間とか借入金額とかを再検討すべきある、と述べた。

以上の日銀政策委員会における各層の意見陳述および議論を経て、政府は三月一四日の閣議で、

「昭和二十七年度の政府資金の融資対象になるべき産業、交通に関する基本計画」を決定し、川鉄千葉については「最新式高炉銑製造設備の新設」の一項が追加され、開銀融資の対象として認められた。同年八月、日銀政策委員会は千葉製鉄所第一期工事の新資金計画（一一四億円）を了承し、社債一二億円、外貨貸二〇億円についてそれぞれ承諾した。次いで、一〇月には開銀が一〇億円の融資を決定した。

5．第一銀行・大森常務が会長に就任

「手に負えない積極主義者」を制御するために

一万田日銀総裁は川鉄計画の承認に際して、当初、日銀の局長クラスの川鉄への役員派遣の話があった点、そしてそれが最終的にメインバンクの第一銀行からの派遣に落ち着いた経緯について、つぎのように述べている。

私が「(西山社長に―引用者―）資金計画は確立しているのか」と聞いてみたところ、銀行との話が完全にまとまっていないようだった。そこで、取引銀行である第一銀行の「酒井頭取といっしょに来なさい」といって帰らせた。取引銀行の頭取が「責任をもって資金の面倒をみるが、それでも不足するときは日銀にお願いするかもしれない、よろしく」といってくるのが当然と思ったか

らだ。
やがて第一銀行の酒井頭取から「第一銀行の総力をあげて、資金対策に責任を持つ」という申し出があった。一方、西山社長の覚悟が固いこともわかったので、日銀としても川鉄の計画を認めることにした。私はこの時「監督のため、日銀から局長クラスの人を出すかもしれないよといったが、結局、第一銀行が重役を入れた（『西日本新聞』「聞き書きシリーズ　一路一つの世界」一九八一年五月三日）。

川鉄に銀行から人を入れるべきだと進言したのは、当時の日銀営業部長・佐々木直（のち日銀総裁）であった（『巨人伝』１９７１：５３６）。
酒井第一銀行頭取は川鉄への役員の派遣を決断したことについて、川鉄を見殺しにできない、西山という「手に負えない積極主義者」「荒馬」を制御して第一銀行が川鉄支援に本気で乗り出したという証拠を見せる必要があったとして、当時の状況をつぎのように回顧している。。

工場建設の認可は得られたが、建設資金を得ることは別問題である。（中略）しかしながら、矢はすでに弦を放れた。川鉄を見殺しにはできない。世間では、第一銀行が果たして最後まで見捨てないであろうか、西山社長という人は手に負えない積極主義者で、この荒馬を何人が制御して行けるかなどの疑問を持っている。川崎製鉄が進退きわまったと同様、第一銀行としても一大決心をせねばならぬときに立ち至った。
それには、第一銀行が川崎製鉄支援に本気で乗り出したという証拠を見せぬことには他行を納得させることはできない。事ここに至っては、西山氏と互いに理解し合える人物を第一銀行から割愛するよりほかに手はない。たまたま当時の第一銀行の常務取締役であり、私の友人である大森尚則君は神戸支店に長年勤務し、西山氏と深い旧友の仲である（『追悼集』1967：44－45）。

資金面でのトップ・マネジメント体制の強化

大森尚則の川崎製鉄会長人事が表面化したのは一九五三（昭和二八）年八月初旬であった。大森は酒井の懇請を受け、承諾した。しかし、大森の川崎製鉄への招聘は必ずしも円滑に決まったわけではなかった。

酒井は語る。「大森君とは幸いに都合よく話がついたが、片方の西山氏は川崎製鉄の天皇と綽名されたワンマンの社長である。そこに大森君を会長として迎えることに同意がなければ、所期の目的は達成できないことを懇懇と説明した」（『追悼集』1967：46）。その結果、西山は社内を取りまとめて大森会長就任を決めたが、社内では副社長として迎えてはどうかという意見も根強かった。

「長年一人で苦労してきた西山社長に気の毒だ。仕事は今までどおりでやれるではないか。社長より上の会長とは…。副社長ではどうなんだろう」と、第一銀行に酒井を訪問し、大森の副社長就任を打診した川鉄の取締役数名が、「それではカネは出せません」と言われて引き下がってきたことが伝えられている（『巨人伝』1971：639）。

一九五三年一〇月、大森は取締役会長に就任した。一部マスコミは「天皇」が金融資本の圧迫を受けて、頭に「上皇」をいただく羽目となったと報じた（同前：656－657）。

それはともかく、西山が川鉄設立後初めての社外からの役員として、大森会長を迎えたことは千葉製鉄所建設を推進している川鉄にとって、とくに資金面でのトップ・マネジメント体制の強化につながった。大森会長就任を契機に、一九五三年一二月、第一銀行を幹事会社に市中銀行一四行による二六億円の川鉄への初の協調融資が成立し、資金事情に明るさが見えてきた。

大森会長就任と同時に、第一銀行兜町支店長の岡田貢助が資金担当補佐として入社した。岡田は第8章で取り上げる世界銀行借款成立の立役者であり、キーパーソンとなる人物である。

資金問題に対して西山は楽観主義者だったのか

すでに述べたように、一九五〇（昭和二五）年一一月に公表された川鉄の建設計画は、資金調達計画を中心に数次の上方修正・変更を迫られ、認可が先送りされたことが特徴である。

なぜ、西山は当初、予算額を意図的に低く設定したのだろうか。

この点について、その背景には千葉計画に日銀等の反対があっても、通産省が管轄する見返資金を「大々的に取り込めばなんとかなる」という資金調達実現に向けての強い意欲があったためという指摘がなされている（カルダー 1994：272）。同時に、資金問題に対する楽観主義があったことも見逃せない。

西山の資金に対する見方について、岡田貢助は千葉製鉄所建設の資金問題について「絶対金はできるんだという、そういう意味での自信があった。いいものをつくるんだから、銀行は金を出すべきだというような」と証言している（「千葉製鉄所建設をめぐる資金問題等・座談会」）。

酒井第一銀行頭取も「よい事業を脇目もふらず熱心にやれば、資金は必ずついてくる。否、ついてくるべきだ」が、西山の資金に対する見方であったと語る（『追悼集』1967：43）。

このように、西山には、国民経済に役立つ仕事をすれば、資金の問題は解決するという基幹産業意識に根ざした楽観主義があった。ただ、この楽観主義は西山が資金問題に疎遠であったり、資金問題を軽視したということを意味しない。

先に述べたように、西山は川鉄の設立前夜から独自に建設資金工作に東奔西走した。資金問題の重要性を痛感していたからである。

さらに千葉製鉄所建設を進めながら、建設費の一部を自分の手で稼ぎ出すという方針のもとで、西山は高炉完成以前にメタルラス工場、ワイヤーロープ工場、ハンド・ミル方式の薄板工場を稼働させている。

また、村上英之助（元川鉄株式課長代理、のち副社長）は、西山が資金調達のために株式市場への関心が並外れて高かったと述べている。

毎日、取引の前場、後場が終わると直ちに株式課長等は西山に市況報告に行かねばならなかった。

出張時も、出先機関を通じてメモを必ず渡さなければなかった。増資となれば、説明会の全国津々浦々を自ら説明して歩いた経営者であった（村上 2000：32）。そして、全国各地で行われた川鉄の会社近況説明会や増資説明会に西山自らが出席していた。西山が各地で連続して行われた会社近況説明会の途上、熊本市で倒れたのもその象徴的な出来事であった。

西山社長を囲む打ち合わせ風景
（出典：『川崎製鉄五十年史』）

第7章　千葉製鉄所の建設、本格的銑鋼一貫体制への拡充

1．千葉製鉄所建設と工場レイアウト

単純化・集約化・一貫化・連続化の四原則

先に述べたように、千葉製鉄所の特徴は「単純化」「集約化」「一貫化」「連続化」の四原則と、水平直線式、原料事前処理、熱管理の合理化などを採用した工場レイアウト計画であった点である。

西山に率いられた技術陣は広い埋立地に白紙に線を引くように、理想的な工場レイアウト、「単純化」「集約化」「一貫化」「連続化」の設計をしようとした。そして同時に、それによって、建設費の縮減も可能にしようと試みた（『千葉製鉄所建設十五年の歩み』1967：15‐16）。

この四原則は、浅輪三郎（千葉製鉄所長）が名付けたものとされる。千葉製鉄所のこの四原則の体系と詳細は、浅輪によって、一九五四（昭和二九）年、『科学』（岩波書店）に連載された（浅輪1954a、1954b）。

そこでは、千葉製鉄所の特筆すべき具体的な事例として、以下のように、①鉱石の事前処理法、

②高炉の単純化、③酸素製鋼法の採用、④輸送路の短縮の各項目について述べられている。

・鉱石の事前処理法（オアベッディング、ペレタイジングなど）

物理的，化学的品位の変動の激しい鉱石を有効に処理する方法で、これを採用する結果、銑鉄をより多く生産できる。また質の向上と原価引き下げが可能となった。

・高炉の単純化

ドイツ以外にない権威ある単純化方式による出銑を行う。出滓の処理方式が単純化される。原料を高炉へ巻き上げる装置も簡単になる。また高炉ガスの清浄装置も新式を採用して単純化された。

・酸素製鋼法の採用

製鋼時間の二割短縮が可能となった。

・輸送路の短縮

高炉二基を中心に各部門を動かすには通常、鉄道の延長九一キロを必要とするが、これを四〇キロに短縮し合理的に配置する。この結果、製鉄所全体の道路、水道、排水路、ガス管、蒸気管、電源などの距離もすべて短縮可能となった。

千葉製鉄所は、各設備、運搬系統、原料事前処理、熱管理など、六〇回以上の設備のレイアウト書き直しによって整えられた（『追悼集』1967：293）。西山を前に幹部や技術者は議論を繰り返した。工場レイアウトは、西山の完全な同意によってはじめて現実のものになったことは言うまでもない。浅輪三郎は当時の模様をつぎのように回顧する。

故人（西山）は、早く、安く、大能力に、高能率にというモットーで、毎日、昼は現場、夕景からは会議である。一項目ごとに、ああでもないこうでもないと押し問答、夕食の時間も忘れる。故人は椅子にあぐらをして泰然となる。翌日は念押しで、幾分は変わる。こんなかでも、故人は案外余裕のある冗談など飛ばしながら、六〇枚を超えるレイアウトをたのしんでおられたが、関係者一同はなみたいていではなかった（『追悼集』1967：293－294）。

巨大な製鉄所はいったん計画が進行すれば、将来の方向が決定的になるため、事前に何回となく基本計画を練る必要があったのである。

建設推進は、単純化、集約化、一貫化、連続化の四原則に加えて、大型化、高速化、自動化という基本的な考え方に基づいて行われ、無駄のない合理的な生産システムの完成をめざした。のちに、千葉製鉄所の生産規模は当初の構想より数倍にまで拡大されたが、その間になんらの支障もなく、高能率、高生産性を発揮できたのも、計画段階で綿密な検討を行ったからである（『川崎製鉄二十五年史』1976：77）。

工場レイアウトの革新性

千葉製鉄所の工場レイアウトにはどのような特徴があったのか。識者が挙げるのは、そのコンパクト性である。橋本寿朗（2001）は「強い資金不足の制約のなかで、それを現実的に解決しながら、戦後初の高炉をコンパクトな工場レイアウトを通じて建設し、鉄鋼業の急成長、さらには他の資源集約・資本集約型産業の発展事例になった」ところに、西山の経営革新のポイントがあると述べている（橋本 2001：142）。

山口貞雄（1988）は、千葉製鉄所のレイアウトの特徴として、つぎの三点をあげ、そのレイアウトが従来の製鉄所よりはるかにコンパクトであると述べ、西山の先見性、独創性を指摘している（山口 1988：68）。

①　南北に走る長方形の埋立地の西岸に正面岸壁、北方岸に積出岸壁を開いていること。

②　この両岸壁を結ぶ製造過程の流れに沿って、生産工程の諸工場が配置されており、各工程を結ぶ交通線には鉄道がなお利用されているが、その配置は従来よりはるかにコンパクトであること。

③　既存の製鉄所と異なり、工場全体は埋立地上に建設され、はるかにその臨海度が高いこと。

浅輪三郎は、工場レイアウトを中心とした千葉製鉄所の特徴について、西山が高炉、コークス炉（骸炭炉）、平炉に革新（イノベーション）を織り込むために緻密な検討を加え、四原則に基づいて製鉄所全体の輸送系統、原材料の事前処理と熱エネルギーの制御による能率と生産性向上に取り組んだ点をつぎのように挙げている。

高炉はドイツの新型式を、骸炭はドイツのオットーを、平炉は川鉄のお家芸で定めたが、作りがいのある革新を織り込むために、故人（西山）特有の緻密な検討によって、私が仮称した四項目四原則としてたてた線を堅持した。

製鉄製鋼経済は、全般の輸送取扱い系統や、熱いうちに打てといわれたほどに、加工熱エネルギーの適正度に支配され、生産の能率向上は、原材料の事前処理と熱エネルギーの制御いかんにある。原料の大半を輸入し事前処理をするには、一糸乱れない簡易輸送法が要求される。半製品、副生品、廃出品を流すための輸送系の組み合わせはきわめて重要である（『追悼集』１９６７：２９４）。

千葉製鉄所はただの一貫製鉄所ではなかったのである。森川英正（２００１）は、「東京周辺の臨海埋立地と岸壁の深い水深を利用した原材料輸入・製品輸出のための最適立地、原料・中間材輸送距離の極端な節約を可能にした斬新かつ合理的レイアウトなどの点で、二〇世紀後半に日本、いや世界の鉄鋼業のモデルとして輝いた先駆的工場であった」と述べている（森川２００１：２６９）。

なお、千葉製鉄所は、当時ほぼ同じ時期に建設が進められた米国ＵＳスチールのフェアレス製鉄所

(U.S.Steel Corporation–Fairless Plant) の工場配置をモデルにしたという説がある（山口 1988：68ほか）。

フェアレス製鉄所は朝鮮戦争の勃発（一九五〇年六月）で鉄鋼需要が急増し、USスチールが国防上の要請にこたえて建設に踏み切った臨海製鉄所である。ペンシルバニア州とデラウェア州の境界、デラウェア河岸に立地し、デラウェア河を経由して外洋に通じ、一方では大消費地のフィラデルフィアまでわずか三〇マイルという立地条件として優れたところに建設された。

建設時期が同時期である点、臨海製鉄所である点、消費地立地型である点、完成した当時「アメリカを代表する画期的な新鋭製鉄所」という言葉で呼ばれた生い立ちなど、川鉄千葉と類似点は多いが、管見の限りでは、西山がフェアレス製鉄所を千葉製鉄所のモデルにしたという当事者たちの証言や資料は残されていない。従って、現状ではこの仮説は検証不可能である。

2．第一高炉建設と火入れ

西山、「やり抜く決意」を強調

西山は川崎製鉄設立わずか半年後の一九五一（昭和二六）年には、早くも千葉製鉄所建設にとりかかった。

西山は翌一九五二年一月の初頭、「昨年九月、講和条約の締結によって、我が国は国際的に独立することになり、明るい希望の新春を迎えた。しかしながら、我が国が真に独立国家として国際社会に伍していくためには経済的に自立することが絶対に必要なことは申すまでもなく、資源の乏しい我が国にあっては貿易の振興と工業力の増強によって経済自立の途を開拓しなければならない。従って、万難を排し、設備の合理化、近代化と技術の刷新、向上によって生産原価の引下げに努力しなければ悔いを千載に残すことは明白な事実である」という趣旨の年頭挨拶を行った（『川崎製鉄新聞』一九五二年一月二三日）。

そして、つぎのように、高炉の建設、銑鉄の自給自足こそが川鉄の自立、向上発展のための方途であると述べた。

この意味におきまして、我々は一昨年来銑鋼一貫の新鋭設備、千葉製鉄所の建設を企画し、昨年二月以来皆さんと共にあらゆる困難を克服しつつ、一意専心これが建設に努力して参った次第であります。（中略）高炉の建設、銑鉄の自給自足こそは川鉄自立、向上発展のための方途であり、最新設備の設置こそは老朽陳腐を以て知られる我が国鉄鋼業が国際市場に活き且つ伸び行くための必至の施策であります。建設の労苦は既に当初から覚悟の上であります。厳しい内外の諸情勢や産業界の経済事情の下にあっては今後も尚幾多の障害が予想されますが、独立後の日本産業のあるべき姿を目途として我々は「やり抜く決意」を固めるものであります（同前）。

西山がこの年頭挨拶で訴えようとしたことは、高炉の建設、銑鉄の自給自足こそは川鉄発展のために不可欠であり、生産設備の合理化・近代化、技術革新によって生産力を高め、生産原価の低減に努めることによって国際競争に対抗できる企業体質を築くことが川鉄自立のための唯一の戦略であり、千葉製鉄所建設を「やり抜く決意」の表明であった。

千葉製鉄所第一期計画は急ピッチで進められ、五〇〇トン高炉一基、一〇〇トン平炉三基は一九五三年には完成の予定となった。

一基の高炉の起工式ぐらいで…

一九五二（昭和二七）三月三一日、川崎製鉄千葉製鉄所第一高炉の定礎修祓式（起工式）が行われた。起工式は第一高炉予定地に西山と工事請負会社の清水建設社長によって鍬入れが行われた。西山はこの式の出席者をごく内輪に限ったが、出席者は山地八郎東京通産局長、柴田等千葉県知事、宮内三郎千葉市長および国会、県議会、市議会代表三〇〇名が列席するなど、川鉄にとっては内外の注目の中での歴史的な定礎修祓式となった。

東経一四〇度七分五秒、北緯三五度三四分三八秒を中心に選ばれた第一高炉予定地には周囲に外径一八メートルの鉄筒がすえられ、注目のうちに感激の「鍬入れの儀」がとり行われたが、この鍬入れに際し、西山の発した掛声は、参列者の胸にひびくものがあった（『追悼集』1967：537）。

起工式を終えた後、西山は社内報記者のインタビューに答え、「高炉一基ぐらいで一喜一憂することはない、少なくとも高炉六基ぐらいを保有することではじめて一貫メーカー入りが現実のものとなる」と述べて、つぎのように全社的な協力を訴えている。

一基の高炉の起工式ぐらいで、いちいち感激していることはないよ。実際、一貫工場としちゃ、高炉を少なくとも六本ぐらい持たなければ本当じゃないんだから、いよいよこれからというところさ。今年の正月から通産省当局といろいろ打ち合わせを行って、建設資金も二七三億円ということになったが、これは十分余裕をみての話で決して心配することはない。通産省は終始まったく好意的だったので、これまで世上いろんな噂も飛んだけれども、結局は川鉄の主張の正しいことが一般識者にも浸透したんだね。

しかし、このような大計画を遂行していく上に肝要なことは、何といっても資金と力を養うことで、そのためには各工場ともあらゆる面でプラスでなけりゃいかん。各工場、各部門でもベストをつくして、決してマイナスを出さないように頑張っていけば、一つの計画が実現するたびに力もふえていくわけだ。例えば、高炉が一本できれば、それぞれプラスされて、ますます力が大きくなっていく。そして八つの工場の力がおたがいにプラスし合って、ますます雪だるま式に会社全体の力も増し、建設も容易になってくる（『川崎製鉄新聞』一九五二年四月五日）。

さまざまな新機軸が織り込まれた

千葉第一高炉の建設に際して、西山率いる川崎製鉄の技術陣が考えていたのは、従来のような高炉ではなかった。第一高炉の建設にいくつかの画期的な試みを採用した。

西山がめざしたのは、これからの日本に必要な高品質の鋼板を量産するために、銑鉄を効率的に製造する大型の高炉であった。そのため、第一高炉は、新しい試みとして、①フリー・スタンディング型高炉、②ベルトコンベアーシステム、③オアーベッディング、④ペレタイジングなどの革新的設備が導入された（反町１９９３）。

西山は一九五一（昭和二六）年五月、トップ・エンジニア七人からなる川鉄ミッション（海外鉄鋼事情視察団）を派遣したが、その成果のひとつとして導入されたのが、高炉の炉体のかたちとしてのフリー・スタンディング式であった。ドイツ人のパウル・ウォルフ（Paul Wolf）が設計にあたった。高炉一基の大きさは高さ六〇メートル、直径一二メートルの巨大な円筒型のものである。

このフリー・スタンディング式は、高炉を包む鉄皮自体が全体の構造を支えるようになっており、従来のように鉄皮や内張りのレンガをリングガーターで受け、それをさらに一〇本前後の柱で受けるといった煩雑さがなかった。従来のシャフトコラム型に比べて、①建設費が安いこと、②炉体周囲にシャフト向け支柱が省けるので作業性が良いこと、③炉の寿命が長いことなどの優れた点を有していた（同前）。

戦後日本初の高炉火入れ

一九五三（昭和二八）年の春も近づくころから、千葉製鉄所第一正面岸壁の一部、第一コークス炉、火力発電所第一号機など、主な設備が相次いで完成し、第一高炉の火入れ準備が着々と整っていった。六月一三日には、カナダのバンクーバーから鉄鉱石を積んだ一万トン級の第一船、大同汽船所属の高栄丸が入港した。千葉市としては歴史的なことで、地元の小中学生が旗を振って歓迎し、マスコミも大きく報じた。

そして六月一七日、戦後日本初の千葉第一高炉の火入れ式が行われた。当日は午前一〇時四五分から第一高炉前に特設された式場で、西山以下川鉄役員・社員、永山東京通産局長、柴田県知事、宮内千葉市長、渡辺義介鉄鋼連盟会長など、政府当局、地元自治体、日本銀行、日本開発銀行、各金融機関、鉄鋼業界など、各界から千数百名が参列した。

西山、岡野通産大臣代理葦沢通産相重工業局長がそれぞれタイマツで、高炉羽口に点火、直ちに送風が開始され、高炉は白煙を上げて活動を開始、翌一八日午後三時二四分、初出銑に成功した（『川崎製鉄新聞』一九五三年六月二五日）。

川鉄が日本で四番目の本格的銑鋼一貫メーカー、千葉製鉄所は九番目の一貫製鉄所となった瞬間であった。七月一〇日、初めての千葉生まれの銑鉄四〇五トンを積んだ日東海運扱いの日喜丸が神戸の葺合港に到着した。

先に述べたように、通産省より千葉第一期工事の正式承認が得られたのは、一九五二年一月であり、川鉄は間もなく第一高炉の建設に着手した。認可から稼働まで一年半の短期間の建設であり、会社設立から高炉火入れまで二年一〇カ月という短期間であった。

若き日の先進国鉄鋼業視察で西山が銑鋼一貫構想を形成し、高炉建設の夢を描いてから、一八年の歳月が経過していた。この日、西山「天皇」はまさに「時の人」となった。西山弥太郎五九歳であった。

このとき、大原久之（東京支店長）は「高炉一基では片輪であり、二基になってはじめてバランスのとれた生産ができる。現在の目標は高炉二基で五〇万トンの生産計画であるが、私の夢を語らせてもらえば、高炉六本で二〇〇〇万トン生産を実現したい。それだけの余地のある設計である。したがって、高炉一本ということはホンのわずかの実現、これか

千葉製鉄所第１高炉の火入れを行う西山社長
（出典：『川崎製鉄五十年史』）

ら先が問題なのだ」という発言を行っている（『巨人伝』1971：632）。言うまでもなく、西山も同じ考え方であった。

未完の本格的銑鋼一貫体制

前述のように、川崎製鉄は敗戦から五年後の一九五〇（昭和二五）年一一月、日本鉄鋼業戦後初の高炉新設計画を公表したが、この戦後鉄鋼業復興のシンボルとして歓迎されてよかった千葉第一高炉に対して、世間は賛否両論であった。

当時、支配的な世論は設備の二重投資論であった。これに対して、西山は千葉製鉄所建設の目的はストリップ・ミルによる国際競争力を有する鋼板の生産であり、そのために良質低廉な銑鉄生産を行う高炉建設であった。第一高炉の火入れに際して、西山はつぎのようにあらためて訴えている。

当社は過去三五年にわたり、各種鋼板の製造に従事してきたが、日本の鉄鋼輸出中五割が鋼板である事実をみるとき、低廉良質にこれを生産することの必要性は明白である。欧米の鉄鋼業界は、いずれも国力を傾けて設備の近代化をはかり、ことに鋼板についてはストリップ・ミルを施設して国際競争に備えている中で、われわれのみが旧来のままで日々を糊塗するならば、国際市場での敗残者たるべきは火を見るよりは明らかである。そこで当社は神戸の現敷地のほかに千葉の地に近代的鋼板工場を目論んだのである。ストリップ・ミルは大量生産方式であるので、これに要する鋼塊のためにはわが国の特殊事情である鉄屑不足と将来の外国鉄屑不足に思いをいたし、良質低廉なる銑鉄の生産が必須条件であると考え、溶鉱炉の建設から開始した（『巨人伝』１９７１：６３０）。

しかし、千葉第一期計画だけの設備では、製銑から分塊までという中間工程であり、銑鋼一貫体制が半ば整ったにすぎなかった。それから先の工程であるホット・ストリップ・ミルとコールド・ストリップ・ミルが完成しなければ、半製品を関西の工場まで運んで加工しなければならないというハンディキャップを抱え続けることになる。

しかし、千葉製鉄所は分塊圧延工程までストップしたままであり、ストリップ・ミルの完成まで三年間据え置かれた。

3．絶体絶命のピンチだった高炉の不調

第一高炉が「重病」に

第一高炉の火入れ三カ月後、異変が起こった。一九五三（昭和二八）年九月、予想もしなかった出来事に見舞われたのである。新生・千葉製鉄所のシンボルともいうべき第一高炉の「病気」であった。西山はこの高炉不調について、つぎのような状況であったと述べている。

第一溶鉱炉を二十八年の六月にでかしあげ、火入れをした。はじめのうちは調子が良かったが、二、三カ月もすると、だんだんと変な具合になってきた。事故ばかり続き、出銑量は減る一方、しまいには、四〇〇トン足らずしか出来ない状態になった。しかも、出てくるのは病気の銑鉄ばかり。担当の技術者が総がかりで、材料を加減したり、ああでもない、こうでもないと手を尽くしたが、病状は悪化するばかり。どうしてもその原因がつかめない。世間では、それ見たことかと笑っていようと思えば、気が気ではない。第一、はじめからこんなことでは、千葉製鉄所の建設計画が中途で挫折しないともかぎらない。しかも、それが半年以上も続いて、いっこうに曙光もみえない（『鉄づくり・会社づくり』１９６４：93）。

この第一高炉の不調は、高炉では後発であった川崎製鉄の弱点、アキレス腱であったのか。当時の川鉄の高炉技術について、岩村英郎（川崎製鉄三代社長）はつぎのように、『エコノミスト』記者のインタビューに答えている。以下はその一部である（エコノミスト編集部編１９８４：３３１）。

―千葉製鉄所の第一号高炉は日産六〇〇〇トンですか。

岩村＝実際の生産計画は一〇〇〇トンぐらいをねらっていたのですが、世間の風当たりもございますので（笑）、五〇〇トンとか六〇〇トンとか称していました。ただし最初はわれわれは高炉には技術的には未熟でして、ちょっと苦労した。すぐ難関は突破したのですが、最初はなかなかうまくいかなかった。それで世間から「それ、みたことか」というような批判をいただいた時期もあった。

—ドイツから設計図を買ってきたのですか。

岩村＝わが社には技術についての素地、素養がなかったから、自分独りでやることはできなかった。昭和製鋼所（満鉄鞍山製鉄所）あたりから高炉の経験者が私どもにだいぶ入社したのですが、知識がかなり古かった。なにしろ、戦時中の技師連中でしたからね。

—当初の生産計画では第一号高炉で日産一〇〇〇トンぐらいを狙っていたのに四〇〇トンぐらいしか出なかったとか（笑）。他社の高炉の模型をつくって原料挿入方式をくらべてみたとか、いろいろ苦労があったようですね。

岩村＝とにかく困りましたね（笑）。半年ぐらいかな、会社へ出ると、溶鉱炉のごきげん伺いでしたよ。肝心の中堅の技術者がいなかった。炉前工などブルーカラーも二人ぐらいしか経験者がいなかった。要するに、設備および操業技術に対する未熟さ、技師、作業員の不足など、高炉を動かすのに必要な全体の総合力がなかった。

肝が冷えるどころか、凍る思い

西山は、これまで一九四八（昭和二三）年の労働争議や五一年の金融逼塞で苦闘してきたが、本当に肝を冷やしたことはこの千葉第一高炉の不調であったと述べている（『鉄づくり・会社づくり』1964：92‐93）。

千葉第一高炉の不調は、業界などでもさまざまな風評や憶測を呼んだと、西山の側近であった植山義久（当時千葉副工場長、のち副社長）は語っている。

私は西山さんと長いお付き合いをしてきたが、西山さんから「一番苦しかったのはあのときだ」と聞いたことがある。本当に深刻に苦しまれた。そして、とにかくもう川鉄はお手上げだから、西山さん一家には気の毒だけど、八幡などの一工場にしてしまえ、結局、川鉄はつぶれるというようなことを財界、政界あたりでも話題にしているといううわさがダーと出てきて、私たちの耳にも入ってきた（「千葉製鉄所の建設その一」）。

西山は、浅輪三郎（工場長）、原田静夫（技術部副部長）、中村春三（製銑部副部長）の高炉の専門家、それに植山義久（副工場長）、桑田賢二（葺合工場長）、藤本一郎（同副工場長）などの技術系役員を総動員して調査、検討にあたらせた。

やむを得ず一度吹下して炉の内部の状態を調べなければならないと西山は決意したが、最後にもう一度炉内の挿入物の分布状態を検討しなおそうということになった（同前）。

試行錯誤を重ねた結果、ガラス製の一〇〇〇分の一に縮小した高炉のモデルをつくって炉内の状況を観察し、その原因をつきとめて、原料挿入方式を再検討して設備を改造した。そして、同じ寸法に砕いた鉱石などの内容物を同様割合で、いろいろな角度から入れてみたり、傾けてみたりして、ガラスの外から詳しいデータをとってみた結果、故障原因に見当をつけ、設備を改造した（『巨人伝』１９７１：６４４）。

翌年の一九五四年からは、鉱石二次破砕の実施、炉頂挿入装置の増設によって、生産は順調に伸びた。

第一高炉の復旧後、不調時には一日四〇〇トンにとどまっていた出銑量も一九五五年以降は一日平均の出銑量は九〇〇トンとなり、俄然業界の注目を集めるようになった。

西山は「日本一悪い溶鉱炉が、日本一良い溶鉱炉になってしまった。まことに、あっけない結末であったが、この半年あまりというものは、肝が

千葉製鉄所第１高炉
（出典：『川崎製鉄五十年史』）

冷えるどころか、凍る思いがした」と振り返る（『鉄づくり・会社づくり』１９６４：94）。

　この記念すべき千葉第一高炉は一九七七年二月に使命を終えて解体された。しかし、その火は吹き止め前にカンテラに移され、四カ月後の六月七日—奇しくも第一高炉と同じ日—に生まれた千葉第六高炉の火入れに使われて、現在も燃えさかっている。

　第一高炉の良好な稼働に力を得て、その後の建設工事は順調に進んだ。一九五三年八月には第一分塊工場の建設を開始し、五四年一月には第一号平炉の火入れが行われた。

4．平炉から転炉製鋼（ＢＯＦ）への転換

製鋼技術革命としての転炉製鋼

　一方、川崎製鉄の強みは製鋼技術であった。

　平炉建設に取り組んでいたこのころの西山は土・日、ウィークデー、祝日も時間さえあればいつも千葉に来て、夜の十時ごろまで建設会議が続いた。寒さの厳しかった時などは、暗い電灯の下で火鉢などもなく、オーバーを頭からかぶっての打ち合わせであった。とくに平炉のことになると非常に厳しく、（ともに製鋼技術者で、のちに社長となる—引用者—）岩村（英郎）課長や八木（靖浩）掛長も困りぬいていた（植山１９８０：１３３-１３４）。

　西山は当初、大型平炉六基を建設し、その操業に当たっては葺合工場で開発した酸素製鋼法を導入

して高能率の生産を行い、そのすぐれた成果が認められて、一九五七（昭和三二）年四月には大河内記念生産賞を受賞した。六二年三月には一五〇トン平炉六基で月産二一万トンという、わが国における単一平炉工場としては最高の成績を収めた（『川崎製鉄二十五年史』１９７６：３３１）。

しかし、製鋼の世界では、この間、戦後の製鋼技術革命といわれるＢＯＦ（Basic Oxygen Furnace の略。純酸素上吹転炉、ＬＤ転炉などとも呼ばれる）への転換が進んでいた。

戦後日本鉄鋼業における技術革新を要約的に表現すれば、高炉の大型化、ＬＤ転炉の全面的採用、連続鋳造機の積極的採用、圧延作業の自動化・連続化・高速化を新鋭一貫製鉄所のかたちで確立させたことである。

平炉は原材料を大きな溶解室に入れて溶かし、精錬する。ちょうどプールのような炉床にスクラップ、石灰、鉱石などを入れ、これを熱したところに溶銑を注ぎ込む。そして加熱した空気と燃料のオイルとを吹き付けて、酸化反応を起こさせ、銑鉄を鋼に変える製鋼設備である。戦後、酸素製鋼という概念が導入されてからは、純酸素を溶けた鋼の中へ吹き込み、直接反応を進めるようになっていた。

これに対し、ＬＤ転炉は炉の上方から高圧の純酸素を炉内の溶銑中に吹き込んで製鋼する転炉である。ＬＤ転炉の導入は戦後鉄鋼業の鉄鋼生産を革新する上での重要な柱のひとつであった。従来の平炉製鋼法が鉄くずや燃料を大量に使用し、製鋼に長時間を要したのに対して、転炉製鋼法は原料が溶銑主体で精錬時間も短く、燃料もほとんど必要ないところから、大規模なコストダウンが可能となった。

その基本特許を確立していたオーストリアのアルピネ社（Desterreichisch-Alpine Montangesellshaft）の技術を、日本では一九五六年一月に日本鋼管が独占契約して導入し、国内におけるサブライセンスの権利をもっていた（『川崎製鉄五十年史』２０００：89）。

なぜ、西山は転炉導入に遅れてしまったのか

ＬＤ転炉が平炉製鋼法に比して、長所としてあげられるのは、①平炉よりも少ない建設費・操業費で、より高い生産性を発揮する、②（炭素が多く硬度のある鋼材の生産に向かない―引用者―）トーマス転炉よりも利用できる原料の品質・生産される鋼材の種類と品質の面で優れ、平炉と遜色のないものになる、という各点である（中村２００７：１８８）。

このＬＤ転炉の導入において、川崎製鉄は大手鉄鋼メーカーで最後の導入企業となった。八幡製鉄は一九五四（昭和二九）年からＢＯＦの試験を開始し、五七年には五〇トン転炉が完成し、何カ月か遅れて日本鋼管も実用化していた。

川鉄は一九六〇年、当時日本最大の千葉第三高炉の火入れを行い、引き続き第三高炉と同型の第四高炉の建設に着手した。製鋼部門では、五九年に四号平炉、五号平炉、六〇年に六号平炉が操業を開始した。いずれも一回当たり出鋼能力一五〇トンの平炉であった。ついで既存の一～三号平炉を一〇〇トンから一五〇トンに改造を進めた。

川鉄で転炉が稼働したのは一九六二年四月で、八幡による日本最初の導入から遅れること四年半であった。千葉製鉄所では六一年春より第二製鋼工場の建設に着手し、川鉄としては最初のＬＤ転炉二基の設置を急いだ。

その結果、千葉製鉄所の製鋼段階では、一九六一年度までは一〇〇パーセント平炉鋼だったものが、ＬＤ転炉二基が期中に稼働を開始した六二年度には転炉鋼比率が四九・〇パーセントとなった。これが五年後の六六年度には八六・一パーセントに急増しており、やがて平炉全廃に向かっていった（『川崎製鉄五十年史』２０００：90）。

Ｌ・Ｈ・リンの西山批判

川崎製鉄の平炉からＬＤ転炉への転換は、なぜ最も遅れたのか。ここではその理由を探ってみよう。この課題に取り組んだのが、レオナード・Ｈ・リン（Leonard H. Lynn）である。

リンはその著『イノベーションの本質―鉄鋼技術導入プロセスの日米比較―』（邦訳書名。原著名は *HOW JAPAN INNOVATES: A Comparison with the US in the Case of Oxygen Steelmaking*）において、ＬＤ転炉の導入をめぐる経営組織のあり方に着目し、日米の主要な鉄鋼メーカーの意思決定過程を比較している。

リンは、川鉄が大手鉄鋼メーカーのなかで最後のＬＤ転炉導入企業となった要因について、次の各点を挙げる（リン１９８６：90－91）。

・千葉製鉄所の建設計画策定中に欧米に派遣された「川鉄ミッション」の技術者は転炉にほとんど興味を示さなかった。
・川鉄の最初の三基の平炉は一九五四年に完成したが、同年はカナダとアメリカで最初のＬＤ転炉が稼働した年である。しかし、ＬＤ転炉はおろか他の新方式にも川鉄は目を向けようとはしなかった。
・一九五七年に至って、千葉製鉄所で粗鋼生産を増大させる必要が生じ、そのための能力をどのように拡張するかが社内で議論になった。五八年頃になると、ＬＤ転炉がかなり有効であることが明確になってきて、何人かの川鉄の技術者もＬＤ転炉の利用を主張したが、実際は当初の計画通り三基の平炉を増設することで落ち着いた。

西山がＬＤ転炉新設ではなく、三基の平炉増設を決定したことを「愚かな決定であったようだ」とリンが述べていることは注目される。

リンがその論拠として挙げるのは、川鉄の平炉三基の増設費三五億八一〇〇円に対して年間増産量は四八万九〇〇〇トンで、拡張容量トン当たり七三二三円（二〇・三四ドル）であった点である。

これに対して、当時新設された富士製鉄の転炉工場は四四億七〇〇〇万円（酸素発生工場を含む）を要したが、その年間増産量は八一万トンで、拡張容量トン当たり五三九五円（一四・九九ドル）であった。後になって、川鉄は平炉による製鋼コストがＢＯＦのそれよりも二〇パーセントも高くなると見積もったところで、平炉を閉じた。時に一九七一年であった（リン 1986：89－91）。

中堅技術陣は転炉の早期導入を主張

ＬＤ転炉の導入について、西山ら経営陣と製鋼部長、課長であった岩村英郎、八木靖浩（いずれものちに社長）など中堅幹部の間には、考え方の乖離があった。しかし、製鋼という製鉄所の戦略的設備の決定はあくまでも西山「天皇」のトップダウンでなされた。

ＬＤ転炉導入の遅れと導入決定の経緯について、岩村英郎の回顧談に耳を傾けてみよう。「ＬＤ転炉導入の急先鋒となって、西山に進言を続けた」岩村は、ＬＤ転炉導入が遅れた背景には、川鉄社内における平炉技術の重視という技術風土と西山の慎重な意思決定があったとして、つぎのように指摘する。

平炉に比べ、転炉の生産性は控えめにみても五、六倍、ひょっとすると一〇倍近くも高かったろう。「社長、転炉を導入しましょう」。リパブリック・スチールから帰国後、千葉製鉄所の製鋼部長として、西山社長に何度もお願いに上がった。（中略）当社は平炉の生産性が高かっただけに、「いまさら、転炉なんて」という雰囲気が強かったのだ。

古いタイプの技術者に平炉へのノスタルジーがあったのかもしれない。何のいわれも無いのに、転炉は薄板に向かないという風評をまいた人もいた。とんでもない話で、やってみれば、薄板に最も適していたのだ。（中略）平炉、転炉の生産性、品質、コストの利害得失を挙げて、西山社長にずいぶん説明した（『私の履歴書　経済人25』２００４：４５７－４５８）。

このような経緯を経て、西山は一九五九（昭和三四）年に決断を下した。「やるからには百五十トン転炉をつくろう」。一挙に、世界最大規模の大型転炉を導入しろというわけだ（同前）。リンも岩村と同様、平炉技術への強い信仰という川鉄の技術風土を指摘する。「二十世紀最大の革新的製鋼技術の導入にこれほど遅れたのは、不思議といえば不思議である」として、リンは西山についてつぎのように語る。

西山は偉大な平炉技術者であった。（中略）他の会社の平炉技術者のほとんどがそうであるように、西山もＢＯＦを平炉の強敵としては真面目に取り扱わなかった。少なくとも、初めのうちはそうであった。川鉄は結局新製鉄所を建設し、ＢＯＦを導入するチャンスをもったことはもった。しかも、会社は危険を冒すのをものともしない経営陣に率いられていた。その経営陣はその業界で誰もが一目を置く製鋼技術者（西山─引用者─）が支配していたのである（リン１９８６：93）。

西山弥太郎の後継者となった藤本一郎はこの点をどう見ていたのか。橋本寿朗（東京大学社会科学研究所）の聞き取りに対し、ＬＤ転炉導入が遅れた要因について、リンと同様、社内に「平炉の権威」である西山に対する遠慮があったとして、つぎのように語る。

ウチが遅れたのは西山さんに対する一つの遠慮ですね。平炉の権威に対して、転炉ということは言いにくいんです。西山さんは平炉一点張りでしたから。それで、みんな（他社が転炉を―引用者―）やっているじゃないかということから、西山さんも、それじゃうちも一度研究するか、一度外国へ行ってこいというので、八木（八木靖浩）が大将になって外国へ行ってきたんです。その時分にはアメリカはどんどんやっていたんです。そして帰ってきて、あんなもの簡単ですよということから、それじゃやるかというのでやったところが、ほんとうにうまくいったんです。西山さんはびっくりしてしまって…。西山さんもそんなに能率が上がるとは思わなかったんでしょうね（『科学研究・重点領域研究「戦後日本形成の基礎的研究」経済班　藤本一郎氏ヒアリング』一九九三年）。

平炉の権威であった西山「天皇」

確かに、川崎製鉄には技術畑の者が経営陣に多く、しかもトップ・マネジメントは製鋼技術の泰斗である西山「天皇」であった。

ＬＤ転炉という革新的な製鋼技術の導入には、「製鋼の西山」であっても、それを見きわめる十分な時間が必要だったということだろうか。八木靖浩は、西山が「転炉の建設には時間がかかる。その時間がもったいない」として、当初計画通り平炉六基をつくり、そのあとに転炉を建設したとしてつぎのように回顧している。

千葉では平炉を六基つくることになっていて、三つまでを完成させた段階で、われわれ現場技術者は「いまごろ平炉を新設していたんじゃいかんぞ、転炉にせい」という意見を出したんですよ。しかし、西山さんは「転炉の建設には時間がかかる。その時間がもったいない。当初計画通り平炉をつくり、そのあと転炉にいこう」と言われた。それで平炉を予定通り六基つくり、そのあと転炉を建設したのだが、そういうこともあって川鉄の転炉導入は昭和三十七年四月で、他社よりだいぶ遅れたんです（八木編 1997：320‐321）。

しかし、八木は「（川鉄は）遅れた分、他社よりもいいものをつくることができた。当時の転炉は五、六〇トン規模のものが普通だったが、川鉄の第一号転炉は一五〇トンだった」と語っている（同前）。

岩村、八木ら製鋼技術陣に連なる川名昌志（のち副社長）は、川鉄が平炉に絶対的な自信があったために、逆に川鉄のLD転炉の導入が遅れてしまったとリンが述べていることについて、「（リンの）本にはそう書いてあるかもしれないが、川鉄はその間、各社のLD転炉の動向をじっと見詰め冶金的な追求を行っていたが、何せ戦後多額の設備費を投下して平炉工場を作ったばかりであり、LD転炉が良いという結論を出しても経済的な展望も大いに考慮する必要があった」と述べ、「そのような検討があったから、川鉄は建設が決定すると当時では大スケールの一五〇トンLD転炉を平炉工場のリプレースではなく、グリーンフィールドに建設できた」と述べる（野崎 2000：26）。川名の説明は当を得ているとしても、西山の意思決定の遅れで、LD転炉の導入が遅れてしまったことは事実である。

西山のDNA

それから一五年後の一九七七（昭和五二）年、西山亡き後の川崎製鉄の製鋼技術陣は、千葉製鉄所に「底吹き転炉」（Q－BOP）を導入した。転炉の上部から酸素を吹き込むLD転炉とは反対に、炉の底から酸素を吹きむので撹拌が十分行われ、LD転炉に比較して良塊歩留まりがよく、副原料原単位、酸素原単位がともに低レベルであることであることが特徴である（『川崎製鉄五十年史』2000：166－167）。世界の常識を破った転炉であった。

Qは、Quick Refining（早い精錬）、Quiet Blowing（静かな吹錬）、Good Quality（良い品質）の三つの標語に共通する頭文字で、BOPは、Basic Oxygen Process（底吹き酸素法）の頭文字である。

底吹き転炉の成功は、LD転炉をK－BOP（川鉄式上吹き併用転炉）、LD－KGC（川鉄式不活性ガス底吹き転炉）に全面転換させる契機となった。

川鉄では製鋼技術の遅れは恥だという考えが技術陣に染み込んでいた。ＬＤ転炉導入の遅れは連続鋳造技術を発展させたばかりでなく、底吹き転炉の導入を促した（野崎　２０００：24）。この複合吹錬技術はオープンにされ、鉄鋼各社で上底吹き転炉が普及した。

底吹き転炉導入とその高度化の立役者の一人であった數土文夫（当時、ＪＦＥホールディングス社長）は、日本鉄鋼協会の西山記念技術講座「西山彌太郎の精神と二一世紀の企業経営」（二〇〇九年）においてつぎのように語り、戦前期から西山がリードしてきた平炉における酸素の大量利用に基づく生産能率の向上などの製鋼技術、言い換えれば、西山のＤＮＡ（遺伝子）が単に平炉にとどまらず、後に続くＱ‐ＢＯＰに代表される一連のイノベーションにも及んだことの証明であると述べている。

初任配属は西山氏が設計した平炉を有する千葉の製鋼工場でした。（中略）西山氏の技術開発により、操業平炉としては、当時世界で最も大量の純酸素を吹き込んで精錬をしていました。その時の、平炉内の溶鋼の攪拌状態の観察が、私自身の冶金屋としてのスタートとなりました（數土　２００９：５）。平炉の大量酸素使用から、大量流量のＲＨ（強攪拌で、均一性が優れる脱ガス法―引用者―）、三鍋法から溶鋼脱Ｓ（硫黄）、そしてＱ‐ＢＯＰ、さらに溶銑予備処理のトピードや複合吹錬転炉へと、攪拌力やフラックスインジェクション（純酸素の中にフラックスを投入する操業法―引用者―）の技術が展開されてきました（同前：８）。

5．順調に進む千葉製鉄所の拡充

本格的な銑鋼一貫体制への道を歩む

このように、様々な曲折を経ながら、千葉製鉄所の建設は進んだ。一九五八（昭和三三）年三月には、高炉の片肺操業の不安を解消するため、第二高炉（日産能力一〇〇〇トン）の火入れが行われた。さらに同年四月にはホット・ストリップ・ミル（年産能力六〇万トン）、六月にはコールド・ストリップ・ミル（年産能力三〇万トン）が稼働した。

ここに千葉製鉄所は、当初の暫定的な銑鋼一貫体制の状況を脱して、銑鉄から最終製品にいたるまでの本格的な銑鋼一貫体制を確立した。一貫製鉄所の主柱であるストリップ・ミル設備は、米国のユナイテッド・エンジニアリング・アンド・ファウンドリー（United Engineering & foundry Co.：UE）社から導入した。

建設に当たっては、数次にわたってアメリカの事情調査が行われた。ストリップ・ミルの建設と操業はハンド・ミルの圧延メーカーであった川崎製鉄にとって、未経験の領域であったからである。

西山は連続式のストリップ・ミルによる鋼板の大量生産という最終目標を達成するために、一九五七年九月、アメリカ第三位のリパブリック・スチール社（Republic Steel Corp.）との間に製造技術提携の契約を締結し、川鉄はその指導を受けた（『川崎製鉄二十五年史』１９７６：１０２）。

川鉄は延べ二七名の社員を同社ウォーレン製鉄所に派遣した。その中には技術陣とともに、銑鋼一貫製鉄所の会計システムを構築するための経理専門家も含まれていた。

植山義久はリパブリック・スチールの操業技術指導が川鉄にとって意義あるものであったとして、「この工場の操業に先立っては、中堅技術者をはじめ現場のオペレーターもアメリカに実習に行くなどして、慎重なうちにも積極的な対策が次々と実行に移されていた。そのため、千葉製鉄所のストリップ・ミルは試運転開始後、他社に例をみないほどの短時日をもって営業運転に入り、ここに完全な銑鋼一貫体制が完成した」と語っている（植山１９８０：１４６）。

すでに述べたように、西山にとってストリップ・ミルの安定した操業こそは、念願としてきた銑鋼一貫体制の総仕上げであった。それなくして、何のための高炉か、あるいは次章で述べる世銀借款であったかということになる。

リパブリック・スチール・ウォーレン製鉄所への第二弾の団長として渡米した岩村英郎はつぎのように語っている。

羽田空港に突然、西山社長が一人で、見送りに来てくださった。「しっかりやってこいよ」。何度も繰り返された。初めての薄板設備の導入で、期待も大きい。第一陣の出発時には、「飛行機が落ちても、かえってこいよ」とげきを飛ばされたぐらいで、千葉が成功するかどうか、帰趨を決するほどの意気込みだった。当時、リパブリックは米国第三位の鉄鋼メーカー。一位、二位のメーカーは日本鋼管など他の製鉄会社と技術協力を結んでおり、ここしか残っていなかったのが実情である（『私の履歴書　経済人25』２００４：４５７－４５８）。

単一製鉄所として日本最大規模に

このストリップ・ミルの稼働により、銑鉄から製品に至るまでの鉄鋼一貫体制を確立した千葉製鉄所は日本経済の成長とともに、高い生産性と合理化効果を発揮し、川崎製鉄は日本の代表的な鉄鋼メーカーへと成長を続けた。

千葉製鉄所の拡充計画はその後も順調に進んだ。第二高炉、ストリップ・ミル建設に続いて、一九六〇（昭和三五）年四月には、当時わが国最大の第三高炉（日産能力一五〇〇トン）、六一年四月には、当時わが国最大の厚板圧延機（年間能力六〇万トン）が完成、稼働した。

千葉製鉄所は戦後他社に先駆けて新鋭であったので、当時の最新の技術的知見を投入したために、新設設備の多くは「わが国最大」「日本一」の形容詞が冠せられた。

第三高炉の稼働に続いて、一九六一年八月に第四高炉（日産能力一五〇〇トン）、六五年三月には、当時としては自由世界最大の規模を誇る第五高炉（日産能力四〇〇〇トン以上）が完成した。ここに、千葉製鉄所は単一製鉄所としては粗鋼年産六〇〇万トンのわが国最大の生産体制を確立した。

千葉製鉄所建設を契機として、川鉄の生産能力は大きな伸びを示した。

以下のデータは、①川鉄設立時（一九五〇年八月）、②第一次合理化計画完成時（五五年三月）、

③第二次合理化計画完成時（五九年三月）、④六一年三月現在までの一〇年間の製銑・製鋼・圧延の生産能力（単位：万トン）の推移を示したものである（桜井編1961：120－122）。

【製銑、製鋼および圧延能力推移】

・製銑　①四・七　②二九・一　③七六・七　④二〇一・五
・製鋼　①七九・一　②一五六・一　③一六〇・一　④三〇四・五
・圧延　①六一・八　②七六・二　③二〇八・九　④三三三・八

出所：桜井信夫編『鉄のパイオニア　川崎製鉄』1961年、121頁。

ここから一九五〇年からの一〇年間に、製銑能力四二・三倍、製鋼能力三・八倍、圧延能力五・四倍へと飛躍的に上昇していることが明らかになる。通常、鉄鋼業の生産能力の指標として用いられる粗鋼生産について、その伸び率を他社と比較したとき、一九六〇年度全国平均が五一年度に対して三・四倍であったのに対し、川鉄は四・二倍とかなりこれを上回る伸びを示した点でも注目される（同前）。

業界トップの高い生産性

一九五二（昭和二七）年三月に着手した千葉製鉄所第一期工事は五四年九月まで延べ二年半を費や

して完成したが、その後の操業成績は当初計画をはるかに上回る良好な成績であった。西山は「川崎製鉄の現状と将来」と題する講演のなかで、川鉄千葉の製鉄、製鋼の労働生産性（粗鋼生産量／労働投入（man-power））の高さについて、以下のように、高炉出銑高は全国平均に比して一・四倍、出鋼高は二倍以上であると述べている（一九五六年九月一四日、清和会での講演）。

①　銑鉄
川鉄千葉の高炉出銑高は一日当たり五〇〇トンの予定が九八三トンと二倍を生産している。これを生産性でみると、全国平均が直接労働一時間当たり九四三キログラムであるのに対し、川鉄は一三七九キログラムと約一四六パーセントの高さである。

②　製鋼
川鉄千葉の平炉三基の出鋼高は年間二五万トンの計画が四四万トンとなった。これも来春までには五〇万トンに達する見込みであるので、ほとんど計画の二倍になる。製鋼時間も月平均一回当たり四時間五五分であり、どこにも例のない速さである。これを生産性でみると、全国平均労働一時間当たり四六八キログラムに対し、千葉は九八七キログラムと二倍以上の生産性を挙げている。

生産性の高さは西山が製鉄所操業において、最も重視したポイントであった。千葉製鉄所の生産性に関する経済学者の三輪芳郎・鶴田俊正の一九六七年の研究調査結果が『実業の日本』（一九六七年三月一五日号）に掲載されている。その概要は以下のとおりである。

世界的には米国ベスレヘムスチールのスパローズ・ポイント製鉄所やＵＳスチールのゲーリー製鉄所などは粗鋼年産七〇〇～八〇〇万トンに達していたが、これらの工場は操業開始が第一次世界大戦前という事実にあるように、陳腐なものが多く、戦後の新鋭技術で武装している千葉製鉄所の生産性には、とても及ばないのが実情である。

千葉製鉄所の労働生産性は約四〇〇トンに達し、メッキ設備までもつ一貫製鉄所では世界一である。米国のナショナルスチールのデトロイト製鉄所は、一人当たり生産量は五〇〇トンと高いが、これは自動車用の鋼板のみを生産していることによるものである（三輪・鶴田 1967：88）。

このように、生産性が他社に比べて高いということは、川鉄が戦後急速に成長した企業で、古い老朽化設備をほとんど抱えておらず、最も近代的な設備・技術を中心に大きくなってきているためであり、これが川鉄の最大の強みであった（桜井編 1961：123）。

投資効率の高い製鉄所

一方、当時の千葉製鉄所がいかに投資効率の高い製鉄所であったかを示すいくつかの指標が複数の論者によって試算されている。

石川直義（元極東燃料輸送社長）によれば、川鉄千葉の一九六五（昭和四〇）年四月までの投下資本は一三八六億円で、年間粗鋼生産量は六〇〇万トン（当初の計画は一〇〇万トン）であり、粗鋼一トン当たりの建設費は三万円で、国内他社に比較して三〇パーセント安く、欧米に比較して七〇パーセント安かった（石川 1998：95）。

また、二宮欣也（元山陽新聞社論説委員、政経部長）によれば、粗鋼トン当たり建設費は川鉄千葉が二万七六〇〇円であるのに対し、住金和歌山三万六〇〇〇円、八幡堺三万四〇〇〇円、鋼管福山四万二〇〇〇円、富士・名古屋四万五〇〇〇円である。海外の製鉄所では、フランスのユジノール・ダンケルク五万五〇〇〇円、ベルギーのシドマール・ガン六万七〇〇〇円、イタリアのイタルシデル・タラント七万七〇〇〇円、アメリカのUSスチール・フェアレス一〇万円となっている（二宮 1968：83）。ただし、算出時点は明示されていない。

これらのデータは、千葉製鉄所がいかに投資効率の高い製鉄所であったかを示している。なぜ、粗鋼トン当たりの設備投資額が他社の製鉄所に比べて低く抑えられたのだろうか。

その要因として、建設時のイニシャル・コスト（初期費用）の低さがあげられる。他社は新鋭製鉄所を建設する段階で、土地価格、資材費、補償金等すべての点において、先鞭をつけた川崎製鉄とは比較にならぬ多額の投資が必要であったと考えられるからである。千葉製鉄所のイニシャル・コストが他社に比べ、相対的に低い点について、西山はつぎのように説明する。

外国から輸入する機械などは、他社よりも特に安く買えるわけがない。これはどこでも同じだ。だが、うちでは同じ機械を使っても、よそよりウンと生産効率を上げている。たとえば分塊設備にしても、ふつう九〇万トンがせいぜいといわれるものを、うちではすでに二〇〇万トンも圧延している。このように高能率の生産が出来るのは、従業員のひとりひとりが、どうしたら能率があがるかを絶えず工夫しているからだ（桜井編 １９６１：64）。

千葉製鉄所のイニシャル・コストの低減に役立ったのは、立地条件に優れた千葉の用地を極めて安く入手し、また、税の減免など地元の千葉県・市から有利な誘致条件を獲得したことにある。しかし、それだけではない。その後の建設に当たっても、西山は投資資金の削減にあらゆる努力を惜しまなかった（同）。

浅輪三郎は西山が「高炉本体や直接設備と多少軽視できるものとの間に格差をつけて重点主義とし、化工方面（コークス等の化学部門―引用者―）は滝川（滝川化学）の解体品を、建屋の多くは廃止工場をと、世にいう川弁式（川鉄の弁当は安くて実質的とか）で押し通した」と述べている（『追悼集』１９６７：２９５）。イニシャル・コストの低さは後発メーカー・川鉄の強みとなった。八幡、富士、鋼管などの既存一貫メーカーに拮抗していくための必要条件であった。

激烈な設備競争、競争的寡占へ

戦後の日本鉄鋼業の特徴は、経済成長に伴う国内鉄鋼需要の急激な拡大に対応し、時にはそれを上回るテンポで積極的な設備投資が行われたことである。

鉄鋼各社の近代化投資は、第一次（一九五一～五五年）、第二次（五六～六〇年）、第三次（六一～六五年）の鉄鋼合理化計画という形で実行された。

そのなかで、一九五一（昭和二六）年にスタートした第一次合理化計画の主な特色は、圧延設備の近代化や既存設備の復旧に重点が置かれた。

すなわち、当時とくに陳腐化していた同部門の近代化のため、ストリップ・ミル（八幡製鉄・八幡、富士製鉄・広畑、日亜製鋼・呉、日本鉄板・大阪等）をはじめ、厚板ミル（日本鋼管・川崎等）、帯鋼ミル（住友金属・和歌山、日本鋼管・川崎等）などが新設された（『日本開発銀行二十五年史』1976：440）。

そのなかで、西山は第一次合理化において千葉に新鋭臨海製鉄所を建設し、高炉メーカーへの参入を果たした。川鉄千葉は新たに建設された製鉄所であり、競合他社も同じ道に進むしかなかった。川鉄の高炉メーカーへの参入は、住金、神鋼の銑鋼一貫化の促進要因となった。

その結果、先発三社（八幡、富士、鋼管）とともに、後発三社（川鉄、住金、神鋼）の六社間のシェア争いという競争的寡占体制が形成された。この設備投資競争は政府の戦略的指導によって始まったものではないことに留意すべきである。西山の果敢な経営行動に代表される民間部門の積極的な設備投資があったからこそ始まったといえよう。

第二次、第三次合理化の特徴は、大型銑鋼一貫製鉄所が原料および製品輸送面で有利な臨海地域に相次いで建設されたことが特徴であり、鉄鋼六社による新鋭製鉄所建設という形で、鉄鋼業界の激しい企業間競争が展開されたことである。鉄鋼の生産高は急上昇し、粗鋼ベースで一九五九年にフランスを、六一年にイギリスを、六四年に西ドイツを抜き、日本は米ソと並ぶ世界三大製鉄国の地位にのし上がっていった。西山が主導した川鉄千葉に代表される最新鋭の臨海製鉄所は日本鉄鋼業の競争力の源泉となったのである。

6．銑鋼一貫化と商社政策

西山、直系商社育成を主導

以上のように銑鋼一貫メーカーへの参入を果たした川崎製鉄にとって、ストリップ製品の生産の急速な伸びと製品品種の多様化に対応した販売・流通体制の構築は大きな課題となった。

鉄鋼製品の流通では、ごく一部の直売を除き、一次問屋と呼ばれる商社を経由して行われるのが一般的である。鉄鋼メーカーから一次問屋に販売された後は、直接需要家に販売されるものと、加工業者、特約店（二次問屋）を通じて需要家に販売されるものに分けられる。

また、一次問屋と呼ばれる商社はメーカー系、総合商社系、独立系の三種類に大別され、このなかで、メーカー系の商社は親会社である鉄鋼メーカーと資本関係を有し、親メーカーの製品を中心に取り扱い、鉄鋼専門商社とも呼ばれる。西山は川崎製鉄設立（一九五〇年八月）の当初から、直系商社を育成する方針を打ち出した。

当時は鉄鋼販売で大きな実績をもつ総合商社はまだ数少なく、総合商社は大手先発一貫メーカーの製品販売に専ら従事していたというのが実情であった。これに対して、直系商社は特定メーカーの方針に即した機動的かつ精力的な販売活動を行うわけである。このため、西山は欧米諸国の実例なども研究して、直系専門商社の育成をめざした（『川崎製鉄五十年史』２０００：72）。

川鉄の方針に則って販売活動を行う直系商社をもつことによって、販路の新規開拓・拡大を図ろうとしたのである。この西山の商社育成策について、乗添利光（川崎製鉄副社長、のち川鉄商事社長）は「これは単に、これら直系問屋の協力に対する報いだとか、あるいは、当時の総合商社に力がなかったとかという事情だけでなく、（西山が—引用者—）広く米、仏、独等先進諸国において鉄鋼大手メーカーがとっている直系商社育成という世界的な商社政策を研究され、将来の飛躍的な発展に備えた」ものであったと述べている（『追悼集』１９６７：４１８）。

直系商社と総合商社の二本立てに

川崎製鉄発足当時の指定商社は二七社で、そのうち川崎重工業時代から直系商社七社（摩耶興業、青山特殊鋼、新庄鋼材、小倉商事、岐商、山本商店、泉尾鋼業）が国内における鋼材取扱いの大半を占めていた。

しかし、一九五三（昭和二八）年六月の千葉第一高炉の火入れを嚆矢とする銑鋼一貫化のなかで、西山には商社政策について悩みがあった。

「大きな資金の調達の要に迫られたあまり、資力のある三井、三菱系など総合商社の協力を求め、そのかわりこれら大恩ある直系問屋をその分犠牲に供せねばならないという皮肉な苦しいことになったのである」（『巨人伝』１９７１：５７２）。

このように、川鉄の商社政策は直系商社と総合商社の二本立てに変わった。すなわち、直系商社以外の総合商社に門戸を開放したことである。

総合商社には、従来通りの取り扱いを依頼するとともに、新製鉄所の高炉稼働に伴う鉄鉱石、原料炭の大量輸入と製品の輸出については海外支店網が充実しているその力を借りる体制をとった。

川鉄の商社政策の特徴について、田中彰（２０１２）は「一九五〇年代以来一貫して直系商社優先策を方針としたが、それが実現したのは指定問屋制が適用する国内の鋼材販売が中心であり、原料輸入や鋼材輸出などの貿易については総合商社に頼らざるをえなかった。たとえば、七三年末まで鋼材取扱における総合商社と鉄鋼専門商社との比率は、国内流通では二対八だが輸出では七対三であった」と述べている（田中２０１２：91－92）。

進む直系商社の集約化

川崎製鉄はホット・ストリップ・ミルの稼働（一九五八年四月）、コールド・ストリップ・ミルの稼働（同年六月）に伴い、従来のプルオーバー式薄板の生産を五九年一月に中止し、本格的にストリップ製品の生産・販売に乗り出した。直系商社の具体的検討は、千葉製鉄所第一高炉の火入れが行われた一九五三年に始まった（『川崎製鉄五十年史』２０００：72）。

同年の新春、西山はは直系問屋七社のオーナーに対し、この際、七社が乱立を避け、企業統合による一本化を図り、経営基盤を充実、競争力を強化することが絶対に肝要であると力説し、合併を検討するよう正式に要請した。一需要家に対して、川鉄という一メーカー傘下の専門商社が何社も競合して売り込みに行くのはむだではないかというのが西山の考えであった。

直系商社集約の具体的検討に入り、一九五四年一月に青山特殊鋼、新庄鋼材、摩耶興業の三社が合併して、川鉄商事が設立された。社長に松村守一（元川崎重工業専務）が就任した（『川鉄商事二十五年の歩み』１９８０：11−13）。

松村は記者会見で、「今日、問屋はメーカーと表裏一体となり、一致協力して新時代に対応し、需要家の要望に応えるとともに、鉄鋼業界に貢献しなければ大成しない」と決意を語った。鉄鋼業界でこうした形で積極的に専門商社をグループに形成したのは、西山が最初であった（『川崎製鉄五十年史』２０００：72）。

川鉄商事の発足について、新庄米次郎（新庄鋼材社長、のち川鉄商事社長）はつぎのように述べている。

合併のためには三年くらいはかかりました。最初は三軒（青山特殊鋼、新庄鋼材、摩耶興業の三社―引用者―）でスタートしようとしていたが、われわれは反対でした。三軒でやれるならやってみろ、という気持ちだったんですが、結局、一緒になってしまった。西山さんにこんこんと説得されてね。とうとう情に負けてしまったわけです（『追悼集』1967：461）。

その後一九五六年、青山特殊鋼は独立するが、川鉄商事は同じ川鉄直系問屋である小倉商事、川一岐商を次々と合併することによって、企業規模を拡大した。これらの合併も西山の一貫した商社政策に沿った既定路線であった。

このなかで当初から企業統合に反対の立場を鮮明にしていたのは、山本商店（のち山本産業）であった。創業者・山本貞吉率いる独立心旺盛な鉄鋼専門商社であった。かつて川鉄製品の取扱高一位商社であった山本商店は、川鉄商事の設立によってその国内扱い高は二位となったが、川鉄のほか八幡、富士の扱い問屋に指定を受けており、これに加えて鉄鉱石輸入などで発展を図った専門商社であった（『川鉄物産社史』1983：74）。その後、同社は経営路線を変更し、一九六〇年代に、川鉄グループの資本参加を受け入れ、子会社となった。

西山の直系商社育成という商社政策が完成したのは、その死後から一七年後の一九八三年であった。一九六九年一〇月、直系商社は山本産業、川鉄商事、川鋼物産の三社に集約され、その後、七六年一〇月には山本産業と川鋼物産が合併して川鉄物産となり、川鉄物産が八三年一〇月に川鉄商事に吸収合併されて、川鉄の直系商社の集約が完了したからである（田中 2012：91）。

第8章　国境を越える資金調達――世銀借款――

1．難航した世銀借款交渉

ストリップ・ミルの建設費用をどうするか

西山は一九五五（昭和三〇）年三月、予定通り、第一高炉、第一～三平炉、分塊圧延機をそれぞれ完成させ、千葉製鉄所第一期工事（一九五〇～五四年度）を完了し、「銑鋼一貫」を実現した。しかし、先に述べたように、千葉第一期計画で完成した設備は、製銑から分塊までという銑鋼一貫連続圧延の中間工程にとどまっていた。

そのため、川崎製鉄には千葉製鉄所を名実ともに銑鋼一貫製鉄所にすべく、千葉第二期計画の実施に着手する必要があった。先に述べたように、ホット・ストリップ・ミルやコールド・ストリップ・ミルを有しない千葉製鉄所は銑鋼一貫製鉄所といっても、中間製品をカバーできるだけで、各種の鉄鋼製品を完成させるためには、それをさらに関西地区の工場に運んで、そこで加工しなければならなかったからである。

ストリップとはコイル状に巻き取った広幅の帯状鋼板で、この長い鋼板を連続的に圧延する設備をストリップ・ミルという。ミルにはホット・ストリップ・ミルやコールド・ストリップ・ミルとがある。ホット・ストリップ製品を横に切れば、厚みにより厚板、中板、薄板となり、コールド・ストリップ製品では冷延鋼板、亜鉛鉄板、ブリキの原板となる。このようにストリップ・ミルからはいろいろな製品がつくられる。また全工程が機械化され、高速で良い品を安く大量に生産することが可能となる。

西山にとって、ストリップ・ミルの操業こそは、念願としてきた銑鋼一貫体制の総仕上げであった。このホットおよびコールド・ストリップ・ミル建設の必要資金について、西山は世銀借款に着目し、最終的には自己金融能力をはるかにこえる資金調達を実現した（『川崎製鉄二十五年史』１９７６：５６１）。

川鉄に対する世銀借款は、その後の日本鉄鋼業の急速な成長の導火線となったといわれる。それは西山に率いられた川鉄を本格的銑鋼一貫メーカーに引き上げただけでなく、世界市場における日本鉄鋼業全体の地位を向上させる契機となった。

日本の戦後復興と世銀借款

世界銀行とは国際復興開発銀行（International Bank for Reconstruction and Development：ＩＢＲＤ）の俗称であり、以下では、国際復興開発銀行をすべて世界銀行または世銀と表現する。第二世界大戦後半の一九四四年（昭和一九）年七月、アメリカのニューハンプシャー州ブレトン・ウッズで連合国四四カ国による通貨会議が開催され、国際通貨基金と世界銀行の設立が決定された。

世銀は各国の同政府から債務保証を受けた機関に対し融資を行う国際機関である。世銀借款において中心的な役割を果たす部局は、業務局（Department of Operations）と技術局（Department of Technical Operations）であった。前者は融資を担当し、後者は申請がなされたプロジェクトに関する評価とすでに融資が行われたプロジェクトの進捗状況のチェックを行う部局である。

世銀は一九四六年六月、産業育成やインフラ整備のための長期の融資業務を開始した。日本は五二年八月の総会で、第五三番目に加盟した。

当時の日本は復興のための資金が不足しており、世界銀行の融資は戦後の日本経済発展の基礎となった重要なインフラ及び基幹産業、特に道路、電力、鉄鋼各セクターの整備に大きく貢献した。

浅井良夫（２０１４）は、世界銀行の対日政策の形成という観点から、一九五二年八月の世銀加盟から最後の世銀借款の調印までの約一三年間において、日本の世銀借款を以下の四つに時期区分している（浅井２０１４：１‐３）。

・第一期：世銀が対日借款に慎重であった時期（一九五二～五六年）
・第二期：世銀の対日政策が転換し、対日借款が活発化した時期（一九五七～六〇年）
・第三期：世銀が日本に対して世銀借款の「卒業」を促した時期（一九六一～六二年）

・第四期：米国の利子平衡税により米国市場における資本調達が困難になったため、世銀借款が継続した時期（一九六三〜六六年）

なぜ西山は世銀借款に着目したのか

先に述べたように、西山は一九五四（昭和二九）年三月、通産省に対して千葉第二期計画を説明した。その内容は第二高炉、平炉三基（四号〜六号）、ホット・ストリップ・ミル、コールド・ストリップ・ミルを含む総額二二二億円の設備購入計画であった。直接ストリップ・ミル関係だけでも最低百億円以上の資金が必要であった。

当時の川崎製鉄の資本金は四〇億円、年間の総売上高が約二五〇億円であったことからみても、設備投資の規模が大きくきわめて野心的な計画とみられた（太田・有馬 2012：135）。

あわせて、川鉄をめぐる資金環境は悪化していた。朝鮮戦争ブームの終息と戦後復興需要の一巡によって、一九五二年後半から経済界は不況の色を濃くしていき、川鉄の業績は伸び悩んでいた。折しも千葉製鉄所は建設の最中であり、資金需要もピークに達していたからである。また、千葉第一期工事において、川鉄は企業規模に対し「身分不相応」といわれた設備投資を実施したこともあって、国内の金融機関はいずれも追加投資を渋る状況にあった。

このように、長期資金確保の見通しがつかないまま、川鉄のストリップ・ミルの建設は立ち往生したのである。西山はこのような資金環境下で、世界銀行からの借款に着目した。世銀借款に着目した主要な契機として、小林中日本開発銀行（開銀）総裁による世銀借款の可能性の示唆と第一回世銀調査団の来日があった。

小林は資金調達でデッドロックに乗り上げていた西山に対して、世銀借款の存在をアドバイスし、開銀はその後の川鉄の世銀借款交渉をバックアップすることになる。また、世銀調査団の川鉄・葺合工場の視察（一九五二年一一月）を通して、西山は千葉第二期計画における資金調達との関連で世銀借款に着目した。

川鉄はつぎのように、三次にわたる世銀借款を実施した（『川崎製鉄二十五年史』1976：561）。

第一次世銀借款（一九五六年一二月、二〇〇〇万ドル（七二億円）
　対象工事：ホットおよびコールド・ストリップ・ミル
第二次世銀借款（一九五八年一月、八〇〇万ドル（二八・八億円）
　対象工事：第二高炉、コークス炉
第三次世銀借款（一九六〇年一二月、六〇〇万ドル（二一・六億円）
　対象工事：厚板圧延機

川鉄の第一次世銀借款交渉の歩み

本章で取り上げる鉄鋼の第一次世銀借款は、火力発電借款に続く借款第二陣として注目された。

その中で、川崎製鉄の世銀借款はとくに注目された。川鉄が八幡製鉄、富士製鉄など先発の銑鋼一貫メーカーにキャッチアップしようと懸命に努力していること、しかし資金事情が思いに任せないこと、千葉製鉄所の設備が新しいので資金効率の面で有利であることが、世銀にとって妙味があるとされたからである（『巨人伝』１９７１：６５４）。

川鉄の第一次世銀借款交渉は、①世銀によるドール調査団の派遣、②川鉄の世銀借款申請、③世銀による日本鉄鋼業の調査、④川鉄による借款要請額の修正、⑤さらなる計画縮小、⑥世銀の掲げる財務改善条件の受入、⑦世銀による融資承諾書の送付、⑧川鉄借款契約の成立、という鉄鋼他社の借款にみられない複雑なプロセスを経たことが特徴である。

その略年譜を以下に掲げる。

【世銀によるドール調査団の派遣】

・世銀、対日調査団派遣。調査団が葺合工場訪問、西山と会見（一九五二年一一月）
・世銀、ドール調査団を派遣。日本鉄鋼業に関する質問書を提出（一九五三年一一月）
・ドール調査団、再来日。Ｃ・ケースが千葉製鉄所を視察、西山らが調査団と会談（同）

【川鉄、世銀借款申請】

・通産省に総額二二〇億円の千葉第二期～第四期の建設計画を提出（一九五四年三月）
・建設計画の承認、二七二四万ドルの借款申請書を通産省に提出（同年五月）

・政府、向井前蔵相を派遣し、世銀に鉄鋼借款を要請。訪米後、閣議で鉄鋼関係は当初案を削減。川鉄は一六八九万ドルに削減（同年六月）
・岡田貢助を世銀借款交渉担当・財務部長に任命（同年八月）

【世銀による日本鉄鋼業の調査】
・世銀調査団来日。川鉄に対し建設計画の過大さ、財務内容を指摘（同年一〇月）
・川鉄、千葉計画が過大であるという指摘に対し「改訂案」を提示（同年一一月）

【川鉄、借款要請額修正】
・西山、ドールに計画の再提出を伝える。取締役会で無配を決定（一九五四年一二月）
・アリソン駐日米国大使は国務省経由で世銀に書簡（一九五五年一月）

【さらなる計画縮小】
・岡田財務部長、ワシントンで世銀と行き詰まった交渉を打開へ（同年三月）
・完全連続式ホット・ストリップ・ミルから半連続式へ設備構成・能力を修正（同）

【財務改善条件の受入】
・川鉄。ドールに書簡、増資、資金調達計画などを説明（同年五月）
・岡田、再渡米し交渉。融資額の大きさ等で世銀との交渉難航（同年七月）
・川鉄、財務体質強化への取り組みを明示した提案書を世銀に送付（同年一二月）

【世銀、借款を考慮する融資承諾書を送付】

・東京で直接交渉。配当問題、償却前利益処分方式について協議（一九五六年三月）
・世銀は川鉄に対し、借款を考慮するとの融資承諾書を送付（同年五月）
・ドールを代表とする世銀調査団の四名が来日。財務改善策について交渉（同年八月）

【川鉄借款契約の成立】
・世銀と川鉄、本格交渉へ（一九五六年九月）
・世銀でローン実務委員会開催、川鉄向け融資を承認（同年一一月）
・川鉄向け二〇〇〇万ドル（七二億円）の融資の調印式（同年一二月）

このように、川鉄の第一次世銀借款は、同時期に世銀借款を申請した他社とは比較にならないほど、二年七カ月という長期間を要した難交渉であった。

以下では、借款成立に至る西山に率いられた川鉄と世銀との具体的な交渉過程をたどる。

2. 世銀、ドール調査団を派遣

西山、世銀調査団に積極的アプローチ

日本の世界銀行加盟後の一九五二（昭和二七）年秋から五三年の初めにかけて、第一回世銀調査団が来日した。

ガーナー（Robert L. Garner）副総裁、ジョン・C・ディベルデ（John C de Wilde、世銀アジア中東業務局経済顧問）、ウィリアム・ギル・マーチン（William Gill Martin、業務局融資担当事務官）からなる調査団であった。

来日の目的は、日本経済の現状評価と見通し、世銀借款の対象となりうるプロジェクトの検討であり、占領期から外資導入を希望していた電力、石炭、鉄鋼、国鉄、航空機購入、通信、灌漑・干拓、高速道路・観光道路、港湾整備などを視察した。

来日中の一一月五日、ディベルデとマーチンは鉄鋼業視察の一環として川崎製鉄葺合工場を訪問した。世銀による最初の日本の製鉄工場視察であり、西山とも懇談した。この訪問を機に、西山は世銀借款に注目する。

西山が世銀へ具体的にアプローチしたのは、一年後の一九五三年一一月、ラッセル・H・ドール（Russell H. Dorr）を団長とする調査団来日時であった。

第一回調査団メンバーのディベルデに加えて、レジナルド・B・J・リチャーズ（Resinard B. J. Richard）、チェスター・E・ケース（Chester E. Case）が同行した。団長のドールは世銀アジア中東業務局の日本問題主任担当官であり、リチャーズは世銀法律顧問事務所弁護士、ケースはインダストリアル・コンサルタントであった。ドールはその後三年間に四回、計五回来日し、川鉄の世銀借款の成立に決定的役割を果たすことになる人物となる。

ドール調査団の来日目的は、火力発電の借款発効手続き（一九五三年一〇月調印）とともに、鉄鋼、肥料、石炭、機械の四つの産業の近代化のための投資計画と資金源についての調査であった。調査団は政府関係者および業界関係者にヒアリングを行った。

ドール調査団の日本滞在中（一九五三年一一月一二日～一二月一八日）、西山は調査団との積極的な接触を試みた。

チェスター・ケース、千葉製鉄所に肯定的評価

その間、調査団のひとりであるチェスター・ケースが、日銀の織田定信為替管理局長の紹介で千葉製鉄所を視察した。大原久之（取締役東京支店長のち常務）は、「その時点では調査団は川鉄の問題なんかは頭にないわけですよ。皆さん、川鉄を知らないのです。それですぐに次の日に、川鉄は新しい溶鉱炉からなる全く新しい製鉄所をつくっているから、ぜひ見てくれと、千葉製鉄所視察を働きかけた」と述べている（「千葉製鉄所建設をめぐる資金問題等・座談会」）。

ケースは戦前、旧満州国の昭和製鋼所に勤務した経験があり、昭和製鋼所出身の浅輪三郎（取締役千葉製鉄所長のち常務）とは旧知であった。

ケースは視察後、建設中の千葉製鉄所について、①完全に新しい製鉄所であり、旧設備を有する他社に比して高い成果が期待できる、②製鉄所の工場レイアウトや物流が合理的である、③各設備に最新鋭の方式が随所に採用されていると述べた（川崎製鉄「世界銀行借款による千葉製鉄所ストリップ・ミル建設計画について」一九五四年六月）。

このように、ケースが建設中の千葉製鉄所について肯定的な評価を行ったことに関し、西山は経済誌記者のインタビューで、つぎのように語っている。

（昭和）二八年の夏、世銀のドール氏一行が来日されたとき、ドール氏は都合が悪かったが、一行の中の技術者ケース氏が千葉を見学されてひどく気に入った。当時は高炉が出来て、平炉が建設中だったのですが、工場配置とか設備の内容などを調べて、彼はみな気に入った。同氏が陰日向なく応援して下さったことと思う（一九五六年一〇月二日、東洋経済新報社前田編集局次長との対談）。

大原久之も「ケースさんがうちの味方になってくれた。それで彼がドール団長に非常に良い報告をしたものだから、それが世銀が川鉄を取り上げるきっかけになった」と述べている（「千葉製鉄所建設をめぐる資金問題等・座談会」）。

その後行われたドール調査団のメンバーとの会見で、西山は懸案であったストリップ・ミル建設の必要性を説明し、浅輪は川鉄への借款の可能性を直接打診した。川鉄のこのような積極的な働きかけは、電力業に続く世銀借款のケースの可能性として、産業界をはじめとして注目を集めた。

ドール調査団の日本鉄鋼業調査

ドール調査団は、滞日中の一一月一九日、日本鉄鋼業の近代化のための投資計画と資金源などをテーマに、大蔵省、通産省（重工業課、産業資金課）、日本銀行、鉄鋼各社および日本鉄鋼連盟に対して、以下の各点を中心に聞き取りを行った（稲葉編 1955：91）。

・ストリップ・ミル導入に代表される設備合理化によって、製造コストはどの程度引き下げられるのか
・新設備導入によって薄板の設備過剰問題は発生しないのか
・日本製品の国際競争力強化のためにはどのような施策が考えられるのか
・日本鉄鋼業における第一次、第二次鉄鋼合理化計画の意義は何か
・日本鉄鋼業の近代化とそれに必要な資金調達をどのように捉えているか

ここで取り上げられたそれぞれの論点は、鉄鋼業近代化をめざす日本鉄鋼業の経営者にとっての共通の課題であった。とりわけ西山にとっては重大な関心事だった。非一貫・単圧のプルオーバー・メーカーから脱却して、ストリップ・ミル建設による米国型大量生産方式の確立を企図していたからである。

一二月に離日したドール調査団は帰国後の「訪日調査団報告」において、鉄鋼業は輸出財の供給者として、輸出産業のための基礎資材の供給者として重要であること、現状で進められつつある鉄鋼近代化計画は妥当である一方で、原料の鉄鉱石、石炭のコスト引き下げが課題であると報告した（浅井

2014：41－42）。

そして調査団は帰国後あらためて日本側に文書で詳細かつ体系的な質問書を出した。その質問項目は五章、三〇項目にわたるわたる詳細なものであった（稲葉編 1955：70）。その主要な項目は、つぎのようなものであった。

・銑鋼一貫メーカー・非一貫メーカーの生産能力
・両方の各社の過去三年間の財務諸表、鉄鋼原料（鉄鉱石、石炭）の調達状況、製造コスト格差
・各社別の合理化計画の実情
・各社別資金源別資金調達の状況、難易の程度
・日本鉄鋼業の国際競争力

この質問項目に対して、通産省重工業局と鉄鋼連盟は世銀に文書で回答した。実に膨大な、一冊の本になるような回答書であり、非公開であった（『巨人伝』1971：664）。

川崎製鉄資料の「世界銀行訪日調査団報告」によれば、その内容は①第一次、第二次鉄鋼合理化計画の経済的効果と影響、②鉄鋼各社の損益計算書、③資産および負債、④輸入原料炭や鉄鉱石の品位、⑤製造コスト比較などからなるものであった。そのなかで、川鉄はとくに第一次合理化計画における成果とその後の第二次合理化計画の意義として、圧延製品のトン当たり製造コストが一〇～

一五ドル引き下げ可能であることを指摘した。そして第二次合理化計画の設備投資資金の一部が世銀で調達される可能性を期待した（川崎製鉄「世界銀行訪日調査団報告」一九五四年四月三〇日）。

3．世銀借款の申請、業界の反対論

他社とは桁外れの申請額

一九五二（昭和二七）年八月の日本の世界銀行加盟、翌五三年一〇月の電力三社借款の調印、第一銀行・大森尚則の川崎製鉄会長就任、一一月のドール調査団の来日、そして西山ら川鉄首脳陣との会見というように、川鉄は急ピッチで世銀借款交渉に傾斜していった。

そのなかで、川鉄の大森、西山は政府をはじめ各方面に工作を始めていった。その成果もあって、通産省はようやく千葉製鉄所第二期計画を承認し、それを世銀借款の対象とする意向を固めた。

西山が世銀借款二七二四万ドル（九八億円）を通産省に正式に申請したのは、一九五四年五月二〇日のことであった、他の鉄鋼四社もこれと相前後して提出するにいたった（『巨人伝』1971：664－665）。

当時、日本政府は世銀借款を日米安保体制下の経済協力強化の一環として位置づけ、向井忠晴前大蔵大臣（一九五三年五月まで在任）を五四年六月、米国へ派遣した。向井は吉田首相の親友で、首相の経済顧問であった。その派遣は必ずしも鉄鋼業界のため、機械三社（トヨタ自動車、三菱造船、石川島重工業）のためということではなく、日米安保体制下の日米協力を強化することが大眼目であった（同前：665－666）。

向井は世銀に対して、鉄鋼関係（川崎製鉄、八幡製鉄、富士製鉄、日本鋼管、住友金属五社）で三九〇七万ドル（一四〇億円）の借款を要請した。

その内訳は川鉄二七二四万ドル（九八億円）、八幡五三〇万ドル（一九億円）、富士三〇〇万ドル（一〇億円）、住金一〇〇万ドル（三・六億円）であり、川鉄の申請額は一社で鉄鋼五社全体の七〇パーセントと突出していた。八幡の五倍、鋼管の十倍という桁外れの申請に世間は驚いた。

西山は千葉製鉄所を完成、成功させるためには、あらゆる手を打つ必要があったのである。この政府の世銀当局への要請によって、鉄鋼各社の世銀借款問題は交渉段階へ進んだ。

一九五四年八月、西山は川鉄に財務部長という職制を新設して、第一銀行出身の岡田貢助を任命し、世銀交渉担当とした。岡田はのちに川鉄副社長、川鉄商事社長、川崎汽船社長を歴任する人物である。岡田は五五年三月から五六年にかけて、ワシントンで世銀当局との直接交渉および情報収集を担当し、川鉄の世銀借款締結の推進役を果たすことになる。

川鉄の申請額二七二四万ドル（「原案」）は、その後の数次に及ぶ世銀、通産省との交渉過程を経て成立・調印にいたるまでに、以下のように、「改訂案」「バイパス案」「最終案」へと変化した（濱田2005：186、浅井2017b：17）。

・「原案」　　二七二四万ドル（九八億円、一九五四年五月提出）
・「改訂案」　一六八九万ドル（六〇億円、同年一一月提出）
・「バイパス案」　一四一九万ドル（五一億円、同年一一月提出）
・「最終案」　一三七七万ドル（四九億円、同年一二月提出）

「原案」は第二高炉、平炉三基、完全連続式ストリップ・ミル（Full-Continuous Hot Strip Mill）からなる計画であった。

通産省は当初、計画の大きさと製品需給に対する懸念から、この川鉄の計画に難色を示した。しかし、西山ら川鉄経営陣の強い働きかけによって、通産省は一九五四年五月、計画を了承した。これを受けて川鉄は五月二〇日、世銀借款を申請した。

世銀借款は日本政府が保証人となり、日本開発銀行が借り、同行が各社に転貸する方式であった。

高炉首脳、反対論の大合唱

川崎製鉄のストリップ・ミル計画およびその資金調達方式としての世銀借款をめぐって、鉄鋼業界には強い反対論が起こったことはよく知られた事実である。以下は、富士製鉄、八幡製鉄、日本鋼管首脳の反対の弁である（『日本経済新聞』一九五四年七月二五日）。

・富士製鉄・永野重雄社長

少しの金があれば十分な効果が上がる四社（八幡、富士、鋼管、住金―引用者―）が優先するのはいまの経済情勢から考えて常識だろう。場合によって、建設途上の千葉製鉄所が建腐れの状態になるのもやむを得ぬのではないか。

・八幡製鉄・島村哲夫常務

コールド・ストリップ・ミルだけを入れれば動き出す日亜製鋼のようなケースがあるのに、これから巨額の投資を必要とする川鉄の完成を急いでやる理由は了解できない。無理にやろうと言うのならば、旧式薄板設備を持つ有力会社が二、三社集まって、建設の継続を引き受けたらいいだろう。

・日本鋼管・河田重社長

政府が第二の官営製鉄所を造るつもりなら別だが、財政援助してまで私企業の建設を助ける必要はない。

ここには、言うまでもなく、業界の既存体制を維持しようとする銑鋼一貫三社と旧秩序を破って有力な銑鋼一貫メーカーの地歩を確立しようとする川鉄との対立があった（「千葉製鉄所建設をめぐる資金問題等・座談会」）。鉄鋼業界におけるこのような利害対立の背景には、不況下において設備過剰が問題化しつつあるなかで、ストリップ・ミルの新設を主眼とする千葉第二期計画に要する工費約一七〇億円を世銀借款と財政投資に依存しようとする川鉄の姿勢が問題視されたことがあった。千葉製鉄所は高炉の建設段階でも鉄鋼業界等の反対論が大きかったことは第5章で述べたとおりである。このホット・ストリップ・ミル、コールド・ストリップ・ミルの建設という製鉄所の拡充、完成段階においても再び反対論がクローズアップされたのである。

西山、強く反論

この川崎製鉄のホット・ストリップ・ミル、コールド・ストリップ・ミル計画に対する業界の反対論は、以下のように、①通産省の政策の非一貫性、②川鉄への借款による他社の資金調達の圧迫、③川鉄の主張するコスト削減効果に対する疑問、④設備過剰と薄板市場の混乱、という以下の四つの論点を中心に展開された（濱田 2005：182）。（傍線筆者）

① 当初第二次鉄鋼合理化計画に含まれていなかった川鉄の千葉第二期計画を政府（通産省）は世銀借款の対象として取り上げた。この川鉄計画の承認は二重投資回避という政府方針と矛盾している。

② 川鉄の巨額の申請は他社の資金調達圧迫につながる。政府の千葉製鉄所建設認可の前提は、川鉄が大半を自己資金で行うことであったはずである。

③ ストリップ・ミルが完成しても、一部設備の更新で十分な八幡、富士と金利・償却費負担の大

きい川鉄が競争できるかどうか疑わしい。徹底した近代化投資による大幅なコストダウンという川鉄の主張には疑問がある。

④薄板市場は川鉄のストリップミルの完成によって混乱に陥る可能性が高い。川鉄の主張する新設備のメリットも需要不足では意味がない。既存の八幡、富士の設備と日亜製鋼の新設備がフル稼働すれば、生産能力は倍加する。

このような他社による川鉄包囲網に対して、西山「天皇」は沈黙しなかった。つぎのように強く反論した（同前）。これは西山の変わらぬ信念でもあった。

第一の通産省の政策が一貫性を欠いているという論点については、世銀借款は他社が着目していなかった状況で川鉄が先駆けて検討したものであり、当然、川鉄が優位性を有する。世銀借款が急遽クローズアップされてきた段階にいたって、他社が問題視するのは疑問であると述べた。

第二の川鉄への借款による他社の資金調達の圧迫という論点については、千葉第一期計画は政府の認可を受け、開銀融資という政府資金が認められたことにより、高炉・平炉・分塊圧延設備が建設されたものである。したがって、ストリップ・ミル建設を目的とする第二期計画を継続して行うのは当然であると反論した。

第三の川鉄のコスト削減効果に対する疑問については、千葉製鉄所のような近代的モデル工場建設によるコストダウンの大幅な実現は当然であり、ストリップ・ミルという革新的な設備はそれをさらに可能にすると主張した。

第四の薄板設備過剰と薄板市場の混乱について、西山は将来における薄板市場の十分な存在を指摘し、既存のプルオーバー・ミル（ハンド・ミル）に比してストリップ・ミル建設による生産能力の純増加は年間約二〇トン程度に過ぎないと説明した。

前述のように、先発三社の川鉄のストリップ・ミル建設、そのための世銀借款に対する反対は業界の既存体制を維持することにほかならなかった。西山はこの業界の反対という壁を突破しなければならなかった。

4．借款交渉の長期にわたる停滞

世銀、川鉄に「ノー」を突きつける

一九五四（昭和二九）年一〇月、世界銀行は第三次調査団としてサメル・リプコビッツ（Samel Lipkowitz、経済関係専門調査員）、アルフ・ベルゲン（Alf Bergen、機械専門技術者）を派遣した。二人の任務は鉄鋼五社、とくに川崎製鉄の調査であった。

リプコビッツとベルゲンは通産省から鉄鋼業の現状について聴取し、その後、各鉄鋼メーカーの幹部と会談した。二人の日程の後半は川鉄に集中した。川鉄と三回の会談を行うとともに、メインバンクの第一銀行頭取の酒井杏之助とも意見交換した。その中で、二人は千葉製鉄所を数回にわたって訪

れた。

ここで注目すべきは、千葉製鉄所を視察したリプコビッツが、「工場立地はまことに結構だという印象を受けたが、借款のことは別だ」として、「ノー」という意味の態度を示したことである。世銀は「事業は活用できる金融資源の点からも、薄板市場の点からも野心的すぎる」という評価を下したのである。川鉄の計画に世銀は「ノー」を突きつけた形になった（太田・有馬 2012：138）。川鉄の財務体質の弱さや資金力に比して計画が過大であると指摘された点について、岡田貢助はつぎのように語る。

世銀一行のリプコビッツ氏、ベルゲン氏が千葉に来て、かねてから提出している川鉄借款について調査を行った。川鉄借款の目的はストリップ・ミル購入代金の借款だった。その後、われわれは東京のホテル一室を借りて、（薄板の―引用者―）マーケット等についてもいろいろ調査した。そしてしばらくして日本銀行の一室に大森会長、西山社長、守屋専務、それにわれわれも一緒に招集を受けて、最終結論を聞いたわけだ。そこで、リプコビッツ氏は川鉄は財務内容に比べ借入金額が大きすぎる、今回の計画についてはマーケットに不安があるという理由で、川鉄に「ノー」という意味の回答だった（「千葉製鉄所建設をめぐる資金問題等・座談会」）。

岡田は、世間に対して「ノー」という発表は困るので、リプコビッツに対して再考を懇請した。その結果、「川鉄の体力がつくまで、世銀はこの借款は待っていてやる。二年間ぐらいはドアを開けてやるから、もう一度出直してこい」といった意味のコメントを取り付けた。岡田は「われわれは世間に対して世銀から、ノーといわれたことはどこにも言っていないし、またペンペン草事件等を考えると、そんなこと言われたら困るなと常に思っていた。これが第一次世銀借款交渉の実質的なスタートとなった」と述べている（同前）。

この千葉建設計画が過大であり、現状では「ノー」だという世界銀行の指摘によって、川崎製鉄は行き詰まった。世銀借款の前途が危うくなったからである。世銀借款の道が絶たれたら、どうすればよいのか。

「原案」を大幅に削減した「改訂案」を提示

西山は千葉計画が過大であるという世銀の指摘に対して、一九五四（昭和二九）年一一月九日の世銀調査団との会談で新しい案を提示した。

「原案」の二七二四万ドル（九八億円）を大幅に削減し、一六八九万ドル（六一億円）とする「改訂案」案であった。これは世銀調査団が国内調達可能な電動機等合計一〇三五万ドル（三七億円）の削減案策定を求めたことに基づく案であった（川崎製鉄「世銀借款に関する経過報告及び通産省三井製鉄課長質問事項」一九五四年七月一七日）。

これと前後して、鉄鋼他社の申請額も八幡（四重式厚板厚連設備、四一七万ドル）、富士（電気ブリキメッキ設備）二四二万ドル、鋼管（継目無鋼管圧延設備）二五〇万ドル、住金（連続式鍛接管製造設備）八三万ドルへと下方修正された。五社全体では、当初案の三九〇七万ドルが二六八二万ドルに削減されたことになる。

この時点で、世銀調査団は中間報告を世銀本部に送った。この中間報告はつぎのように、現状では川鉄千葉計画を正当化することはできないことが報告されている。

川鉄は他社と比べて財務状況が悪く、現在の設備はきわめてアンバランスである。新聞記者たちは、このような大規模投資を実施する正当な理由はないと指摘している。経営者の西山は、支援を得るために八方手を尽くす非常に精力的な人物であり、川鉄の競争力が強まれば、鉄鋼価格の引き下げに積極的な役割を果たすことが期待できる。しかし、それだけではこのプロジェクトを正当化する理由には足りない（浅井 2017b：14）。

このように、世銀は川鉄の財務体質の悪さと薄板設備の過剰という問題点を突き、ストリップ・ミル建設を正当化できないとしたが、西山は続く一一月二〇日の二回目の世銀調査団との会談でつぎのような内容の説明を行った（同前：17－18）。

・マーシャル・プランにより、ヨーロッパにストリップ・ミルが導入された結果、日本の海外市場がヨーロッパに奪われかねない状況が生じている

・一九五〇年にストリップ・ミル建設を提起した際には、自分は周囲から大きな反対を受けたが、その後、その正しさが証明された
・川鉄は高炉の建設から取りかかり、つぎにストリップ・ミルを新設する方針をとったが、それは正しかったと考えている
・世銀の外貨ローンなしでは、国内での資金調達は不可能である

西山、さらに計画をスケールダウンへ

西山はリプコビッツの勧告を受け入れざるを得なかった。その背景には、世界銀行から借款申請を却下された場合、川崎製鉄の財務が絶望的状態にあると市場が受け止めることを恐れたからである（浅井 2017b：18）。

そして、完全連続式ホット・ストリップ・ミル（年産六〇万トン）を、半連続式（Semi-Continuous Hot Strip Mill、年産三六万トン）へスケールダウンし、第二高炉新設を取りやめる「バイパス案」を策定した。その結果、「改訂案」における世銀への要請額一六八九万ドルは一四一九万ドルへと減額された。半連続式の生産能力は完全連続式の二分の一にとどまること、米英を除く鉄鋼業では半連続式が主流であること、「原案」のホット・ストリップ・ミルの幅六〇インチは過大であるという通産省の指摘を西山は受け入れざるを得なかったのである。

この「バイパス案」は、初期建設費削減を目的に、熱間粗圧延機六機を建設する代わりに葺合工場

より二段のスケイル・ブレイカーを移設し、西宮工場の三段圧延機を移設してバイパスに設置し、将来、完全連続式に変更できるように十分スペースを残した半連続式ストリップ・ミルをバイパスに建設しようというプランであった。

しかし、この案には問題点もあった。バイパスに設置する粗圧延機が西宮工場で稼働中であり、製品厚み不同、鋼板表面の不良、鋼板湾曲等が発生する可能性があったためである。

その結果、「バイパス案」の実施は見送られた。同時に、第二高炉の建設は見送られ、第二次世銀借款以降の課題として持ち越された。

リプコビッツ、薄板設備過剰を指摘

このように、西山は当初計画した全連続式ホット・ストリップ・ミルを放棄し、半連続式ストリップ・ミルの採用を余儀なくされたが、その背景には、川崎製鉄の財務体質とともに、薄板市場をめぐる鉄鋼他社の新しい動きがあった。

すなわち、八幡製鉄による戸畑地区のホット・ストリップ・ミル、コールド・タンデムミルの整備完了および第二コールド・ストリップ・ミルの新設（一九五四年三月）、富士製鉄による広畑製鉄所の連続厚板ミルの建設（四二年）のホット・ストリップ・ミルへの改造（五三年一一月）、コールド・タンデムミルの新設（五四年一月）、日亜製鋼のホット・ストリップ・ミルの新設（五三年八月）などである。

この時点で、川鉄は旧式のプルオーバーミル（ハンド・ミル）に依存しており、ストリップ・ミルを早期に着工することは避けられない課題となっていた。これに対し、リプコビッツは川鉄の財務面の問題点を突き、ストリップ・ミル建設が困難であることを西山に認めさせようとした。ストリップ・ミルを新設すれば、川鉄の資金繰りが悪化すると指摘したのである。

さらに、川鉄の業績は低迷していた。一九五四年の川鉄の純利益予想は四億五〇〇〇万円で、税と配当・役員報酬を差し引けばわずかの利益しか残らないが、こうした状態で配当を支払うことを銀行等の債権者は認めるだろうかとリプコビッツは述べ、無配の実施を促した。川鉄の提出した薄板の需要予測についても楽観的過ぎると批判したのである（浅井 2017b：16）。

リプコビッツが提起した設備過剰問題について、西山は①川鉄がストリップ・ミルを新設しても薄板市場の混乱は生じないこと、②ストリップ・ミルのプルオーバーミルに対する優位性として、品質面の効果、生産性の効果、コストダウン効果があることをあらためて強調した。

ストリップ・ミル新設による薄板の供給能力は、従来プルオーバーミルにより製造されていた薄板がほぼ全量ストリップ・ミル製品に置きかえられる結果、熱延設備の生産能力は五〇パーセント増加するものの、最終工程の冷延設備能力は現有プルオーバーミル能力と大差ないものであり、薄板市場の混乱は発生しないというのが、西山の主張であった。

西山はストリップ・ミルのプルオーバーミルに対する優位性として、つぎの各点をあらためて強調した（川崎製鉄「世界銀行借款による千葉製鉄所第二次合理化計画の概要」一九五五年一月）。

① 品質の高さと均一化、優れた表面仕上げ、厚み・寸法の正確さなどの品質面の効果
② 歩留まり向上、燃料節約、労働生産性向上などの生産性効果
③ 製造原価低減というコストダウン効果

西山「天皇」、最大の苦境へ

当時の川崎製鉄の置かれた状況は、「世界銀行がだめならどうすればよいのか。もはや協調融資の道はない。しかも第一期計画のときに数倍する巨額の金策を今度はしなければならない、ある意味で、『ペンペン草』以来の危機感が身うちを走った」という厳しいものであった（『巨人伝』1971：668）。西山「天皇」は最大の苦境に直面した。

藤本一郎はこのときの西山について、西山が藤本に「オレは千葉の建設を始めてから、首を吊って死のうと思ったことが二、三度あった」と語ったほど、苦しい状態にあったとして、つぎのように回顧する。

（昭和）三十二年ころだったか、西山さんが「オレは千葉の建設を始めてから、首を吊って死のうと思ったことが二、三度あったぞ」と私に言われたのを記憶しています。当時、新聞や雑誌に西山さんが苦労されている記事が出ていましたので、大体のことは知っていたが、それらを読んでも、大変さがそれほどひしひしとは感じられなかった。

しかし、西山さんの口から直接それを聞いたときは、やっぱり、形容できないぐらい苦労されたのだとしみじみ思いました。金融です。いちばんつらかったのは二十八年から三十一年にかけてでしょう。不況で金詰まりになりましてね。三十一年の暮れに世界銀行からの第一次借款が決まった。これでようやくホッとした。その間が、いちばん苦しかったんじゃないかな（『財界人思想全集第三巻　経営管理観』１９７０：３２３－３２４）。

そして、西山は一九五四（昭和三九）年一一月二九日の世銀調査団との会談後、ラッセル・ドールに書簡を送り、つぎのように、プルオーバーミルの価格・品質面での劣位性、ストリップ・ミル導入の積極的な意義をあらためて強調して、重ねて世銀借款の実現を強く求めた（浅井２０１７b：19）。

・プルオーバーミルでは、価格面でも品質面でもストリップ・ミルに太刀打ちできない。
・川鉄のストリップ・ミル建設は一企業にとどまらず、日本全体の鉄鋼業近代化にとって重要な意味を持つ。
・川鉄にストリップ・ミルが導入されなければ、八幡・富士二社による市場独占化が進むのは必然であり、川鉄のストリップ・ミル導入の二、三年間の延期は致命的である。

世銀勧告を受け入れ、「最終案」を提出

西山はラッセル・ドールに書簡を送った後、一九五四（昭和二九）年一二月上旬、新たな案（「最終案」）を世界銀行に提出した。

この「最終案」において、西山は川崎製鉄の世銀借款方針、設備計画、資金計画を伝えた。川鉄資料によれば、その内容の骨子は以下の通りである（川崎製鉄「世界銀行借款による千葉製鉄所第二次合理化計画の概要」一九五五年一月）。

「最終案」における川鉄の世銀借款基本方針はつぎの五項目である。

① 半連続式ホット・ストリップ・ミル、連続式コールド・ストリップ・ミル新設によってストリップ・ミルを中核とした銑鋼一貫製鉄所を完成する。

② ストリップ・ミルを建設するが、既存のハンド・ミルによる生産を全量置き換えることにより、生産量はハンド・ミルの場合と大差ないため、設備過剰問題は発生しない。

③ 所要資金は完全連続式に比較して相当少額（付帯設備を含めて総額約一二七億円）となる。一二七億円のうち、四九・六億円を世銀借款、四〇億円を日本開発銀行の融資に期待する。他は増資、社債、国内諸銀行からの借入および自己資金を充当する。

④ 千葉第二期計画完成による合理化効果に基づき、設備完成後の一九五九年の償却費・金利後の利益約一九億円を期待できるので、返済は十分に可能である

⑤ 借款の実施時期として一九五五年から五八年、返済期間として二〇年（三年据置、一七年均等

返済）を希望する。

この世銀借款基本方針に基づく設備計画、資金計画は以下の通りである。

【設備計画】

①　設備投資額は総額一二七億円、半連続式ホット・ストリップ・ミルは五九・五億円、連続式コールド・ストリップ・ミルは四八・七億円となる。

②　第二期完成後の薄板製造能力はホット・ストリップ・ミル四一・八万トン（現状二〇・八万トン）、コールド・ストリップ・ミルは四一・八万トン（現三一・四万トン）となる。

【資金計画】

①　所要資金一二七億円のうち輸入機械代金四九億円全額を世銀借款に期待する。

②　所要資金の調達については世銀借款のほか、増資二〇億円、社債発行六億円、自己資金一・四一億円のほか、日本開発銀行四〇億円、日本興業銀行、日本長期信用銀行各五億円の融資を希望する。

5．西山、無配を決定

アメリカ大使館、川鉄の経営破綻を懸念

駐日アメリカ大使館が川崎製鉄の世銀借款の行方に強い関心を寄せ、世界銀行の川鉄に対する厳し

い姿勢を指摘し、世銀に川鉄借款の推進を促していたという注目すべき指摘がある（浅井 2017b：20）。一九五五（昭和三〇）年一月二一日、アメリカ大使館は国務省経由で世銀に対してつぎのような書簡を送り、川鉄借款の推進を促した。

米大使館は、川鉄の世銀借款申請が却下されそうだとの情報を得ているが、借款が却下されて、川鉄が破産し、他社に合併される事態になれば、八幡、富士への過度の集中が進み、競争が阻害されることになる。

川鉄の経営はアグレッシブであり、アメリカの技術を積極的に導入し、労使が協調して効率の上昇とコスト引き下げに努めている。将来的に日本の鉄鋼輸出が拡大する余地は十分あるので、長期的な視野に立って日本の鉄鋼生産能力を考えるべきである。

文字通り、川鉄擁護論、川鉄救済論であった。アメリカ大使館は川鉄が世銀借款獲得に失敗すれば、経営危機に陥る可能性があり、川鉄の破産、他社への吸収が現実化すれば、日本の鉄鋼業全体の再編が引き起こされるだろうと憂慮したのである。

すでに述べたように、川鉄の申請額は一社で火力借款の三社分と同額で、八幡の五倍、鋼管の一〇倍と巨額であったが、西山が千葉製鉄所建設を成功に導くためには必要な資金であった。

この世銀借款獲得に失敗すれば、千葉製鉄所は高炉・平炉・分塊圧延機までの中間的な銑鋼一貫のまままで立ち往生することになり、その帰趨を含めて、経営危機の到来は必至であると見なされたのである。

西山はこれまで戦後労働争議の解決、製鉄部門の分離・独立、川鉄発足以降は千葉製鉄所建設計画に対する反対と通産省の認可先送り、高炉火入れ後の不調、資金難と協調融資、大森会長受入れ…とさまざまなカベを乗り越えてきたが、今回、千葉第二期計画のための世銀借款交渉という新たな難事業が立ちふさがることになった。

初志貫徹の決意表明としての無配決断

西山は世界銀行への「最終案」提出に加えて、千葉製鉄所建設にかける強い決意を示すために、無配に踏み切ることを提案した。

先に述べたように、西山は株式市場への関心が並外れて高かった。毎日、出張時も含めて、取引の前場、後場の市況報告を求めたし、増資となれば、説明会の全国津々浦々を自ら説明して歩いた。

このように株主、とくに個人株主を大切にした西山にとって、無配は、文字通り、苦渋の決断であった。業績悪化への対処と財務体質の改善、さらに配当継続の可否について慎重に熟慮を重ねた結果であった。

川崎製鉄取締役会は一九五四（昭和二九）年一二月、同年一〇月期の配当継続の可否について、審議・検討した結果、ついに無配に踏み切った。千葉製鉄所建設資金の需要が大きく、全社的に内部留保、自己資本の充実に努める必要があったためである。
一九五五年一〇月期、五六年四月期決算は大幅増益であったが，世銀借款受け入れに備えて、西山は無配を継続した。無配は五六年四月期まで四期二年間継続された（『川崎製鉄二十五年史』１９７６：５６０）。
岡田貢助は西山の無配決断をめぐる以下のようなエピソードを述べている。

（一九五四年）一二月の初めごろであった。鉄鋼業界共同による世銀調査団の送別会が帝国ホテルで開催された。私は神戸の本社で決算役員会を終え、直ちにこのパーティに馳せつけて世銀の人（リプコビッツ―引用者―）に役員会の報告をした。「川鉄は昨日の役員会で十月期は無配に決めた」と伝えたところ、世銀の彼は「それは良かった」と言って私の手を握り、「サンキュー」と言ったように聞こえた。私もこの「サンキュー」には驚いたが、あとで聞くと世銀の人と日本側の世話役の人との間で、川鉄の配当について賭けをしていたようで、世銀の人は「西山氏ならば恐らく今期配当はしないだろう」と言って、無配説に賭けていたとのことで、これは世銀側の勝ちである。とにかく、世銀借款に対して西山さんはきわめて熱心であったし、真剣であった。無配断行などもその現われかも知れない（『追悼集』１９６７：３１８‐３１９）。

この無配決定について、岡田は「無配を決定してから、川鉄は俄然信用を博した」と述べ、のちにこの無配決定と財務体質改善案が世銀借款成立の重要な条件となったと回顧している（「千葉製鉄所建設をめぐる資金問題等・座談会」）。

西山、背水の陣で交渉を指揮

この財務体質改善をはかるための無配の決断（四期二年継続）に象徴される西山の着実な経営努力、合理化への熱意と柔軟な姿勢は世界銀行に好印象を与え、世銀借款成立の引き金となった。

一九五五（昭和三〇）年三月、西山は岡田貢助、吉田浩（千葉第一圧延部長、のち副社長）に渡米を命じた。二人はワシントンで世銀当局と接触を重ねた。吉田は技術者としてストリップ・ミルについて細かく説明し、一〇日ほど滞在した。岡田は世銀との交渉後、約五〇日の在米を終えて帰国した。

鉄鋼他社の世銀借款はすでに決定していたが、川崎製鉄だけは依然として据え置かれていた。世銀当局と交渉を重ねた岡田は世銀から、川鉄の借款申請額は他社のように小さなものではないのだから、もう少し待てと世銀から言われて、借款交渉に望みをつないだと、当時の状況をつぎのように語っている。

八幡の五三〇〇万ドル、日本鋼管、トヨタ、石川島、三菱造船を含む工業借款が決まったわけですよ。各社は世銀のクリスマス・パーティに呼ばれたが、川鉄は呼んでもらえなかった。ぼくらは「川鉄も一緒にやってくれ、なかなか日本へ帰れんぞ」という話を世銀にしたら、「犬や猫と一緒に馬を一つのバスケットに入れるわけにはいかん」というわけだ。つまり、川鉄の借款は馬だ。他社の三〇〇万ドルとか五〇〇万ドルとかの借款金額は小さなものなんだよ。だから、君の方はもうちょっと待っておれと言われて…。そのあたり、やや有望かという状況になってきた（「千葉製鉄所建設をめぐる資金問題等・座談会」）。

世銀との交渉は一九五五年から五六年にかけて繰り返し行われた。この間、西山は交渉に背水の陣で臨み、指揮した。

岡田が帰国した翌日の一九五五年五月二三日、世銀業務局のアジア・中近東地区責任者のラッセル・ドールが来日した。ドールにとっては三度目の来日であった。西山率いる川鉄はドールと数次にわたって会談を続けた。

ここで、川鉄は会社の現況、すなわち、一九五五年四月期決算において税引前利益が前年一〇月期比で倍増したことを説明した。これに対し、ドールはあらためて川鉄の流動比率の変化などについて質問を行った。会談後、西山はドールに書簡を送り、増資、資金調達計画、薄板の需給見通しなどについて説明した。

一九五五年七月、西山は岡田を再渡米させ、交渉に当たらせた。しかし、川鉄の融資額の大きさ、資産内容、薄板の将来供給過剰問題等で、世銀との交渉は依然難航した。

岡田渡米の一カ月後の八月二二日、八幡の世銀借款が成立した（調印は一〇月二五日）。同時に鋼管など鉄鋼他社の交渉が開始され、翌五六年二月二一日に調印された。川鉄の世銀借款は未決定のまま、膠着状態にあった。岡田はこれと並行して工作を続けた。

当時、世界銀行国際部に勤務していた松田銑（のち翻訳家、編集者）は、当時の川鉄の苦境をつぎのように回顧している。

今から見れば、あれぐらいの借款は、当然転がり込んで来るはずのものと思われるかもしれないが、当時の情勢は決してそんな生やさしいものではなかった。岡田貢助、遠藤五郎、榊幹の三氏が、ワシントンで世銀を相手にどれだけ苦悩の日を送られたことか。（中略）世銀は事実上、あの借款を一度も、二度も、断ったのである。その頃のある朝、岡田さんがワシントンの拙宅に電話を掛けて来られて、「松田さん、とうとうだめでした」と沈痛な声で報告されたのを、わたしも妻も、まだ忘れていない。

強気の西山社長は、それでも「カワテツセイシンヲハッキセヨ」と電報ではっぱを掛けられたから、三人の代表団は帰るに帰れない苦境に立った。それがついに交渉成立まで漕ぎつけたのは、客観情勢の好転もあっただろうが、何よりも岡田さんの誠実な、ひたむきなお人がらが世銀の人々の心を打ったからである。榊さんも、遠藤さんも（時にけんかはしても）不自由な外国生活に耐えて、よく岡田さんを補佐された（『鐵』１９８０：３－４）。

新たな財務体質強化策を提案

川崎製鉄の一九五五（昭和三〇）年一〇月期決算は、鉄鋼市況の回復の中で、売上高、税引前利益とも大きく伸びたが、西山は配当を見送り、三期連続の無配とした。

そして、一九五五年一二月二三日、西山は①千葉第二期工事の建設期間中に十分な資金を確保し、②工事完成・稼働後も財務体質強化の取り組みを明らかにした新たな提案を世界銀行に行った。その骨子はつぎの三点であった（浅井 2017b：29－30）。

① 現債権者に対する措置として、建設期間中は現在の債務の元本の返済を凍結し、建設完了後五年間で償却する。建設期間中の金利支払いは、条件付きで実施する。

② 一九五五年度末に優先株発行により二〇億円（現資本金の半額）の増資を行う。

③ 建設完了後は、流動比率一・五対一以上を維持する。また、自己資本対総資産の割合が四〇対一〇〇に達するまでは普通株の配当を行わず、四五対一〇〇に達するまで特別準備金を積み立てる。

翌一九五六年三月五日、東京で世銀のラッセル・ドール、ドナルド・ジェフリーズ（技術局）、川鉄（西山、大森、岡田ほか）、通産省（田畑製鉄課長ほか）の会談が行われた。

ここで、西山は①今後配当を行う場合には世銀の承認を得ることとする（現在川鉄の配当は、取引銀行である開銀、第一銀行の承認を得て行っている)、②建設期間中の資金確保のため、今後配当は現金で行うことを可能な限り差し控え、株式で行うことを表明した（日本銀行金融研究所「世銀ドール氏の活動状況について」一九五六年三月）。

このドール来日を機に「均衡が破れたというか、俄然好転した」と岡田貢助は語っている（『巨人伝』1971：677）。岡田のコメントにある均衡とは、「リブコビッツらTOD（世銀技術局──引用者──）の慎重派と、ドールらアジア・中東部の積極派との均衡」（浅井 2017b：31）であろう。この均衡が破れ、世銀内で川鉄借款推進派が優勢になっていったのである。

借款交渉、大きく進展へ

このような世界銀行に対するさまざまな対応と譲歩によって、ラッセル・ドールの帰米と同時に、川崎製鉄の世銀借款は大きく進展した。

一九五六（昭和三一）年三月二〇日、世銀融資委員会に業務局アジア・中東部作成のワーキングペーパーが提出された（同前：30－31）。その内容は、薄板販売市場と企業財務に関するものであった。

そこでは、以下に述べるように、①新規設備（ストリップ・ミル）建設の必要性、②抜本的な財務再編の重要性、③キャッシュフローの使途における優先順位の設定、④財務におけるセーフガードの必要性などが取り上げられた。とくに、ストリップ・ミルを建設できない場合、「川鉄の将来は暗い。川鉄が消滅すれば、日本の鉄鋼業の競争力が弱まり、鋼板の輸出に悪影響を与えるだろう」という注目すべき指摘がなされていた（傍線筆者）。

①　川鉄は三大鋼板メーカーの一社であるが、現有設備がアンバランスで、十分に利用されていないという深刻な困難に直面している。今回のプロジェクトはその欠点を是正するための計画である。しかし、川鉄は過去の高炉等の建設で生じた多額の債務を抱えて、財務状況が悪化している。一方、新規設備を建設できなければ、川鉄の将来は暗い。川鉄が消滅すれば、日本の鉄鋼業の競争力が弱まり、鋼板の輸出に悪影響を与えるだろう。

②　計画している投資を実現するためには、抜本的な財務再編が必要である。川鉄も同様の認識であり、建設期間中のすべての債務償還の停止と利払いの条件付き実施を提案してきた。

③　川鉄の提案を検討した結果、新債権者を十分に保護すること、川鉄の流動性を損なわずに投資資金を確保することを目的として、川鉄の営業から生じたキャッシュフローの使途に優先順位を設ける案を作成した。

④　川鉄がこのような抜本的な財務再編を実施したとしても、将来、財務状況が再度悪化した場合、世銀がそのリスクを引受けられるかという問題は残るが、提案したセーフガードが取られれば、そうしたリスクはないという結論を得た。川鉄プロジェクトは高い経済的優先度を持っており、この財務再編案を実施すれば世銀融資基準を満たすと判断する。

このワーキングペーパーの報告書を世銀融資委員会は了承し、川鉄借款を実施する世銀の方針が定まった。世銀借款交渉が次第に好転をみせた背景には、米ソの冷戦激化に伴うアメリカの対日政策の変化、さらには西山という企業家への着目、国務省の応援があったとして、岡田貢助はつぎのように語る。

初めはけんもほろろの対応だった。朝鮮事変があって、それからずーとあと冷戦状態になったときに、日本を重工業国にしようという考え方に変わったと思うんですよね。つまり、工作機械とかその他は全部撤去するぞといっていた占領政策が変わってきて、新製鉄所をつくらせるなら西山弥太郎だという、その辺は、西山研究というのをアメリカ人はよく知っていると思うんで

千葉製鉄所を訪れた世界銀行・ブラック総裁（写真中央）に説明する西山社長1957年5月
（出典：『川崎製鉄五十年史』）

すよ。いわゆるパイオニアというかね。西山にやらせろという日本からの声もあったのでしょうけれども、その辺でアメリカの態度が変わってきた。アメリカの国務省が世銀の株の四五パーセントを持っていた。彼等は重役をたくさん出しているし、かなり強いんですよ。国務省が応援してくれているとぼくは思ったね（「千葉製鉄所建設をめぐる資金問題等・座談会」）。

世銀、川鉄借款を決定

一九五六（昭和三一）年四月二六日、世界銀行はガーナー副総裁の書簡を川崎製鉄に送った。その内容は「新規設備による能率向上と、製品の販路拡大の見透しから、世銀はこの設備の増設を妥当と判断する。正式の借款交渉に入る前に、①川鉄が設備の完成と操業開始に必要な資金を確保するとともに、②数年間、収益が予想を下回った場合にも耐え得るだけの強固な財政基盤を確立することのできる財務計画を立案することを望む」というものであった（浅井 2017b：32）。

この書簡は、第二期工事期間中の十分な資金の確保、工事完成・稼働後も財務体質強化に取り組むという川鉄案（一九五五年一二月）を「財務の安定性を世銀借款残存期間を通じて確保するものではない」として、世銀融資期間中の長期負債の元利金支払いは年間一六億円を上限とすること、営業活動によるキャッシュフローの支出についての優先順位などを主眼とするものであった（同前：32－33）。

そして五月八日、世銀は借款を考慮するとのリコメンデーション（融資承諾書）を川鉄に送付した。

西山は同日、ガーナー（Richard Garner）副総裁に対して、世銀の提案内容を受諾することを川鉄取締役会で決定したことを伝えた。資金調達計画、増資、営業キャッシュフローの使途、旧債務の支払い、旧債務の元本の償還など、世銀の考えに即した財務管理を行うという内容であった。

このガーナー副総裁への書簡について、西山は社内に向けてつぎのように語る。

世界銀行は川崎製鉄に対し、千葉製鉄所のストリップ・ミル建設用輸入機械代金として一定の条件のもとに借款に応ずる用意がある旨の回答を寄せた。なお、この借款の詳細なる条件については、今後の具体的折衝によって決められることになっており、未だ発表の時期に達していない。世界銀行との今後の折衝が実を結んで融資が成就するならば、これを契機にして国家資金その他の国内金融への道も開け、ストリップ・ミルの建設も計画通り完成できるものと期待している（『川崎製鉄新聞』一九五六年三月一〇日）。

川鉄の世銀交渉メンバーのひとりとして岡田貢助を補佐した榊幹は「これは借款を考慮するという正式文書であった。ここに、借款実現の見通しが立った」と述べている（榊幹聞き取り、二〇〇二年四月一二日、一三日）。

このように、世銀の融資条件を承認した川鉄は、七月から世銀調査団（ドール団長）と東京で最終交渉を行った。調査団メンバーは、アドルフ・ウェンテル（Adolph Wenzell、財務問題コンサルタント）、ドナルド・ジェフリー（Donald W. Jeffries、ドール氏補佐）、リチャーズ（R. B. J.

Richards、法務担当）であった。

交渉は、償却前利益の処分に関する優先順位や世銀の融資期間（一五年間）において流動比率一八〇パーセント（一八〇レシオ）以上を維持するために、メインバンクの第一銀行が運転資金について資金的に援助する第一銀行融資契約などをテーマに、数次にわたり行われた。

ドールは帰国後の世銀への書簡で、「調査団員は、日本では川鉄について楽観的な見方が支配的になっており、世銀のＴＯＤ（技術局―引用者―）の収益見積もりが悲観的過ぎることに気づいた。そこで、調査団員はＴＯＤ報告書の基準に拘泥せず、川鉄の回答の線に沿って早期に交渉を妥結すべきだと世銀当局に強く進言した」と述べている（浅井２０１７b：36）。

九月にはウェンツェルによって債務再建計画が策定され、これに沿って契約書が作成された。

メインバンクの全面的保証を条件に

一九五六（昭和三一）年一一月、世界銀行は委員会で川崎製鉄向け融資を承認した。そして翌一二月、世銀は川鉄の資産構成改善のために増資を提案し、旧株四〇億円を無配、新株二〇億円を優先株とする優先配当策を助言した。これに対し、川鉄は配当年一割、ただし、現金配当年五パーセント、無償交付年五パーセントとする案で世銀と折衝し、世銀はこれを承認した。

前述の財務体質改善案との関連で、借款成立の要件として検討されたのが、川鉄の運転資金確保のための世銀による流動比率規制であった。

この流動比率規制が大きな焦点となった背景には、「（川鉄の─引用者─）こんな財務比率では世銀の理事会が通らない」という事情があり、その意味では、この流動比率規制の提案は、世銀の「助け船」であった（『巨人伝』１９７１：６８２‐６８４）。

第一銀行が短期融資をするほか、世銀が重視する流動比率が一八〇パーセントを下回る場合は、第一銀行が運転資金を保証するなどといった内容であった。

世銀借款には日本政府が返済保証をつけるが、それだけでなく、メインバンクの第一銀行が財務内容を事実上保証すれば、借款を認めるとする、いわば条件付きのＯＫであった（太田・有馬 ２０１２：１３９）。

第一銀行では井上薫取締役（のち第一勧業銀行頭取）、長谷川重三郎取締役（のち第一銀行頭取）が岡田貢助を交えて三人で協議した結果、ここまできて川鉄を見殺すわけにはいかないし、メインバンクの面目にかけても一切の条件を受け入れることを決めた。そして、国際電話で世銀に「保証する」と通告した。このようにして、世銀借款交渉は成立に向かった（『巨人伝』１９７１：６８５‐６８６）。

第一銀行融資契約は、以下のように、メインバンクが運転資金の保証を行うというこれまで例を見ない方式となった。

① 建設期間および完了後における川鉄の運転資金確保のために、川鉄から要求があり次第、短期借入金総額五〇億円を限度として融資を行う

② 川鉄の現存社債の借換債発行に際して援助を行い、引受けのなかった借換債はすべて買い取る

か引き受ける

③ 利息支払いの結果、川鉄の流動比率が一八〇パーセントを下回る場合、不足資金を融資する

この第一銀行融資契約によって、川鉄には①負債の絶対額の改善、②現金配当の制限、③流動比率一八〇パーセント以上の遵守という具体的な財務目標および規制が付与されることになった。第一銀行は川鉄の運転資金確保の援助、現存社債の借換債発行に際しての援助、借入金に対する利払資金に不足を生じた場合の援助を行うことが取り決められた（「川崎製鉄特別取締役会議事録」一九五七年一月二八日）。

榊幹は「世銀借款は川鉄ではなく、第一銀行が借りたようなものであった」と述べている（榊幹聞き取り、二〇〇二年四月一二日、一三日）。

6．第一次世銀借款契約の締結

世銀借款（二〇〇〇万ドル）調印

一九五六（昭和三一）年一〇月の岡田貢助の渡米により最終交渉が行われた結果、川崎製鉄の借款が決定した。これに伴い、日本政府は一二月六日の次官会議で、同借款に政府保証を与えることを決定し、七日の閣議での正式決定を受け、世界銀行に通告した。

これを受けて、一二月九日、川鉄大森会長、桜井貞雄取締役（経理担当）が西山に見送られ、羽田

をたった。二人が岡田らに迎えられてワシントンに着いてからの三日目の一二月一二日は、日本の国際連合加盟の日だった。川鉄の世銀借款はまさに国際政局変動の申し子であった（『巨人伝』1971：686）。

この一九五六年一二月は、前述の浅井良夫（2014）による日本世銀借款の時期区分、すなわち、世銀が対日借款に慎重であった時期（第一期：一九五二〜五六年）と、対日借款が転換し、活発化した時期（第二期：一九五七〜六〇年）の分水嶺となった。

川鉄の世銀借款は一四日の世銀理事会で異議なく承認され、二〇日、ワシントンで日本側代表谷駐米大使、太田開銀副総裁とガーナー世銀副総裁、大森川鉄会長との間で、二〇〇〇万ドル（七二億円）借款の調印が行われた。

調印の日、大森はワシントンの宿でつぎのように語った。

世界銀行より、日本政府保証のもとに、開発銀行を通じ七二億円の借款契約が成立した。それとともに、内地金融機関よりの融資も確定し、ここに第二期工事に要する外部資金の調達が完成した。この借款について世界銀行総裁は世銀としても最も困難なる仕事の一つであったといわれた（『川崎製鉄新聞』一九五七年一月一〇日）。

世銀は借款調印に対して、「川鉄は日本有数の製鋼業者で、千葉製鉄所における最終製品設備の建設に専念しているが、これにより千葉は完全な一貫工場となり、また日本にとっても最も新しい能率的な工場となるであろう」とアメリカの新聞に発表した。苦難の上の世銀借款の成立であった。岡田のねばり、西山のバイタリティー、第一銀行（大森を含めて酒井、井上、長谷川ら）の決断の所産であった（『巨人伝』1971：687）。

世銀借款を同時申請した八幡製鉄の借款調印から一年遅れとなり、しかもメインバンクの融資を伴う「条件付き借款」となった。しかし、八幡などに比べて規模の小さい川鉄が、八幡向けをはるかに上回る規模の借款を引き出すことに成功したのは間違いない（太田・有馬 2012：139）。その意味では、最初は雲をつかむようであった。しかし、時間は要したが、このように世銀借款に成功した。西山六三歳であった。一九五四年五月の借款申請からすでに二年七カ月が経過していた。

確保された財務の安定

川鉄の第一次世銀借款は、金額二〇〇〇万ドル（七二億円）、金利年五パーセント、期間一五年、政府保証、輸入機械の支払いに用途を限定されたタイドローンを内容とするものであり、以下の五つの契約から構成された（川崎製鉄「世銀四契約書概要」）。

① 貸付契約（Loan Agreement、世銀対開銀）
川鉄の事業計画遂行上必要な資金を貸し付ける際の基本となる条約

② 事業計画契約（Project Agreement、世銀対川鉄）
千葉第二期合理化工事の遂行義務に関わる契約
③ 保証契約（Guarantee Agreement、世銀対日本政府）
日本政府の貸付契約に基づく借入人（開銀）債務についての無条件保証
④ 転貸契約（Creditors Agreement、開銀対川鉄）
貸付契約に基づく開銀の世銀からの借入とその川鉄への転貸
⑤ 第一銀行融資契約（川鉄対第一銀行）

借款は世銀との直接契約ではなく、世銀が貸付契約に基づいて開銀に二〇〇〇万ドルを貸付け、開銀が転貸契約に基づいて川鉄に転貸する方式であった。

川鉄は世銀と開銀の間で締結された「貸付契約」に基づき、ストリップ・ミルの建設期間および完了後を通じて、財務の健全性を維持することを目的として、一九五七年一月二八日、川鉄と興銀、長銀、生保三社、第一銀行との間で「主契約」「債権者契約」、川鉄と第一銀行との間で「第一銀行契約」を締結することを決定した。

千葉第二期工事であるストリップ・ミル工場建設工事の建設予算は一六二億円、このうち世銀からの借入れが七二億円で、これは輸入機械購入資金に充当し、残額九〇億円は国内で調達するが、うち四〇億円を開銀、長銀、興銀から借入れることにし、五〇億円を自己資金から投入しようとするものであった。

これを財務面からみたとき、低金利（世銀は五パーセント、国内資金は九パーセント）、長期間（世銀および新資金は一五年間、一般に国内は社債が七年、その他は三年ないし五年）であることは、川鉄のストリップ・ミル建設という大建設にあたって、財務面をしっかり安定させるものとなった（『川崎製鉄新聞』一九五七年一月一〇日）。一般に、建設期間中は企業の財務は窮屈となり、金融情勢のさらされると困難に陥ることが多い。千葉製鉄所では、一九五八年四月にはホット・ストリップ・ミルが、六月にはコールド・ストリップ・ミルが稼働を開始した。世銀借款の導入によって、川鉄は生産力と収益力の増加のみならず、財務面の安定、換言すれば、社会的な信用力が著しく向上した。

なぜ、川鉄の世銀借款は成立したのか

これまで延べてきたような経緯を経て、川崎製鉄の世銀借款は成立したが、その成立要因は何か。外部環境要因と内部環境要因から考えてみたい。

まず、外部環境要因として、①政府による政策的資金配分、②米国のアジア政策および日米経済協力案件としての鉄鋼業をはじめとする重工業の育成方針があった点である。榊幹は「世銀が千葉製鉄所を日本の最も新しくかつ成長性に富んだ製鉄所として位置づけ、『大サービス』したのではないか」と述べている（榊幹聞き取り、二〇〇二年四月一二日、一三日）。

世銀が川鉄の財務状態に危惧を抱いたにもかかわらず、世銀借款が実現した理由について、浅井（２０１７ｂ）は、①川鉄の積極経営を世銀が評価したこと、②日本の鉄鋼業の競争条件を確保するために川鉄の存在が重要であると世銀が認識したこと、③一九五四年不況から鉄鋼業が急速に立ち直ったこと、④通産省が川鉄借款を強く維持したこと、⑤第一銀行の支援、の各点を指摘している（浅井２０１７ｂ：40）。

通産省の支援について、岡田貢助はつぎのように述べている。

通産省の応援は大変なものだったと思う。日本はカネもない、技術も遅れているから、外資でいこうじゃないかと。ぼくらが世銀と交渉に行って帰国するのを通産省の若い連中が待ち構えていてね、寒いときに旧松陰邸（川鉄の施設―引用者―）の建物に火鉢を置いてね、「アメリカではどんなことを言われた？」と言って…。徳永久次企業局長（のち石油公団総裁、新日本製鉄副社長―引用者―）がワシントンに来られましてね。その時に川鉄の問題についてバックアップすると、はっきり日本国内では言えないような発言をしていかれましたね。「徳永さん、頼みます」って言ったら、世界銀行へ行って、川鉄の千葉製鉄所が一番コストが安いぞと本当に言ってくれたですよ（「千葉製鉄所建設をめぐる資金問題等・座談会」）。

内部の主体的要因として、西山が川鉄の世銀借款に果たしたリーダーシップとストリップ・ミル建設に向けた現実的な対応があげられる。

西山は、第一高炉、平炉、分塊圧延機の稼働によって千葉第一期計画を完成させたが、本格的な銑鋼一貫製鉄所はホットおよびコールド・ストリップ・ミルが完成しない限り、果たし得なかった。しかし、川鉄の業績は朝鮮動乱ブームの終息と戦後復興需要の一巡により、一九五二年後半から停滞した。折しも千葉第一期建設の最盛期にあり、資金需要もピークに達したときであり、最悪の場合、千葉製鉄所が立ち往生し、企業の存続すら危ぶまれるという苦境に立たされた。

この難局を打開するために、西山は世銀借款に着目したが、世銀は設備過剰問題、すなわち、ストリップ・ミル新設に基づく薄板市場の混乱、そして財務体質の改善を提起し、認めない姿勢をとった。銑鋼一貫の先発三社（八幡、富士、鋼管）も川鉄の借款申請に強硬な反対論を展開した。

これに対して、西山は交渉長期化の中で、ホット・ストリップ・ミル建設計画における設備構成および能力の大幅な修正、すなわち、半連続式ホット・ストリップ・ミルへの変更に代表される現実的な妥協、財務体質改善のための無配等を意思決定した。

第二次、第三次世銀借款

この着実な経営努力と本格的な銑鋼一貫体制確立への熱意は世銀当局にも好ましい印象を与え、世銀借款交渉を前進させる原動力となった。

世銀借款の成功によって、西山はストリップ・ミルの早期完成を実現し、銑鋼一貫連続圧延メーカーとしての態勢を整えた。

続いて一九五八（昭和三三）年一月の第二次世銀借款では、千葉第二高炉の建設資金として八〇〇〇万ドル（二八億八〇〇〇〇万円）、一九六〇年一二月の第三次借款では、厚板設備建設資金として六〇〇〇万ドル（二一億六〇〇〇〇万円）を世銀、残り五〇パーセントを外債発行と米国・ハノーバー銀行からの借入により調達した。この民間外債発行は、住友金属とともに、戦後初の民間外債発行となった（世界銀行東京事務所 1991：56）。

この第一次から第三次にいたる世銀借款の特徴は何か。

第一次借款は、当時発展途上にあった日本鉄鋼業に対する救援的性格がうかがわれた。それだけに川鉄の世銀借款交渉は難渋を極めた。

一方、第二次借款時にはすでに、日本の経済に対して世銀側も認識を深め評価も高まっていたこともあり、一九五七年五月に来日した世銀のブラック総裁は鉄鋼業に対して積極的に資金を貸付ける用意のあることを表明した。

これに対して、第三次借款では様子が変わってきた。世銀は「著しい発展を遂げた日本鉄鋼業の現段階では、むしろ民間金融機関からの資金調達を図るべきである。世銀はかかる資金調達におおいに援助する」との方針を打ち出した（『川崎製鉄五十年史』2000：80）。

これによって以後の世銀借款は、他の民間外資との抱き合わせによらなくては困難となり、世銀の対日融資方針の変更によって、同行からの資金導入はこの第三次借款で最後となった（同前）。

西山、借款交渉失敗という予想を覆す

これまで述べてきたように、西山は川崎製鉄の経営課題であった資金調達に心血を注いだ。川鉄が世銀借款交渉を始めたことを知ったとき、多くの関係者はその失敗を予測したという。なぜなら、千葉製鉄所の第一期工事の完了によって銑鋼一貫メーカーへの仲間入りはできたとはいえ、当時の川鉄はまだ世間では二流、三流の鉄鋼会社とみられており、また千葉一期の工事によって、川鉄の財務状況は悪化していたからである。

当時の鉄鋼業は言うまでもなく、八幡、富士がリーディング・カンパニーとしての役割を果たしていたが、世銀借款で見る限り、川鉄が優遇された。戦争遂行を支えた日本製鉄をルーツとする会社よりも、業界の二番手企業を支援し、競争を促進する形となった。

融資先の川鉄には技術の新鮮さ、優秀さとその技術を生かす西山の事業計画実現のための強いリーダーシップがあった。グリーンフィールドに理想的な配置で新鋭設備を入れて、銑鋼一貫のモデル工場をつくろうという例はアメリカでもそうはなかった。産業銀行としての世銀の担当者はその点を評価したのではないだろうか。

川鉄は先発三社のみならず、同時期に銑鋼一貫をめざした住金、神鋼に比して外資に対する高い依存度を示した。

一九六〇年下期における鉄鋼六社の借入金に対する外資依存度は、川鉄四六・二パーセント（外資一三六億円／借入金総額二九六億円）に対し、八幡一七・〇パーセント、富士一八・七パーセント、

鋼管一三・〇パーセント、住金三八・一パーセント、神鋼三七・〇パーセント、六社平均二三・八パーセントであった（各社『有価証券報告者』より算出）。

このように、川鉄の三次にわたる世銀借款は、競争促進による日本鉄鋼業の発展とともに、西山の銑鋼一貫連続圧延構想の実現とその後の川鉄の企業成長に世銀借款が決定的な意味を持っていたことを含意している。

そして地域的には、千葉県の発展にも重要な役割を果たすことになる。当時、千葉県は農業、醤油製造などが盛んだった。日銀の一万田総裁や先発各社等の反対を押し切って計画を進めた西山と結果的に西山を支援した世銀によって、千葉に工業の一大基盤が築かれ、それがその後の京葉工業地帯形成のきっかけとなった（太田・有馬２０１２：１４５）。

川鉄が世銀借款を完済した一九七五年一一月、世銀総裁のマクナマラ（Robert Strange McNamara）は、当時の社長、藤本一郎に「川崎はとてもタフ・ネゴシエーターだった」そして「川崎は非常に立派な会社になった」という書簡を送った（「千葉製鉄所建設をめぐる資金問題等・座談会」）。

第9章　第二製鉄所、水島製鉄所の建設

1. 第二製鉄所構想

千葉の溶鉱炉の四つ五つじゃ足りない

一九五八（昭和三三）年、ひそかに第二製鉄所の構想が進んでいた。西山は第二製鉄所構想を社内でつぎのように語り始めた。

君達、千葉にあの位の工場ができたからって一人前になったつもりで有頂天になるようじゃダメだよ。ほんとをいうとね、千葉がこうして完成したって未だ充分じゃない。夢を語れというから話すけどね。今私達は第二製鉄所というものを考えている。これは千葉よりももっと大きな規模になる予定だ。今われわれが目前の不況に躊躇して合理化を怠るようなことがあれば、日本の鉄鋼業は世界の進歩から取残され、それこそ国家一〇〇年の大計を誤ることになってしまう。僕等だってそうなんだよ。川崎製鉄としても一〇年も二〇年も先のことを考えてやっているんだ。現在やってい

る千葉製鉄所などは捨石を置いたようなものだ。川崎製鉄という本当の城はその上にできあがるんだぞ（『川崎製鉄新聞』一九五八年一月一〇日）。

当時は千葉製鉄所の拡充と完成が直面する課題であったにもかかわらず、なぜ、第二製鉄所なのか。一九六〇年一二月、第二次池田内閣によって「国民所得倍増計画」が閣議決定された。鉄鋼関連でいえば、一九五九年に年産一六六三万トンであった粗鋼生産量も三倍近くの四八〇〇万トンが見込まれるなど、産業界に新しい目標が与えられた（『川崎製鉄五十年史』２０００：76）。このように、日本経済の伸びが著しく、将来の鉄鋼需要が大幅に増大すると予想されるなかで、千葉製鉄所だけでは早晩、需要が満たせなくなると考え、千葉拡充とともに、第二製鉄所の建設が新たに浮上したのである。のちに水島製鉄所の建設委員長に就任する藤本一郎（二代社長）は、一九五九年前後に西山がすでに第二製鉄所の候補地を考えていたと語る。

第二製鉄所の建設を決めたのは、確かに、千葉も第五高炉建設まではいっていない頃ですよ。西山さんがその頃、どんなことを考えていたか知りませんけれど…。それまでは「つくれ、つくれ」という時代だったんです。千葉も四号高炉をつくって…。（昭和）三四年には千葉以外の次の候補地をすでに考えとったくらいですからね。僕は三四年前後に西山さんから「今度なあ、土地だけは決めとくから、あとはおまえつくれ」といわれたんですよ。相当伸びるんだと思ってたんですね。

千葉の溶鉱炉の四つ五つじゃ、まだまだと思っていたんでしょう（『先達に聞く（下巻）』1985：172-173）。

新製鉄所建設の必要性

西山は第二製鉄所について「われわれとしても当然、この所得倍増計画に基づいて先の見通しをたてる必要に迫られた。いろいろ計算をしてみると、千葉製鉄所は昭和三九年に、粗鋼年産四〇〇万トンで生産が限度に達する勘定である。そのあとはどうするか。どこかほかにやらないことには間に合わない。そうすると、第二製鉄所がいることとなる。いよいよ、その時期が到来したのだと考えた」と述べている（『鉄づくり・会社づくり』1964：96）。

一九六一（昭和三六）年二月、外部には公表しない覆面辞令が発令された岩村英郎（当時千葉製鉄所製鋼部長、のち三代社長）は、「千葉が落ち着いてきたと思ったら、すぐ次の製鉄所を作ろうというのだから、西山社長という人はなんという『拡張の虫』かと、あきれはてたものである」と語っている（『私の履歴書　経済人25』2004：459）。とにかく、西山はあくことを知らなかったということであろうか。そして同時に、投資タイミングでもつねに業界をリードしようとした。

政府の所得倍増計画や鉄鋼第三次合理化計画に沿った川崎製鉄の長期設備投資計画の策定を西山はスタッフに求めた。そして一九六一年初頭、川鉄の「長期設備合理化計画」が策定された。

この計画で注目すべきは、当時建設途上にあった千葉製鉄所については、一九六三年までに粗鋼年産三七〇万トン規模の製鉄所に仕上げる、その一方で、長期的な鉄鋼需要の増大に対応して千葉最終完成時のほぼ二倍の規模となる第二製鉄所を建設するというものであったことである。

第二製鉄所の用地を探す

まだ名も付けられていなかった新製鉄所だが、その完成は一九六四（昭和三九）年もしくは一九六五年以降とされていた。西山はこの第二製鉄所構想を具体化するにあたって、立地問題に焦点を絞って慎重に調査することとし、一九五七年ごろから「花嫁探し」、すなわち、用地の物色をスタートさせた。

当初、西山は千葉製鉄所の近辺（千葉市稲毛地区、生浜地区）に候補地を求めたが、この地に二大製鉄所を並立させることは難しく、また十分な面積を確保することも困難であるとの判断から、他に候補地を求めた。

一九五七年夏には、大分県鶴崎、次いで三重県四日市、山口県長府、愛知県豊橋、千葉県登戸などが調査対象となった。しかしながら、これらはいずれも本格的調査の対象とならず、一九五八年夏ごろから候補地として浮上したのが岡山県倉敷市の水島地区であった（『川崎製鉄五十年史』2000：83）。

候補地調査を担当したのは、上野長三郎であった。上野はこの間の経緯をつぎのように語る。

（昭和）三二年、ストリップ建設工事が最終の段階になってから、社長に外国に行ってこいと言われ、夏に出発した。帰るとすぐ鶴崎の調査を言いつけられた。鶴崎は上田保大分市長が持ち込んできたものだった。ついで四日市の助役で後に市長になった人（平田佐矩）が三重県出身の当社岡田常務を通じて持ち込んだので見に行った。また長府も見た。それから豊橋からの話しもあり、千葉市の周辺登戸あたりもあらためて調べた。そこへ、ポツンと岡山県の三木知事が来たわけであった（『巨人伝』１９７１：７０２）。

2．水島が有力候補地に

岡山県、川鉄誘致へ動く

一九五八（昭和三三）年九月、岡山県の三木行治知事と西山弥太郎が初会見し、水島誘致の話が出た。川鉄が千葉に次ぐ第二製鉄所建設構想を持っているのを聞きこんだ三木知事が、ぜひ水島へと話を持ち出したのである。

岡山県による水島工業地帯への工場誘致活動が具体化したのは、この一九五八年であった。岡山県では水島工業地帯建設を始め、同地区をＡＢＣＤ四地区に分けて工場誘致に力を入れていた。三木は一九〇三（明治三六）年生まれで、西山より一〇歳若い。岡山医科大学を卒業後医師となり、さらに九州大学法文学部を卒業し、厚生省公衆衛生局長を経て、岡山県知事に三回選出された異色のキャリアの持ち主であった。

曾我与三郎（当時岡山県総務部長、のち副知事）はつぎのように回顧する。

当時、川崎製鉄が千葉に次いで大製鉄所建設構想のあるのを聞き込み、川鉄の底知れぬ企業意欲に魅力を感じた三木さんが、ぜひ水島へと川鉄に話を持ち出したのが（昭和）三三年の中ごろだった。三木さんが当時県の大阪経済事務所長だった那多博君（のち岡山県企業局長、ついで岡山県議会議員―引用者―）にまず接触させ、さらに自らも西山社長さんに直々に面接、水島の立地条件の優位性とその建設構想を説明し、県民福祉と日本経済発展のために水島開発にかける夢を語りながらその情熱を燃やし続けた（『追悼集』1967：444）。

三木知事は工場誘致を推進する手段の一つとして、大阪に岡山県経済事務所を設置し、その所長に那多博を任命した。岡山県と西山を結びつける役割を果したのが、那多であった。那多は一九五八年六月、神戸の川鉄本社に黒田秀雄（当時、本社庶務部長）を訪ねた。黒田は通常の来客と同じように応対し、西山に報告した。その二週間後、突然西山は会いたい旨を黒田に伝え、面談した。那多は水島の地図を広げ、その中でとくにB地区のところを指で示して、「ここに来てもらいたいのです。航路水深は一六メートルあります」と説明した。

数日後、西山はふたたび呼び、「よい敷地があればほしいと思っている」と告白した。那多にとっては「これは耳よりな話」であった。さっそく岡山の知事に連絡し、九月一八日、二人で西山に会いに行った。これが西山・三木の初対面であった（『巨人伝』1971：698－702）。

西山、早くも現地視察へ

西山は三木知事との初対面のあとさっそく現地を訪れた。西山は千葉建設時と同じように、直接自分の眼で確かめるため、ひそかに水島を訪れることが多くなったのである。

当時はまだ、最終的に進出先を決めかねていたころである。こっそりと水島に視察に出かけていた。神戸から車で出発し、途中で関係会社の川崎炉材・三石工場で岡山ナンバーの車に乗り換えて倉敷に向かうという隠密行動であった。

西山は、一人でこつこつと足で調査して歩いた理由について述べている。

私は細心の注意を怠らなかった。誘致に努力している人たちが悪い条件を示すはずがなく、だれも水島地区は台風も地震もない理想郷だという。しかし、そのまま鵜呑みにするわけにはいかない。いわゆる仲人口と同じだからだ。それで、一人でこつこつと足で土地の気象条件を調査して歩いた。それには古い寺社を見るに限ると思った。幸い、この土地には小高い丘がいくつもあり、その上に祠が立っている。もし、天災の影響を受けているとすれば、どこかに修理した箇所があるはずである。ところが、瓦一枚破損していない。何十年という年月を風雨にさらされているが、苔むしている。明らかに天災の被害を蒙っていないことを物語っている。その他、細かい調査もしてみた上で、この土地が台風がないことを信じた（西山 1961：242-243）。

西山の製鉄所用地選定をめぐる過程で、一つのエピソードが残されている。一九五八（昭和三三）年九月のある日曜日、西山と三木が水島の現地でばったり出くわしたことである。三木はつぎのように回想する。

昭和三三年の末ごろの日曜日であった。私は水島視察のために一人で高梁川の堤防を下り、連島干拓を見て三菱石油のところまで出た。するとそこに、見慣れない一台の自動車が停まっているのに気がついた。別に詮索しようとも思わなかったので、そのまま東岸を見に行ったが、その帰途、すれちがったのがさっき見かけた自動車であった。車中の人は実に思いもよらぬ西山社長であったのに、自分の目をうたがったほどである。

西山社長は「やあ、見つかりましたか」と手をさしのべられ、お互いに手を握り合った。三年の歳月をかけて日本中をくまなくたずね、理想の花嫁を慎重にさがされたのであるが、その大胆さとその熱意のほどに、いたく感動したのである。こうして水島についてもあらゆる角度から調査されていたので、よく知っておられ、気象の調査にしてもコツコツと古い寺社を歩いて回られたというが、西山社長の仕事第一主義が十分うかがわれ、まったく頭が下がる思いであった（桜井編 1961：187-189）。

広島県松永か、倉敷の水島か

新製鉄所の用地の調査・検討は、千葉製鉄所の用地選定の経験を生かし、とくに用地面積については、将来、十分な拡張余地があることを条件として行われた。

この間、一九五九（昭和三四）年暮れには、広島県松永の現地からも誘致運動が起こった。しかし、三木知事との公式会談（五九年八月）、伊勢湾台風後の現地調査（九月～一〇月）、岡山県が勧めるC地区からより広い高梁川左岸のD地区の指定（一〇月）と、西山の水島構想は進展した（『巨人伝』1971：709）。

藤本一郎（当時常務、のち社長）はつぎのように語っている。ここから、松永は将来の拡張余地が少ないのが欠陥であり、その一方で、水島は広くて、深い港湾建設が可能だったことが明らかになる。

最後に残ったのは結局、松永と水島だけだったですね。それが（昭和）三十五年頃ですよ。三十五年頃から六年にかけて、どっちがいいかということになってねえ。西山さんは初めから、もう水島がいいと思っていたんだろうけど、みんなの意見聞いてね。僕は質問されて「ああ水島ですな」と。「なんでや」といわれるから、「松永は後背地がないですなあ。埋め立てれば港がなくなってしまいますな」とね。その湾のなかで埋め立てをやったら、窮屈でしょうがないですよ。水島だったら前方は広い海だし、また後背地があるし、まだ工場はあまりないけれど、（水島製鉄所をつくれば）これから出てくるし、ということになったんです（『先達に聞く（下巻）』1985：172－

173）。

このように、一九五九年暮れには、西山の意中では、水島が新製鉄所建設候補地としてほぼ固まっていったと考えられる。水島が港湾、道路などの基盤整備が進み、労働力、電力の確保についても問題なく、また工業用水でも水量豊富な高梁川をひかえ、そして拡張の余地が大きいといった理由からであった（『川崎製鉄五十年史』２０００：83－84）。

翌一九六〇年五月、西山は藤本一郎常務ら八人の関係者を集めた。そして「ここだけだぞ、極秘だ。他には重役にも言うな」と、くぎをさして宣言した。「水島に新しい製鉄所を作る」と（『巨人伝』１９７１：７１８－７１９）。

その席上、西山は「水島は通産省でも適地だといっている。日本鋼管もアプローチしているようだ。岡山県側との条件交渉はむずかしいと思われる。新製鉄所をつくるには長い年月を要する。これから組織的に調査や準備を進める必要がある。この委員長は藤本、調査は上野、事務折衝は清水がやれ」と命じた（同前）。藤本一郎は常務・本社技術部長、上野長三郎は営繕部長、清水信雄は東京支店総務部長の職にあった人物である。

このように、内定段階にこぎつけたが、これで水島が最終的に確定したというわけではなかった。農地転用、工業用水、誘致条件、免税期間などの交渉が必要であった。工業用水問題や優遇措置についての折衝は、想像以上に難航を重ねたが、最終的には妥結に至った。

3．水島に決まる

第二製鉄所も他社に比べて早かった

「もう一つの製鉄所を」という、西山の描いた夢が現実となった。新製鉄所の立地が岡山県倉敷市水島に正式に決まったのである。一九六一（昭和三六）年六月七日、岡山県および倉敷市と川崎製鉄との間で水島製鉄所建設に関する協定書が結ばれ、三木岡山県知事、高橋倉敷市長、西山川鉄社長が調印した。川鉄は岡山県、倉敷市との協定書調印に伴い、同日、建設計画を発表した。調印後、三木知事は語る。

念願だった川鉄の工場誘致ができて、こんなうれしいことはない。これで、石油、機械、鉄鋼の三本の柱の中心ができた。ことに今度建設の工場は、世界一の米国の（ベスレヘム・スチール社―引用者―）スパローズ・ポイント製鉄所と肩をならべるもので、今後、日本経済の一翼を担い、県の体質改善にも貢献するものと確信する（『川崎製鉄新聞』一九六一年六月二五日）。

西山の第二製鉄所構想は、岡山県の水島地区への進出という形で結実した。西山にとって、千葉製鉄所が戦後初の製鉄所として、世間の批判や業界の反対も押し切って建設した最新鋭の威容を誇る製鉄所なら、水島はまさに「未来の製鉄所」であった。

川鉄は千葉という本格的な製鉄所を建設したのも、第二製鉄所も他社に比べて非常に早い時期に決定した。水島への進出に際しての西山の意思決定について、岩村英郎（当時、社長）は『エコノミスト』のインタビューで、「水島計画は西山の熱意、先見性によって生まれた」と語っている（岩村 1984：336）。

—水島への進出の問題ですが、三五年に所得倍増計画が出て、「一〇年後、（日本の粗鋼年産—引用者—）四八〇〇万トン」という目標が具体的に提示される。そのころから水島の話が出てくるのですか。それともそれ以前から第二製鉄所計画を

誘致協定調印式，左が三木知事，右が西山社長
（出典：『川崎製鉄五十年史』）

立てて、たとえば用地買収なども行っていたのですか。

岩村　水島計画には驚きましたね。あれも西山さんの熱意です。千葉でやっと第四高炉が動くか動かないかのころに「千葉はすぐにいっぱいになる。第二製鉄所が必要だ」というので、日本中、目の色を変えて用地を探したようです。西山さんの先見性というのは、大変なものだと思いますね。

――現場をあずかる方から見ると、西山さんのやり方は非常に危なっかしいというか、ちょっと強気すぎるんじゃないか、むちゃじゃないかという雰囲気はなかったですか。

岩村　ないと言えばウソになるが、あんまり偉いものですからね。一ぺん、何かのときに「ちゃんとした鋼材の需要予測があるのですか」と若い私が生意気にも言ったら、「あるわいッ、ちゃんとやっとる」といって怒られた。どうも需要予測はきちんとしたものはなかったように思えてしょうがないんですがなあ。しかし、結果としてピタッと当たったからたいしたものですな。

世界的規模の製鉄所への道

一九六一（昭和三六）年八月、水島製鉄所は建設の第一歩を踏み出した。

製鉄所用地は、水島地区連島の高梁川干拓地、および付近の土地とその地先の海面を埋立造成するものであった。総面積は八四五万平方メートル（二五六万坪）に及び、さらに将来の拡張に備えて、四三〇万平方メートル（一三〇万坪）の埋立権を取得するとともに、社宅用地としては一二二万平方メートル（三七万坪）を確保した。

先に述べた川鉄の長期設備計画（一九六一年一月策定）によれば、最終的には千葉製鉄所完成時のおよそ二倍の規模をもつ大製鉄所を建設するというものであった。

そこでは、日産能力二〇〇〇トンの高炉八基および製鋼、分塊、圧延設備などを建設し、完成時における粗鋼生産能力六〇〇万トン以上の規模をもつ銑鋼一貫製鉄所が目標とされた。完成期間は一九六一年度からおよそ一五年間、総工費三〇〇〇億円という世界的規模の製鉄所であった。

建設工事はさしあたり一九六一年度から六五年度にかけて、高炉一基、転炉二基、分塊圧延機、ビレット・ミル、棒鋼線材圧延機各一基の建設を進める方針であった。

水島第一高炉は日産四五〇〇トンの能力を有し、当時世界第三位にランクされた高炉で、一九六七年四月に稼働した（『川崎製鉄二十五年史』１９７６：３７３）。

この第一高炉で川鉄が直面した大きな問題は、「四〇年不況」のなかで、その着工時期をいつにするかということであった。この着工時期をめぐる西山の決断については、次章（第10章）で取り上げる。

一九六二年九月一七日、皇太子夫妻が水島製鉄所の建設現場を視察した。岡山県下で開催された国体を機に実現した。西山は水島製鉄所建設計画を「完成の暁には世界でも一、二を争う大製鉄所になる」と説明した。

第10章 「天皇」、黄昏時を迎えて

1．水島第一期を主導、しかし体調に異変

藤本一郎を水島建設委員長に指名

水島製鉄所の建設計画を検討する最初の段階で争点となったのは、製鉄所のレイアウトであった。具体的な製鉄所レイアウトづくりには、千葉製鉄所建設の経験者も多数参加した。レイアウトは西山をヘッドにして丹念に検討され、計画案の修正は四九回にも及んだ。初めての千葉製鉄所の場合（六十数回）とそう違わないほどの修正回数であった（『巨人伝』1971：741）。

西山が最終的に採用したレイアウトは、将来的な設備の増設、生産・輸送量の増大に対しても、輸送幹線の交錯を生じることなく効率的な輸送が継続できるよう配慮されたものであった。すなわち、従来型の正統的なレイアウトが、物資の輸送上必ずスイッチバックを三～四回繰り返すいわゆる「Z型」であったのに対し、原料岸壁から製銑・製鋼・圧延・出荷にいたるまで原料、半製品、製品が一方向によどみなく運ばれていくような「流線型レイアウト」が採用された（『川崎製鉄五十年史』

2000：87)。

この水島製鉄所のレイアウトについて、藤本一郎は語る。

あの時分は五基で八〇〇万トンを考えたが、どうしても五基入らんのですよ。いろいろ検討した結果、四基にした。そのかわり溶鉱炉を大きくしたりして、八〇〇万トンをキープしたんでしたな。レイアウトは溶鉱炉をまず固め、製鋼を固め、圧延を固めていったわけですね。溶鉱炉地区、製鋼地区、圧延地区と流れに沿うていこうやと(『先達に聞く(下巻)』1985：173)。

一九六二(昭和三七)年、西山は藤本一郎を水島製鉄所建設委員長に任命した。建設委員長を指名された藤本が「でも(建設委員長は—引

建設現場で指揮をとる
(出典：『川崎製鉄五十年史』)

用者──）名前だけですわ（笑）。第一溶鉱炉をつくるまでは、西山さんが全部指揮をとっていたんです」（同前）と述べたように、水島製鉄所の第一期工事は、従来と同様、西山の強力なリーダーシップの下で進められた。

会社近況説明会（熊本市）で倒れる

しかし、やがて西山の体調には異変の気配がみえはじめた。そして、増資のための近況説明会の席上で倒れるという出来事に見舞われる。

千葉製鉄所の拡充と千葉を上回る規模の水島製鉄所建設に夢をかけた西山は、資金調達の重要性を熟知していたこともあり、決算や増資に際しての近況説明会には自ら出席するのが常であった。社長就任以来おそらく百回近い近況説明会への出席であった（『巨人伝』１９７１：７５５）。

一九六三（昭和三八）年一〇月一五日の金沢を皮切りに富山、新潟、福島、仙台、盛岡と回った。それから西下し、姫路、岡山をへて四国、九州と回る途中の一一月五日、熊本市での近況説明会に出席し、説明の途中で貧血に襲われ、急きょ熊本大学附属病院に担ぎ込まれた。胃かいようによる貧血と診断され、同病院に入院した。

この時、西山のスタッフとして同行していた村上英之助（株式課長代理、のち副社長）は詳しい記録を残している。以下はその一部である。

西山さんは胃かいようだったんですね。で、お医者さんがあとから言うんですが、もしこの時すぐ手術をしていれば、あと一〇年は長く生きられたであろうと。しかし、実際は説明会という仕事をさぼるわけにはいかないという訳で、約一カ月熊本医大にいてそれから一一月に退院して、すぐ第一線に復帰されたんです。結局それがもとで昭和四一年の八月に亡くなられたんですけれども…（村上　1991：13‐15）。

西山が退院した一一月二二日は、ちょうどケネディ米大統領が暗殺された日であった。そして退院一週間後の二九日には出社し、翌三〇日には取締役会、ついで一二月二四日の定時株主総会で議長を務めた。西山は休むことを知らなかった。

翌一九六四年の年頭挨拶で、水島製鉄所建設の展望をつぎのように語っている。いまだ意気軒高な西山であった。

千葉ができあがってしまったらそれで終わり、というのはないわけで、千葉につながるものとして水島がはじまるわけです。千葉の建設が最終的に完成する四〇年度から水島の本格的建設にとりかかり、第一期工事では日産三〇〇〇トンの高炉五基を中心に転炉、連続鋳造設備、各種の圧延設備をつくっていって、昭和五〇年ごろには粗鋼ベースで六〇〇〇万トンの製鉄所にもっていきたいと思っています。

千葉とほぼ同じ規模ですね、千葉は一三年間かかりましたが、当時に比べ経済の規模が大きくなっているのでテンポも早くなろうというわけで、まず一〇年を目標にしているのです。差し当たっては第一高炉を四二年度に完成して銑鋼一貫体制をとる計画です（『川崎製鉄新聞』一九六四年一月四日）。

病を押して、韓国浦項製鉄所へ

翌一九六五（昭和四〇）年春ごろから、西山の体調はさらに悪化した。

この時期、忘れてならないことは、韓国の浦項総合製鉄（ＰＯＳＣＯ、一九六八年四月創立）に西山が深く関わったことである。一九六五年六月二二日、日韓基本条約が東京で調印された。同年、韓国の金大使が千葉製鉄所を訪問し、西山が対応した。

浦項製鉄所の計画が進展するに従い、浦項製鉄社長の朴泰俊はたびたび来日し、西山と数次にわたって面談して意見を聞いた。西山は自らの所見や経験を話し、立地、規模等について助言を行った。そして同年七月、朴社長の強い要請で、病を押して訪韓した。ソウルでの朴正熙大統領との会見も予定されていた。

西山には、戦後二〇年間で日本がここまで繁栄を築けたのは、韓国が北の砦の役目を果たしてくれたからであり、これからは日本が韓国に手伝いをする番だという考えがあった（村上1991：11－12）。

西山の体調の悪化を知っていた山地八郎は岡田貢助らとともに、西山に韓国行きを強く引き止めたと語る。

西山さんは社長になられてから一度も外国へ出張されませんでしたが、晩年に韓国へ行かれました。韓国の新製鉄所建設にアドバイスするためでした。お引き止めしたのですが、行かれた。現地で西山さんは韓国の人々に「一生懸命勉強すると、製鉄の道というか、建設計画とか、いろいろわかります。しかし、一貫製鉄所を運営してみた後のノウハウについては非常に難しいことがあるから、それは私に教わりに来なさい」と話したということを、西山さんから土産話に聞きました（「千葉製鉄所建設をめぐる資金問題等・座談会」）。

韓国滞在中の七月八日、西山はかねてから支援していた自民党の有力政治家、河野一郎（元副総理）が死去したという入電を受けて、朴大統領との会見を急きょキャンセルして帰国した（『巨人伝』1971：779）。

西山は神奈川県二宮の出身であり、早い時期から、神奈川県選出の河野を囲む財界人のメンバーであった。当時の模様について、伊藤忠商事の元常務で、西山の女婿であった高原友生はつぎのように語る。

死去の直前、韓国を訪問し、浦項製鉄の初代社長・朴泰俊氏と親交を結び、浦項での立地につき、千葉、水島の経験を語って朴氏の深い尊敬を受けた。のちに昭和五九年、私は朴氏から、いかに西山を敬い、その教導を受けたかを告げられた。「浦項から蔚山への砂浜を一緒に歩いた折、突然河野一郎氏の訃報に接し、西山さんは急ぎ帰国されたが、その後、西山さんも後を追うように逝かれてしまった」との朴氏の追慕の言葉に接したのである（高原 2002：63－64）。

西山のあとを受けて、千葉・水島製鉄所建設や港湾建設に腕を振るった上野長三郎（川崎製鉄常務）が浦項製鉄所の土木エンジニアリングを担当した。上野は一九七三年七月、浦項製鉄所の竣工式で、韓国政府から産業褒章を授与された。

体調の悪化続く

韓国からの帰国後、西山には体調の変化がはっきり自覚されるようになった。大阪大学微生物病研究所付属病院で診察を受けた結果、胃ガンの診断が下された。一九六五（昭和四〇）年八月、西山は家族の希望で、中山恒明東京女子医科大客員教授（前千葉大教授）の勤務する東京女子医大付属病院に入院し、噴門ガンと診断された。

一〇月、西山は大手術のあと幾分回復に向かい、千葉の新宿荘（川鉄の寮）で予後の治療を受けながら、日に一、二時間千葉製鉄所に顔を出していた。その時、西山から呼び出しがかかった岩村英郎（水島製鉄所製銑設備部長、のち社長）は当時の西山を回顧する。

ある日突然電話で、呼び出しがあり出頭したところ、重役室にお一人だけ居られ、「お前の見てきた最近のヨーロッパの話を聞かせろ」とのことで、約一時間差し向かいで、ご報告する機会がありました。ご病気後初めてお会いしたのですが、痛々しくやせられてお声にも昔日の迫力がなく、あまりの変わられようにぼう然とする程でしたが、要所で出されるご質問はさすがに鋭く、特に水島の計画に関連して話が佳境にはいった時の眼の光はまったく以前のままで、この点やや救われる思いがしました。今水島の一貫関係の巨大な設備がくつわを並べて雄姿を現しつつある時、「現地に行ってみたいんだがなあ」と寂しそうに言っておられた声が耳に残っています（『川崎製鉄新聞』一九六六年九月二六日）。

その年の一一月三日の「文化の日」に、政府は生存者受勲を発表した。ここで、西山は「鉄鋼技術の開発および設備の合理化による鉄鋼生産性の向上に献身し、製鉄事業経営を通じて日本経済発展に寄与した」ことで、勲二等瑞宝章を授与された。西山が鉄鋼業界ならびに国家社会に尽くした功績として、川崎製鉄社内報は、①ルップマン式平炉製鋼方法の確立、②酸素製鋼法の確立、③珪素鋼板の製造、④砂鉄精錬におけるレン法の応用、⑤千葉製鉄所の建設、⑥その他企業経営上の功績、⑦公職・業界団体への功績を挙げている（『川崎製鉄新聞』一九六五年一二月六日）。

2．西山弥太郎、最後の決断

懸案となった水島第一高炉の着工時期

一九六五（昭和四〇）年の七月、西山は水島製鉄所の当初の建設計画を大幅に前倒しした。建設が進む間にも鉄鋼業における技術革新はそのテンポを速め、それに伴う設備の大型化、連続化、自動化、高速化、高能率化が急速に進んでいたからである（『川崎製鉄五十年史』２０００：86）。その結果。水島第一期工事の全体計画は、大型高炉四基、転炉六基、連続鋳造設備、各種圧延設備、鋳鍛造設備などを備えた粗鋼年産八〇〇万トン以上の世界最大級の製鉄所をめざすものとなった。工事は高炉建設の段階に合わせ四次にわけて行われることになった。

そうしたなかで、病床の西山の脳裏にあったのは、水島製鉄所第一高炉の着工であった。懸案であった水島第一高炉を中心とする第一次工事は、千葉製鉄所の第五高炉、三号転炉などの新設拡張計画との関連において進めることとしたが、そのとき直面した大きな問題が、第一高炉建設の時期をいつにするかということであった。

日本経済は一九六二年ごろから不況になって、六五年はいわゆる「四〇年不況」に遭遇して、鉄鋼業の再編成論議も出てくるなど、それまで成長軌道にあった鉄鋼業も屈折点を迎えた年であった。鉄鋼業界は粗鋼減産を実施したものの、市況は立ち直らず川鉄の経営を資金面で圧迫していたわけで、大事業の着工にとっては苦しい時期であった（同前：87）。

このため、一九六五年一一月、水島第一高炉の建設問題を中心議題とする会議が開催された。退院してやや病状が良くなった西山は会社に出てきて、この重要な会議を主宰した。

川鉄社内では、「需給動向に合わせて遅くとも一九六七年五月ごろには、火入れを行うべきだ」とする意見と、「財務面のめどがつくまで着工を延期すべきだ」という意見が対立していた（同前）。鉄鋼業界が粗鋼減産を実施している最中で、資金面でメドがつかず、着工延期論が社内に強く、侃々諤々の議論が巻き起こったのである。

この会議で、遅くとも一九六七年五月ごろには火入れすべきだとする西山に対して、乗添利光、岡田貢助、藤本一郎、植山義久の四副社長全員が財務面でめどがつくまで着工を延期すべきという考え方から反対した。

副社長全員の反対を押し切って意思決定

四副社長が揃って西山「天皇」に直言申し上げるという異常事態がおこったのである。一九六七（昭和四二）年春に予定されている水島第一高炉の稼働時期を中心に、全体として設備投資を後にずらすべきだ、というのがその主張であった。

これに対し、西山は「わしの見るところ、昭和四二年は大好況になり、鉄不足がおこって鉄の供給責任が果たせなくなる恐れがある。だから、今の基本計画を変えるわけにはいかない。ただ皆の心配もわかるから、付帯工事で延ばせるものは延ばしたらいい」と決断を下した（村上２０００：35）。川鉄社史は、この会議での西山による決定事項をつぎのように述べている。

昭和四一年の鉄鋼需要は、一般の予測のように低位直線的に徐々に伸びるのではなく、来春を機にかなりの急角度で上昇するとみなければならない。この見通しに立ち、①第一高炉火入れの目標を昭和四二年五月とし、総工費を一部削減して、直ちに工事に着手する、②予測通り来春から景気が上昇すれば、この削減分はすべて早急に復活する、③千葉、水島の現場の各部長は必要に応じていつでも復活できるよう、設計を再検討する（『川崎製鉄二十五年史』１９７６：１３４）。

西山は、水島第一高炉が火入れする一九六七年は好況になり、鉄不足がおこる恐れがある。だから、今の基本計画を変えるわけにはいかないと、四副社長を説得し、水島第一高炉の着工を決断したのである。

西山の予測通り、鉄鋼景気は急回復へ

こうして、一九六六（昭和四一）年一月から、川崎製鉄は水島第一高炉の基礎工事に着手した。その後の鉄鋼市況は西山の予測通り、上昇に転じ、鉄鋼需要は増大していった。六七年四月一八日、水島第一高炉に無事火が入った。西山「天皇」の経営者としての決断が遺憾なく発揮された瞬間であっ

た。

この水島第一高炉の稼働時期を決めたときの西山の行動について、岩村英郎（三代社長）は、「目をギラギラ光らせながら、大変な気迫で断を下した。『来年になれば、鉄鋼需要は急角度で上昇する、今やらないと、駄目だ』。社長の予言通りになった。だが、これが西山社長の最後の決断だった」と語る（『私の履歴書　経済人25』２００４：４６１）。

もし、西山の決断がなければ、高炉火入れは延期されたであろう。一九六七年四月の水島第一高炉稼働時の鉄鋼景気について、村上英之助（副社長）はつぎのように回顧する。

　それで実際どうなったかというと、昭和四一、四二年ごろ、私は経理部におりまして、今でいう利益計画という仕事をやってたんですが、四二年には景気が回復し、実際に鉄が大幅に足りなくなったんです。西山さんはすでに亡くなっておられましたけれども、二年前に言われたことがドンピシャリ当たったたんですね。あれはまさに的確な予言でした（村上１９９１：13）。

不況の時こそ、設備投資に力を注ぎ、景気回復に備えるというのが西山の考えだった。ここにも、緻密なソロバンに支えられた旺盛な開拓者精神があった。鉄鋼市況は西山の予測通り、上昇に転じて鉄鋼需要は増大していった。

しかし、このころから岩村英郎は西山の言動の変化を感じ取っていた。岩村は語る。「（西山は―引用者―）周囲にこんなことを漏らすようになった。『もうオレの仕事は水島を決めたことで終わったことにしたいね。あとは知らんよ。やってくれよ』」と（『私の履歴書　経済人25』２００４：４６２）。

3．企業家の最期と後継人事

副社長制の導入、後継者候補問題は先送り

川崎製鉄では、すでに一九六二（昭和三七）年に専務会を設置した。代表権保有者である専務取締役以上の役員で専務会を構成することにより、重要事項の検討や経営の方向づけをより迅速に行なおうとしたのである。専務会の構成メンバーは、大森会長、西山社長、守屋専務、そして新たに専務に昇格した乗添利光、岡田貢助、藤本一郎、植山義久の七名であった。

さらに二年後の一九六四年六月、西山は副社長制を導入した。

定時株主総会後の取締役会で乗添、岡田、藤本、植山の専務取締役四名が副社長に昇格した。四名の副社長は大森会長、西山社長を補佐するほか、乗添が原材料、営業、岡田が資金、経理、関連事業、藤本が人事、労働、技術、植山が千葉製鉄所を管掌した。

このときすでに川鉄創立以来一四年、強力なリーダーシップを発揮してきた西山「天皇」もついに古希の段階に入り、後継者の人選を意図しはじめていたと考えられる。それはおよそワンマンといわれてきた人を、最後に必ずといってよいほど悩ませる問題である。後継者、つまり次期社長を誰にす

るかということであった。

このころ川鉄の監査役であった川崎重工業社長の砂野仁は西山に四副社長の序列、つまり、後継者は決めたのかを尋ねている。川重においては三人の専務の並立状態が続いたために社内が混乱したとして、つぎのように西山に忠告した。

西山君、副社長を四人置いたようだが、序列はちゃんと決めたのか。つまり、後継者だ。君も知ってのとおり、ぼくら三人が川重専務になってから二年間実にこまった。手塚社長に三人を競走馬みたいに走らせて選ぶのか、と言ったら、それじゃ入社順といったり、重役就任順だといったりする。（中略）そして結局年齢順で君島與一、砂野仁、二瓶豊となった。それでも結局そのとおりにはいかないで、私が副社長、ついで社長になったわけだが、これじゃ混乱ばかりで、お互いも会社も困ったことになるぞ、悪いことは言わん、早くハッキリしたがいいぞと。西山君はもじもじして黙っていた（『巨人伝』1971：762）。

亡くなる8カ月前の西山会長兼社長
（出典：『川崎製鉄五十年史』）

砂野だけでなく、大森尚則（川鉄会長）も西山が副社長四人制を実施するとき、このチャンスに序列をハッキリさせたがよいと進言し、さらに突っ込んで、これまでの惰性による序列を変えるべしと進言した（同前）。

しかし、序列問題、後継者候補問題は先送りされ、「西山の晩年の最大の宿題」（同前：763）となってきた。

藤本一郎に後継を託す

一九六六（昭和四一）年、西山がすでに半年以上も出社していないことから、その病状および後継者問題が社内外で憶測を呼ぶようになっていた。西山は一月四日の恒例の社内新年祝賀会で年頭訓示を行った。これが従業員の前に姿を見せた最後となった。三月には川崎病院に入院して、六月の定時株主総会には出席がかなわず、議長は乗添利光副社長が代行した。

西山の病状はさらに悪化し、七月一九日には砂野仁を病床に呼んだが、病状が重いため、翌日会った。このとき西山は社長を辞任し、会長に専念すること、後任には藤本一郎副社長を推すことを告げた（『川崎製鉄五十年史』２０００：１０４）。

以上はこれまで広く伝えられてきた経緯である。

しかし、砂野が亡くなる直前の西山を訪ねて後継人事を告げられるかなり以前に、西山が藤本一郎、岡田貢助両副社長を直接川崎病院に呼び、藤本後継を告げていたという注目すべき藤本の証言がある。藤本はつぎのように語っている。

（砂野が西山に会ったのは―引用者―）それはもう、亡くなるちょっと前ですよ。そのずっと前に、西山さんは僕に言ったですよ。「俺はもう七十だ。疲れたから社長をやめて国に帰って百姓する。ついてはお前、次の社長になれや」と。僕は「いや私は（四副社長の中で―引用者―）一番若いし、ごめんこうむります」といった。そのようなことが二回か三回あったでしょうか。

正式に言われたのは川崎病院に入院したときでしたかな。あの時に来いと言われ、僕と岡田さんとが行った。そこで「藤本、お前なれ」と。僕は「いや、岡田さんの方が」と、岡田さんを推薦したんですよ。「岡田さんはもう川鉄の人間になりきってますし、僕は岡田さんを助けますよ」とね。しかし西山さんは「いや、いかんと」。岡田さんは岡田さんで「わしもならん」で、西山さん「どうしてもお前なれ」。そのあとに正式に砂野さんを呼んで「藤本を社長にすることに…」と。西山さんご自身が元気だったら、そんなこととする必要もなかったのでしょうが（『先達に聞く（下巻）』1985：177）。

水島完成目前、夢半ばの死

西山が神戸市の川崎病院に転院したのは、一九六六（昭和四一）年三月三一日である。当時の西山について、主治医の中神一雄（川崎病院医学博士）はつぎのように述べている。

とかく偉い人はわがままを申されがちですが、西山社長は決して申されません。栄養補給のために再び胃に穴を開けて、人工栄養を注入したのですが、「ヨイショ、ヨイショ」と掛け声をかけて耐えておられ、お苦しいのがよくわかりました。しかし、どれほど苦しい時でも、「水島のために辛抱するよ。試練と思えばいい」とか、ある時「病気はねじふせていかねば治らないのだ」とおっしゃいました。七月に入り、頭部リンパ腺への転移も明瞭となり、私たちが当初予想した一時的でもという希望は夢となってしまいました。無意識のうちに出るいくつかの言葉の中に、会社の将来を配慮されておられることが察しられ、思わず目頭をおさえたものです（『川崎製鉄新聞』一九六六年九月二六日）。

その後の西山の病状は日に日に深刻さを増し、七三歳の誕生日を迎えた五日後の一九六六年八月一〇日、ついに不帰の客となった。

千葉県での新製鉄所計画を一〇余年にわたって推進し、奇跡的な事業拡大に成功した。そして、新たな大事業である水島製鉄所完成を目前にし、夢半ばの死であった。

八月一一日、マスコミ各社は、西山「天皇」の死をそろって報じた。戦後日本の経営者中「傑出した人物」のひとりであったとし、各新聞はそろって一回り大きな見出しとスペースで、その死を報じた。そして千葉製鉄所建設のいきさつ、西山「天皇」と呼ばれていたことなどをあらためて紹介した（『巨人伝』1971：806－807）。

以下、川崎製鉄の社葬における各氏の弔辞の一部である（『追悼集』1967：485－494）。

「あなたは戦後の廃墟の中に立って、今後の日本経済と基礎産業である鉄鋼業の躍進を固く信じ、自らはその分野の中において、何をなすべきかを深く考え、勇敢に実施、実行した人といえましょう」（三木武夫通商産業大臣）

「会社設立以来、未だ敗戦の混乱から脱し切らない嶮しい日本経済のなかにあって、文字通り寝食を忘れ心身を捧げ尽くして建設された世界最新鋭の千葉製鉄所は、御社がわが国有数の銑鋼一貫メーカーとして飛躍的発展をなされる礎石となったばかりでなく、わが国鉄鋼業にとっても近代化推進の大きな原動力となった記念すべき偉業です」（稲山嘉寛日本鉄鋼連盟会長）

「君は、人となり誠実にして私なく、事を計りては細心にして周密而もひとたび事を決するやあたかも大河の決する勢いを以て、これを推進されたのであります。またそのまれにみる説得力と類なき包擁力は、よく人心を掌握して幾多の人材を縦横に駆使し、川崎製鉄の今日をあらしめられたことは、ふかく肝に銘ずるところであります」（砂野仁川崎重工業社長）

西山亡きあとの川鉄は同年八月、水島製鉄所では第一分塊工場が稼働を開始し、翌一九六七年四月には第一高炉（公称日産四五〇〇トン）、一八〇トン転炉二基、厚板圧延機（当初年産能力六〇万トン）が完成、稼働した。

ここに水島製鉄所は粗鋼年産二〇〇〇万トンの銑鋼一貫体制を確立した。千葉製鉄所に続く「もう一つの製鉄所を」という西山の構想が死して現実のものとなった。
日本鉄鋼業が戦後復興から世界に大きくはばたき始めたころのことだ。

エピローグ

イノベーターとしての西山「天皇」

二〇一九年の初夏、千葉市のＪＦＥスチール東日本製鉄所千葉地区（旧川崎製鉄千葉製鉄所）にある西山記念館を訪れた。一九七五年に神戸の旧川崎製鉄本社脇に設立された「西山記念会館」が移設されたもので、西山の生涯と戦後初めて建設された銑鋼一貫の臨海製鉄所の歴史を紹介している。

同製鉄所には北村西望芸術院会員による西山の立像が建っている。右手を挙げて、千葉製鉄所建設への情熱を今に伝えている。銅像の銘文には次のように記されている。

西山彌太郎氏は明治二十六年、神奈川県

西山銅像
（JFE スチール東日本製鉄所千葉地区）

那賀郡二宮町に生まれ、大正八年東京帝国大学工学部鉄冶金科を卒業後、当社の前身株式会社川崎造船所に入社、倦むところなき研鑽によって製鉄技術の改善向上に幾多の功績をあげられた。昭和二十五年八月、当社創立とともに輿望を担って初代社長に就任せられるや、日本経済復興の基礎は鉄鋼業の発展にあり、鉄鋼業の発展は旧弊を一擲して世界の技術革新に即応するにありとし、千葉の地に新時代を画する新鋭一貫製鉄所建設の壮挙を敢行された。戦後、国土は荒廃に帰し、国民は虚脱に陥り、経済界は未曽有の混迷の中にあったことを思えば、氏の高邁なる識見、旺盛なる創意、不撓不屈の実行力にただ讃嘆をささげるのみである。かくて千葉製鉄所の完成をみるや、その成功に甘んぜず世界の鉄鋼業界に雄飛せんとの遠大なる構想のもと、水島の地にさらに気宇壮大な製鉄所建設に着手された。その常人の全て及ばざる氏の偉業こそ、当社躍進の礎となったのみならず、日本産業発展の原動力となった。しかも氏の高潔にして温情あふるる人格は慈父のごとく敬慕された。

この銘文は、単なる技術経営者を超えた経営イノベーター（変革者）、西山「天皇」の生涯を簡潔に語っている。

西山というひとつの成功物語の裏には、本書の各章で述べたように、数えきれないほどの苦難があった。戦後期の深刻な労使対立と大争議、曲折を経た川崎重工業からの分離・独立、政府・業界・金融機関等の四面楚歌のなかでの新製鉄所建設、立ちはだかった資金問題、経営危機も囁かれた世銀借款交渉の停滞、そして、第二製鉄所、水島製鉄所建設途上での体調悪化と闘病…。西山は信念を曲げない決断力と実行力でこれを乗り越えた。水島建設途上でのガンによる旅立ちを除いては。

さまざまに語られた天皇像

社内外で西山が「天皇」と呼ばれたことはすでに述べた。

当時、西山を取材していた三人の新聞記者が、それぞれ西山「天皇」像を伝えている。まず、若林善三（朝日新聞）、水本祐造（毎日新聞）は、西山を「馬力だけの独裁経営者」ではなく、政府、業界他社、金融機関等の反対の中で、期待の意味をこめた天皇にいつしか変わっていった、そして天皇というニック・ネームやワンマン社長という世評とは逆の「開放的な天皇」、社員に恐れられた天皇ではなく、「頼りにされ、尊敬された天皇」であったと位置づけている。この二人の記者は、西山「天皇」についてつぎのように語る。

若林善三

私も最初会うまでは馬力だけの独裁経営者ではないかと思っていた。

なにしろ有名なペンペン草論や二重投資説、資金調達難問題など川鉄にとっては触れてもらいたくないことでも、新聞記者には大きなニュースである。しかし、何度か会っていると、誠実な話しぶりで、ごまかしの答えをしない人だった。千葉建設はほんとうにできるのか、中止せざるを得ないのではないか、といった意地悪くとれる質問にも腹を立てず、納得のいく説明をされた。

当時の鉄鋼業界は銑鋼一貫メーカーである八幡、富士、鋼管の関東三社が強大な発言力をもち、高炉を持たぬ川鉄、住金、神戸の関西三社を平炉メーカーとして見下していた。官僚や政治家がそうした状況を当然だとし、金融機関も強いものの味方だった。それだけに非難の意味がこめられていた「天皇」が期待の意味をこめた「天皇」にいつしか変わっていった（『追悼集』１９６７：２８２－２８３）。

水本祐造

新聞記者というのは口の悪い人種だ。記者クラブや社内での会話でも、西山社長というより「西山天皇」で通っていた。天皇の呼び名を奉られている経営者は少なくない。その全部にお会いしたわけではないから、比較していうのではない。しかし、天皇のニック・ネームや、ワンマン社長という世評が伝えるイメージとは逆に、西山さんはまことに開放的な天皇だった。

葺合の、あの木造の本社の二階の、お世辞にも豪華とは言いかねる社長室で、時間さえあれば気軽に会っていただいたし、こちらの愚問にも面倒がらずに、あれこれと答えてくださった。西山さんは、社員に恐れられている天皇ではなく、みんなからたよりにされ、尊敬されているオヤジであった。血の通ったワンマン社長とでもいうのだろうか（同前：３５８－３５９）。

ワンマン経営者の功罪

これに対し、筒井芳太郎（日本経済新聞）は、西山を「頭から強引に押しつけている傾向がある」ワンマン経営者として捉えた。筒井はつぎのように語る。

鉄の仕事に明るいのは結構だが、スミからスミまで、なにもかも知り過ぎてているから、ジッとしていられなくなるんだね。由来、百科事典というやつは、引く人のために作られているものなんだ。それが西山の場合は、自分の書いた百科事典を、引手の気持ちにお構いなく、これを見ろこれを見ろと、頭から強引に押しつけている傾向がある。

それだけに気もいいんだね。そうなんだ。一体、どうしてケンカばかりしているんだと聞いたら、会社が大事なんだよ、会社が。うちの会社のプラスがそのまま国家のプラスになったら文句はないだろう。だからおれは会社のためなら、相手が、何様だろうが遠慮はしない（筒井 1952：229）。

筒井が語る西山像は「鉄の仕事をスミからスミまで、何もかも知り過ぎてているから、ジッとしていられなくなる」、「（自分の考えを）頭から強引に押しつけている傾向がある」というものであった。

西山のトップ・ダウンは矢のように早いが、その反面、ボトム・アップ以前に、西山のさらに一歩進んだ創意が出てしまって、結局、「西山社長には適わない」ということになり、万事が西山に依存するということになりかねない組織風土が出来上がっているのではないかという指摘である。

言い換えれば、軍司令官としての西山があまり偉すぎて、同時に第一線部隊長も兼ねるというのが当時の川鉄だったということだろうか。


西山をよく知る関係者が、ワンマン経営者・西山について語る。

衆議院議員の星島二郎（元衆議院議長）は「西山天皇といわれていたということだが、ああいう大事業は全責任を自分が負うというようなワンマンでなければ発展しない」と語り、酒井杏之助（第一銀行元頭取）は「戦後の日本の経営者では有数の経営者だと考えている。西山天皇だなんていって、独裁的で力の人だというふうに世間ではいっているが、それだけじゃない。あの人は非常に情誼に篤い方ですよ。力を持っていると同時に情誼に篤かった。私はあの人こそ英雄だと思う」と語っている（『川崎製鉄新聞』一九六六年九月二六日）。

現場を愛した「天皇」のエピソード

「天皇」と称され、社内では万軍を叱咤するという気魄のある社長であった半面、西山が情誼に篤い社長であったことを示す社内のいくつかのエピソードが残されている（同前）。

ひとつは、一九五三（昭和二八）年、愛知県知多工場の老工員と西山「天皇」をめぐるエピソードである。

高尾という社員が病気で入院し、明日をも知れない状態になったとき、「死ぬ前にもう一度西山社長に会いたい」と話したのを聞いた妻がやむなく西山に手紙を書いた。これを読んだ西山は多忙な出張の予定を一日伸ばして神戸から知多の病院に駆け付けた。二人は長い時間を語らいあったという。

葺合工場の赤松菊雄（鋼帯課）が語るのは、現場とともにあった西山「天皇」の思い出である。

戦前期の一九三四年当時、平炉は全部ガス炉で、ガスの変更ごとに炉は大音響を立て今にも爆発しそうな状況にあり、皆こわごわ変更作業をしていたという。そこへ西山（当時、課長）が来て「爆発の原因を調べよう。すぐ炉を止め、煙道のマンホールを開いて中に入れ」と命じた。マンホールを開けたが、煙道は真赤だったので、二、三時間冷やして中に入ろうとしたが、それでも熱くて中に入れそうにない。誰かが「こんな熱いのに入れるか。弥太公を呼んで来い」と言った。そのとき「おーい、呼びに行かんでも、オレはここにいるぞ」と、真赤な顔をして煙道の中から、西山がごそごそと出てきたという。今で言う3K（きつい、汚い、危険）の現場で第一線の社員とともに働く西山の姿を伝える話である。

兵庫工場の坂本一郎（製鋼課）は、つぎのように西山「天皇」との出来事を語る。

葺合工場での思い出である。九基の平炉がずらりと並び、一度に三基、四基と出鋼するという生産が旺盛な時で灼熱地獄のような毎日、作業が苦痛で同僚とやめる相談をしていた矢先、現場で西山とバッタリ会ったとき、「会社をやめる考えだろう」と言われ、人の心を読み取る恐ろしい人だと思った。「われわれ人間は辛抱第一だ。鉄をつくることほど男らしい職業があるか。鉄は日本の基礎をつくるのだ」と諄々と諭され、上級班長にも指導頼むぞと慈父のようにやさしく言われたことが、今でも脳裏から離れない。仕事には鬼といわれ厳しかったが、人情豊かな思いやりのある人だった。千葉建設の最中にも神戸に帰ると、休む間もなくその足で工場内を回り、カンカン帽にズボン吊りの姿で平炉の高い階段を昇り、作業状況を見ておられた。ときには操業表を見て「製鋼の時間が長いぞ、もっと早く出せよ、鋼塊は幾らでもいるのだぞ」と激励されたり、肩をたたいて「タバコを吸え」とポケットから出されたものだった。

通常、「天皇」という言葉には、貴族的な、権力的な、独裁的な匂いがする。しかし、これらの話から伝わってくるのは、西山のなかにあるワンマン性と同時に存在している庶民性、さらに言えば、野人性である。現場の社員から親近感を向けられていたのも、この庶民性があってのことであった。

戦後日本鉄鋼史と西山弥太郎

森川英正（2001）は、戦後鉄鋼第一次合理化の立役者の一人が西山であったと位置づける。そして、川崎製鉄が西山の強力なリーダーシップの下に監督官庁・通産省の重圧をはね返し、千葉銑鋼一貫製鉄所の建設という独自の道を選んだことは、「第一次合理化計画の中での破天荒な一ページであったというに止まらない。明治以来の日本経営史の中でも瞠目すべきシーンを形成した」と指摘する（森川２００１：２５８‐２５９）。

この官主導への反逆という観点から、橘川武郎（２００４）は、出光佐三（出光興産）とともに西山に着目する。彼らを「既成の状況に迎合しない反骨精神の持ち主であった。長いものに巻かれていては、新しい時代を切り開く先駆者にはなれない。彼らにも『出る杭は打たれる』式の厳しい現実がふりかかったが、それに屈することなく、『打たれても出る』立場を貫いた」企業家であると位置づける（橘川２００４：32）。

西山は川崎製鉄の創業者的企業家（Founder entrepreneur）であり、「天皇」と呼ばれたカリスマ型経営者であった。そして、銑鋼一貫の構想を抱き、多くの反対・妨害のなかで達成した産業開拓者（イノベーター）であった。

鉄鋼業は第二次世界大戦の遂行に軍需産業としての役割を果した結果、壊滅的な打撃を受けた。しかし、生産復興をめざした敗戦直後から戦後復興期、大規模な設備投資が果敢に実行された高度成長期を通して、欧米鉄鋼業へのキャッチアップを実現した。

そこには、西山のように、今後の日本経済と基礎産業である鉄鋼業の発展を固く信じ、自ら何を成すべきかを考え、平炉メーカーを脱して、新機軸に富む銑鋼一貫製鉄所を建設するという大規模な近代化・合理化を主導した企業家活動があった。

西山の創業者的、革新的企業家活動の特徴は、以下の各点に集約できる。

①　制約条件が多い時期に、平炉メーカーを銑鋼一貫メーカーに育て、旧日本製鉄中心の鉄鋼産業

構造を打破し、鉄鋼大手六社の競争体制を築いたこと
②鋼板類中心の臨海型一貫製鉄所を建設し、戦後の技術革新の嚆矢となったその構想力
③大型設備投資に対応した巨額の世銀借款などの資金調達における革新
④その結果としての日本鉄鋼業の世界市場制覇の土台を築いたこと
⑤技術者出身の経営者の成功のケース

西山の企業家活動において注目されるのは、本書の各章で取り上げたようなさまざまな「革新」が相互に関連しながら連続的に継起したことである。このような革新の累積によって、西山は戦後、日本経済の復興がまだ混迷の中にあったとき、いち早く最新鋭の銑鋼一貫製鉄所建設を意思決定し、千葉にこれを完成することにより、戦後鉄鋼業の近代化をリードした。

田中直毅（1980）は、「ナンバー2からみた日本産業論・鉄鋼―川鉄・住金の挑戦―」（『経済セミナー』三〇三巻）において、八幡、富士（一九七〇年以降は新日本製鉄）をナンバー1グループ、川鉄、住金をナンバー2グループと位置づけ、ナンバー2が①「後なるもの」の自覚をもち、②追い上げのための明示的な意思決定を行い、③その行動が「先なるもの」に大きな影響を与えたという三点を指摘している。そして、川鉄千葉の成功がその後の一貫製鉄所建設の導火線となった点を捉えて「ナンバー2の共鳴誘発効果」と呼んでいる（田中 1980：71－73）。

このように、西山の銑鋼一貫構想とその実現過程は、後発企業（二番手企業）が多くの困難を克服

して成長した代表的なケースである。

千葉製鉄所の成功は、先発三社（八幡、富士、鋼管）の新製鉄所建設の引き金となり、住金、神鋼も追随した。西山の行動、川鉄の躍進をみた日本の経営者は驚くほど大胆に借金をし、積極的な設備投資行動に出る。そして鉄という基礎素材産業の成長を基盤に、造船、自動車、重電、家電産業など、日本企業は躍進する。

西山弥太郎は川崎製鉄の創業経営者、戦後鉄鋼業の変革者としてだけでなく、日本の高度成長の引き金を引いた一人の企業家としても語り継がれるだろう。

参考文献

会田雄次（1984）『歴史を変えた決断の瞬間』角川書店。

浅井良夫（2014）「世界銀行の対日政策の形成―一九五一～五六年（上）―」『経済研究』第二〇四号。

浅井良夫（2017a）「世界銀行の対日政策の形成―一九五一～五六年（中）―」『経済研究』第二一五号。

浅井良夫（2017b）「世界銀行の対日政策の形成―一九五一～五六年（下）―」『経済研究』第二一六号。

浅輪三郎（1954a）「銑鋼一貫作業の合理化Ⅰ」『科学』岩波書店、第二四巻第三号。

浅輪三郎（1954b）「銑鋼一貫作業の合理化Ⅱ」『科学』岩波書店、第二四巻第五号。

飯田賢一・大橋周二・黒岩俊郎編（1969）『現代日本産業発達史Ⅳ　鉄鋼』交詢社出版局。

飯田賢一（1982）『日本人と鉄』有斐閣。

飯田賢一（1987）『人物・鉄鋼技術史』日刊工業新聞社。

石川直義（1998）「〝高炉一貫〟の初志を貫いた西山弥太郎―戦後デシジョンメーキングの研究―」『エコノミスト』一九九八年一月二七日号、毎日新聞社。

伊丹敬之（2015）『高度成長を引きずり出した男―サラリーマン社長・西山彌太郎の夢と決断―』ＰＨＰ研究所。

伊丹敬之（2018）『なぜ戦略の落とし穴にはまるのか』日本経済新聞出版社。

稲葉秀三編（1955）『世界銀行の對日投資』黄土社。

岩村英郎（1984）「高炉技術への挑戦」エコノミスト編集部編『証言・高度成長期の日本（上）』毎日新聞社。

上野長三郎追悼録刊行会（1985）『上野長三郎さんを偲んで』。

植山義久（1980）『植山義久遺稿』。

太田康夫・有馬良行（2012）『戦後復興秘録―世銀融資に学ぶ日本再生―』日本経済新聞出版社。

大谷健（1979）『戦後財界人列伝』産業能率大学出版部。

大谷健（1980）「高度成長を呼んだ川鉄の決断」『プレジデント』一九八〇年八月号、プレジデント社。

岡崎哲二（1993）『日本の工業化と鉄鋼産業―経済発展の比較制度分析―』東京大学出版会。

小田切宏之・後藤晃（1998）『日本の企業進化―革新と競争のダイナミック・プロセス』東洋経済新報社。

飼手眞吾追想集刊行発起人会編（1983）『飼手眞吾』労務行政研究所。

桂芳男（1987）「川崎製鉄・西山弥太郎の革新的企業者活動」神戸大学経済経営学会『国民経済雑誌』第一五六巻第六号。

上岡一史（2005）『戦後日本鉄鋼業発展のダイナミズム』日本経済評論社。

K・E・カルダー著／谷口智彦訳（1994）『戦略的資本主義―日本型経済システムの本質―』日本経済新聞社。

川口義明（1948）『川崎製鈑争議戦術の解説と批判』産業厚生時報社。

川崎重工業株式会社編・刊（1969）『川崎重工業株式会社社史』。

川崎製鉄株式会社編・刊（1976）『川崎製鉄二十五年史』。

川崎製鉄株式会社編・刊（2000）『川崎製鉄五十年史』。

川崎製鉄株式会社千葉製鉄所編・刊（1967）『千葉製鉄所建設十五年の歩み』。

川崎製鉄労働組合連合会編・刊（1974）『川鉄労働運動史―川鉄労連二十年の歩み―』。

川鉄商事株式会社編・刊（1980）『川鉄商事二十五年の歩み』。

川鉄物産株式会社編・刊（1983）『川鉄物産社史』。

橘川武郎（2004）「出光佐三と西山弥太郎」『エコノミスト』二〇〇四年二月九日号、毎日新聞社。

栗原東洋（1952）『千葉の産業と川鐵の建設―農業県から工業県へ―』房總産業經濟調査會。

黒木亮（2012a）『鉄のあけぼの　上』毎日新聞社。

黒木亮（2012b）『鉄のあけぼの　下』毎日新聞社。

経営史学会（2004）『日本経営史の基礎知識』有斐閣。

神代和欣・連合総合生活開発研究所編（1995）『戦後五〇年 産業・雇用・労働史』日本労働研究機構。

坂本慧（1975）『戦後労働組合運動史』田畑書店。

桜井信夫編（1961）『鉄のパイオニア―川崎製鉄―』フジ・インターナショナル・コンサルタント。

柴孝夫（1978）「大正期企業経営の多角的拡大志向とその挫折―川崎造船所の場合―」『大阪大学経済学』第二八巻第二・三号。

柴孝夫（1980）「金融恐慌時における経営戦略の破綻とその整理―川崎造船所の場合―」『経営史学』第十五巻第一号。

島本禮一編（1978）『終戦後における金融政策の運営　一万田尚登元日本銀行総裁回顧録』日本銀行。

鈴木謙一（1966）『住友　企業グループの動態②』中央公論社。

鈴木玲（1998）「戦後日本の鉄鋼産業における協調的企業別労働組合の成立―組織内政治を通じての分析―」

『レヴァイアサン』１９９８年冬号、木鐸社。

數土文夫（２００９）「西山彌太郎の精神と二一世紀の企業経営」日本鉄鋼協会西山記念技術講座。

住友金属工業株式会社編・刊（１９５７）『住友金属工業六十年小史』。

住友金属工業株式会社編・刊（１９６７）『住友金属工業最近十年史』。

戦後鉄鋼史編集委員会編（１９５９）『戦後鉄鋼史』日本鉄鋼連盟。

全日本鉄鋼産業労働組合中央執行委員会（1948）『鉄鋼労働者はどう闘ふか』全日本鉄鋼産業労働組合。

反町健一（１９９３）「川崎製鉄千葉製鉄所一号高炉の建設について」『平成四年度千葉県工業歴史資料調査報告書』。

ダイヤモンド社編・刊（１９６４）『歴史をつくる人々　川崎製鉄社長西山彌太郎　鉄づくり・会社づくり』。

ダイヤモンド社編・刊（１９７０）『財界人思想全集第三巻　経営管理観』。

高杉良（１９９０）『小説日本興業銀行　第三部』講談社文庫。

高梨昌（１９６７）『日本鉄鋼業の労使関係』東京大学出版会。

高原友生（２００２）『商戦』中央公論新社。

竹俣高敏（１９８２）「川鉄千葉工場の建設と計画造船融資」小林中追悼録編集委員会編『追悼　小林中』日本開発銀行。

田中彰（２０１２）『戦後日本の資源ビジネス―原料調達システムと総合商社の比較経営史―』名古屋大学出版会。

田中直毅（１９８０）「ナンバー２からみた日本産業論・鉄鋼―川鉄・住金の挑戦―」『経済セミナー』第三〇三号。

田中洋之助（1975）『日向方斉論』ライフ社。

田畑新太郎（1957）「鉄鋼第二次合理化計画を概観して」『鉄鋼界』一九五七年二月号。

千葉県議会史編さん委員会編（1988）『千葉県議会史　第5巻』千葉県議会。

千葉県議会史編さん委員会編（1992）『千葉県議会史　第6巻』千葉県議会。

千葉県議会史編さん委員会編（1996）『千葉県議会史　第7巻』千葉県議会。

張紹喆（1992a）「住友金属工業の第2次合理化設備投資と新しい生産体制の成立」京都大学経済学会『経済論叢』第一四九巻第四・五・六号。

張紹喆（1992b）「一九五〇年代住友金属工業の銑鋼一貫企業化過程」京都大学経済学会『経済論叢』一五〇巻第二・三号。

通商産業省編（1970）『商工政策史 第一七巻 鉄鋼業』商工政策史刊行会。

土喰勲（1970）「ストなし型組合・川崎製鉄」『月刊労働問題』第一四四号。

土屋秀雄（1997）『今だから語れる東京湾の光と影　京葉工業地帯の夜明け』千葉日報社。

筒井芳太郎（1952）『財界人物読本』経済往来社。

鉄鋼新聞社編（1971）『鉄鋼巨人伝　西山彌太郎』鉄鋼新聞社。

鉄鋼新聞社編（1985）『先達に聞く（上巻）』鉄鋼新聞社。

鉄鋼新聞社編（1985）『先達に聞く（下巻）』鉄鋼新聞社。

内藤勝（1958）「川崎製鈑の争議―昭和二二～二三年―」労働争議調査会編著『戦後労働争議実態調査　第七巻　鉄鋼争議』中央公論社。

長江雅和（2018）「一〇〇年の転機②　敗戦」『エコノミスト』二〇一八年一月一六日号、毎日新聞社。

中村豪（２００７）「戦後日本における技術導入と普及：鉄鋼業におけるＢＯＦの受容」東京経済大学学会誌『経済学』。

西成田豊（１９９２）「占領期日本の労資関係―「拘束された経営権」の問題を中心にー」中村政則編『日本の近代と資本主義―国際化と日本鉄鋼協会地域―』東京大学出版会。

西山記念事業会編・刊（１９６７）『西山彌太郎追悼集』。

西山弥太郎（１９５１）「外国相手の金儲けをしよう」『鉄鋼界』一九五一年一〇月号。

西山弥太郎（１９５２）「鐵屋の經濟學―わが事業観・人生観―」『中央公論』一九五二年八月号、中央公論社。

西山弥太郎（１９６１）「花嫁探し」『中央公論』一九六一年一〇月号、中央公論社。

二宮欣也（１９６８）『鉄鋼戦争』ぺりかん社。

日本開発銀行編・刊（１９７６）『日本開発銀行二十五年史』。

日本経営者団体連盟編（１９５０）『新労働協約の方向―締結上の問題点とその実例―』日本経営者団体連盟。

日本経済新聞社編（１９９２）『私の履歴書　昭和の経営者群像10』（永野重雄ほか）日本経済新聞社。

日本経済新聞社編（２０００）『二〇世紀　日本の経済人』日本経済新聞社。

日本経済新聞社編（２００４）『私の履歴書　経済人25』（日向方斉、岩村英郎ほか）日本経済新聞社。

野崎務（２０００）『底吹き転炉法』日本鉄鋼協会。

野田一夫（１９６３）「企業成長の決定的瞬間・川崎製鉄」『エコノミスト』一九六三年九月二四号、毎日新聞社。

羽間乙彦（１９７７）『永野重雄論』ライフ社。

橋本寿朗（１９９３）『科学研究・重点領域研究「戦後日本形成の基礎的研究」経済班　藤本一郎氏ヒアリング』。

橋本寿朗（2001）『戦後日本経済の成長構造―企業システムと産業政策の研究―』有斐閣。

濱田信夫（2004）「戦後鉄鋼業の革新者―永野重雄と日向方斉―」法政大学イノベーション・マネジメント研究センター、宇田川勝編『ケース・スタディ　戦後日本の企業家活動』文眞堂。

濱田信夫（2005）『革新の企業家史―戦後鉄鋼業の復興と西山弥太郎―』白桃書房。

濱田信夫（2011）「戦後の大型設備投資行動：西山弥太郎《川崎製鉄》」宇田川勝・生島淳編『企業家に学ぶ日本経営史』有斐閣。

濱田信夫（2014）「川崎造船所の創業と経営発展―川崎正蔵と松方幸次郎―」宇田川勝・四宮正親編『企業家活動からみた日本の物づくり経営史』文眞堂。

原邦道（1974）『邦道随想録』講談社出版センター。

兵庫県労働運動史編纂委員会編・刊（1983）『兵庫県労働運動史　戦後Ⅰ　占領下の労働運動―昭和二〇年代（上）』。

福島武夫（1987）『夢を抱き歩んだ男たち―川崎重工業の変貌と挑戦―』丸ノ内出版。

福島武夫（1991）『現代を動かすトップリーダー　燃える鉄鋼』ダイヤモンド社。

藤本光城（1960）『松方・金子物語』兵庫新聞社。

前田勲（1981）『川崎製鉄＝撓る力弾む時』日本リクルートセンター出版部。

松崎義（1982）『日本鉄鋼産業分析』日本評論社。

松崎義（1991）「鉄鋼争議（一九五七・五九年）」労働争議史研究会編『日本の労働争議（一九四五～八〇年）』東京大学出版会。

三島康雄（1984）『阪神財閥―野村・山口・川崎―』日本経済新聞社。

宮島英昭（1995）「専門経営者の制覇―日本型経営者企業の成立―」山崎広明・橘川武郎編『「日本的」経営の連続と断絶』岩波書店。

宮田義二（2000）『組合主義に生きる―労働運動七十五年―』日本労働研究機構。

三輪芳郎・鶴田俊正（1967）「合理化のパイオニア 川鉄・千葉製鉄所」『実業の日本』一九六七年三月一五日号、実業之日本社。

村上英之助（2000）「西山弥太郎―一人の鞄持ちがみた―」『ふぇらむ』日本鉄鋼協会、第五巻二号。

森川英正（1996）『トップマネジメントの経営史―経営者企業と家族企業―』有斐閣。

森川英正（2001）「西山弥太郎（川崎製鉄）　官への反逆者による合理的構想力」佐々木聡編『日本の戦後企業家史　反骨の系譜』有斐閣。

八木恭子編（1997）『追想　八木靖浩』。

谷沢永一（2004）『向学心』五月書房。

山口貞雄（1988）『高炉工場の立地と変遷―日本鉄鋼業の推移―』大明堂。

山本潔（1983）『東芝争議（一九四九年）』お茶の水書房。

米倉誠一郎（1983）「戦後日本鉄鋼業における川崎製鉄の革新性」『一橋論叢』第九〇巻第三号。

米倉誠一郎（1991）「鉄鋼―その連続性と非連続性―」米川伸一・下川浩一・山崎広明編『戦後日本経営史第一巻』東洋経済新報社。

米倉誠一郎（1998）「日本鉄鋼業の革新者―西山弥太郎（川崎製鉄）―」伊丹敬之・加護野忠男・宮本又郎・米倉誠一郎『日本企業の経営行動④　企業家の群像と息吹き』有斐閣。

米倉誠一郎（2011）「西山弥太郎にみる戦後復興の精神と時代観」『中央公論』二〇一一年五月号、中央公論新社。

L・H・リン著／遠田雄志訳（1986）『イノベーションの本質―鉄鋼技術導入プロセスの日米比較―』東洋経済新報社。


（資料）
1．川崎重工業株式会社製鉄所資料
「再編成の基準（基準第三）の各項目に該当する事項を記載した報告書」（一九四八年四月八日）。

「企業再建整備法による整備計画認可申請書」（一九四九年八月一七日）。

『製鉄所所報』（川崎重工業株式会社製鉄所所内報）。

「昭和二四年度基本労働協約」（一九四九年五月）。
2．川崎製鉄株式会社資料
「千葉製鉄所新設申請書」（一九五〇年一一月七日）。

「通産省に対する千葉製鉄所建設予算説明経過説明書」（一九五二年二月）。

「通産省の千葉製鉄所承認通告に関するご回答」（一九五二年五月一二日）。

「世界銀行訪日調査団報告」（一九五四年四月三〇日）。

「千葉製鉄所建設計画」（一九五四年五月二〇日）。

「川鉄千葉一貫工場建設計画について（世界銀行提出資料要約版）」（一九五四年五月二五日）。

「世界銀行借款による千葉製鉄所ホットストリップミル建設計画について」（一九五四年六月）。

「世銀融資に関する通産省質問事項」（一九五四年七月一五日）。

「世銀借款に関する経過報告及び通産省三井製鉄課長質問事項」（一九五四年七月一七日）。

「世銀借款に関する通産省と調査団との打合事項、並びに当社への要求事項」（一九五四年七月二五日）。

「対世銀調査団最終会談報告並びに提出資料作成方御願の件」（一九五四年一一月三〇日）。

「世界銀行借款による千葉製鉄所第二次合理化計画の概要」（一九五五年一月）。

「世銀提出資料」（一九五五年三月一〇日）。

「社長講演原稿（清話会）」（一九五六年九月）。

「東洋経済新報前田編集局次長と西山社長との対談要旨」（一九五六年一〇月）。

「世銀四契約書概要」（一九五七年一月九日）。

「川崎製鉄株式会社　特別取締役会議事録」（一九五七年一月二八日）。

「戦後川鉄の歩んだ道（川崎製鉄調査部編）」（一九六四年四月六日）。

「『西山彌太郎追悼集』編纂用資料」（一八六七年四月九日）。

「社史編纂のための記録シリーズ　製鉄部門の分離独立—終戦から第二会社分離発足まで—」（一九七〇年）。

「社史編纂のための記録シリーズ　千葉製鉄所の建設その二」（一九七一年）。

葺合工場思い出文集編集委員会編『葺合工場の思い出』（一九九七年）。

「千葉製鉄所建設をめぐる資金問題等・座談会」（一九八一年八月五日）。

「西山弥太郎を語る」藤本一郎（金属博物館の取材用資料、一九八二年十二月）

『川崎製鉄新聞』（川崎製鉄社内報、一九五〇～一九六六年）

『鐵—特集・川崎製鉄の三〇年』一九八〇年七・八月号（川崎製鉄広報誌）。

「西山初代社長と川崎製鉄の草創期」川崎製鉄労働組合連合会における村上英之助講演記録、一九九一年。

3．法政大学大原社会問題研究所資料
「組合要求に基く経過概略」（全日本鉄鋼産業労働組合川崎製鈑分会、一九四八年四月一〇日）。

「兵庫県地方労働委員会宛　職員組合解散申請　書提訴方申請に関する件」（全日本鉄鋼産業労働組合川崎製鈑労働組合、一九四八年四月二六日）。

「三大要求斗ひの焦点」（全日本鉄鋼産業労働組合川崎製鈑分会、一九四八年五月一五日）。

4．日本銀行資料
「日本銀行政策委員会議事録」（一九五二年三月四日、七日）
「世銀借款交渉の経過について」（一九五六年二月一六日）。
「世銀ドール氏の活動状況について」（一九五六年三月七日）。
「世界銀行ドール氏一行の来日について」（一九五六年七月二六日）。
「世銀調査団と川崎製鉄の会談について」（一九五六年七月三一日）。

5．新聞
「鉄鋼新聞」

「日本経済新聞」

「読売新聞」

「朝日新聞」

「毎日新聞」

「西日本新聞」

「日刊工業新聞」

あとがき

西山弥太郎の川崎製鉄はすでに遠い歴史の中にある。

国会図書館で西山について書かれた古い新聞記事を見つけた。西山が亡くなった翌々日の記事であった。

神戸の川崎製鉄本社の社屋は長い間、戦後まもなく建てた木造二階建てのバラックといわれるほどそまつなものだった。これが日本でもっとも近代的な千葉製鉄所を建設中の会社の本社かとよく話題になったこともあるが、これも千葉建設に社をあげて、全精力を傾注したためである。また建設工事の指揮、関係官庁の打ち合わせで上京する西山さんの車中の食事は、いつも家から持参のにぎりめし。それを車中でひろげるので、付きそいの若い社員の方が「かっこうが悪くて」とこぼしたという話もある。これも社員にきびしい冗費節減をさせるからには、社長みずからが範を示さなければという信念からだったらしい。こうした努力、がんばりがあったからこそ、千葉製鉄所はペンペン草が生えるどころか、みごとに成功、さらに来年五月には第一高炉の火入れ式をする岡山県の水島製鉄所へと飛躍をつづけたといえる（「読売新聞」一九六六年八月一二日）。

本書は西山弥太郎をテーマにした二冊目の単著である。前著（『革新の企業家史—戦後鉄鋼業の復興と西山弥太郎—』）は博士論文をベースとしたものであったが、その生い立ちから学生時代、そして川崎造船所への入社と若き日の西山、戦後期の大争議、川崎重工業からの製鉄分離・独立、「ペンペン草が生える」といわれた千葉製鉄所の建設と拡充、世銀借款をはじめとするさまざまな経営課題と苦悩、その克服、そして第二製鉄所・水島建設途上での死にいたる西山の生涯と「天皇」と呼ばれた人物像には十分に触れることは出来なかったという反省があった。そのため、いつかは西山の企業家活動を中心に据えて、その生涯を伝記のような形で詳しく書いてみたいという気持ちを抱いていた。

本文にも記したが、本当に革新的な仕事をする人は、しばしば時代に受け入れられない。西山弥太郎は非常に「新しい」人物であった。さまざまな初期制約条件のなかで、当時はそれこそ何もない砂塵が舞う埋立地（グリーンフィールド）に銑鋼一貫の大製鉄所をつくることは、実質的な「創業者」社長の「狂気」であった。鉄鋼業には西山ほどのクレージーな人間はいなかった。

資本主義とは「創造的破壊」にほかならないという経済学者シュンペーターの見解、企業たるものの不連続性（のちにクレイトン・クリステンセンが破壊と呼んだもの）を避けることは不可能であり、どういう不連続性に対応しなければならないか、構想力を働かせ、実践した企業家が西山であった。

本書を書き終え、いま思う。西山の名前を初めて聞いたのは、学生時代だった。授業で、ある教授がどのような文脈で言われたかは忘れたが、「神戸にはこんな偉い経営者がいた」と話されたことを覚えている。学生運動が盛んなときで、大学は封鎖され、授業がストップした。四年生になった五月のある日、大学に行ったところ、学部の事務長から「明日、川鉄に行ってこい」と勧められた。翌日、神戸本社で面接を受け、採用の電報が届いた。

入社後も、西山のことが頭の片隅にあった。西山亡きあとに入社した筆者は、もちろん生前の西山に会ったことがない。岩波映画製作所が制作した「新しい製鉄所」「鉄のパイオニア」「西山彌太郎」などを観て、草創期の川鉄や西山の謦咳に接した。

ある先輩が言った。「西山さんが川鉄にいたこと自体が奇跡だった」。あれほど革新的なビジョンを持った西山が川鉄にいたことは驚きだった。筆者も社内に色濃く残っていた西山伝説を聞き、いくつかの資料を読み、同じ思いを強くした。とくに、千葉製鉄所総務部や東京本社広報室での若き日の十数年間、仕事柄、川鉄の歴史や現況に関する報道記事や資料に接する機会が何度かあった。マスコミの方々だけでなく研究調査のために来られた大学や研究機関の先生方にも積極的に対応した。そのいくつかは今も記憶に残っている。

四〇代の終わりだっただろうか、仕事の傍ら経営大学院に通うことを思い立ち、その後、大学で教育・研究に携わった。その過程で経営史学会、企業家研究フォーラム、企業家史研究会（法政大学イノベーション・マネジメント研究センター）などは貴重な交流の場であった。

筆者は「越境者」を自認している。その歩んできた曲がりくねった細い道は、筆者の回りにおられる研究者のストレートな経歴とは相当に異なり、職業の境界、研究領域の境界を越えてきた道のりである。このような筆者に対し、これまでご指導とご支援、親しい交流をいただいた多くの皆様と各機関に感謝したい。お名前を記すことはないが、心よりお礼を申し上げる次第である。

今回のために書き下ろした本書だが、その部分部分については、これまでの論稿に大幅な加筆・修正を加えたものもある。さらに本書では、少しでも読みやすく、かつ少しでもリアリティを大切にしたいという思いから、西山自身や関係者の証言、コメントを一次資料、二次資料から数多く引用したが、ありうべき過ちの責任は筆者にある。ともあれ、この書は筆者にとって西山研究のひと区切りとなるものである。

本書の出版に際して労を取られた株式会社文眞堂の前野弘太氏に深謝したい。氏のご支援がなければ、本書が世に出る機会はなかったであろう。

そして本書の締めくくりとして、個人的なことで恐縮であるが、今は亡き父久夫、母静子への感謝を述べることをお許しいただきたい。二人は今も変わらぬ人生の教師である。

二〇一九年八月　夏の江戸川を眼下に眺めつつ

西山弥太郎関係略年譜

西暦	年号	齢	個人事項		会社事項		一般事項	
1893	明治 26	0	8.5	神奈川県淘綾郡吾妻村で出生				
1894	明治 27	1					8.1	日清戦争勃発
1896	明治 29	3			10.15	株式会社川崎造船所設立、松方幸次郎初代社長就任		
1900	明治 33	7	4.1	神奈川県中郡吾妻村尋常高等小学校入学				
1904	明治 37	10	4.1	吾妻小学校高等科入学			2.10	日露戦争勃発
1909	明治 42	15	9. －	私立錦城中学校３学年に編入				
1913	大正 2	19	9.12	第一高等学校二部入学				
1914	大正 3	20					7.28	第一次世界大戦勃発
1916	大正 5	22	9. －	東京帝国大学工学部鉄冶金科入学				
1917	大正 6	23	7.13	田中鉱山（株）釜石鉱業所で実習	7. －	神戸市脇浜に造船用鋼材自給の目的で葺合工場開設	7.25	製鉄業奨励法成立
1918	大正 7	24	7.15	官営八幡製鉄所にて実習			8. －	米価暴落、米騒動起こる
			8. －	川崎造船所にて実習				
1919	大正 8	25	7. －	東京帝国大学卒業	8. －	川崎造船所で、労働争議（わが国初のサボタージュ）起こる		
			8.1	株式会社川崎造船所入社、葺合工場製鋼科製鋼掛に配属				
			8.25	『鉄と鋼』に報告書「朝鮮殷栗褐鉄鉱に関する実験」発表				
1925	大正 14	31	9. －	葺合工場にてルップマン式平炉建設着手				
1926	大正 15	32	1.1	葺合工場製鋼課製鋼掛主任				
			1.20	多胡ミツと結婚				
1927	昭和 2	33			4.21	川崎造船所の主要取引銀行、十五銀行臨時休業	3. －	金融恐慌起こる
1928	昭和 3	34	8.1	製鈑工場製鋼課原料･平炉･造塊掛主任	4.5	債権者会議整理案決定		

					5.26	臨時株主総会で整理案承認、松方幸次郎社長辞任。鹿島房次郎二代社長就任		
					6.27	本社工場を艦船工場、葺合工場を製鈑工場と改称		
					7.14	製鈑工場所長小田切延寿取締役就任		
1932	昭和 7	38			7.21	臨時株主総会にて整理案および和議条件承認	3.1	満州国建国宣言
					7.29	二代社長鹿島房次郎死去、石井清専務が社長代理就任	5.15	五・一五事件
1933	昭和 8	39	1.25	『鉄と鋼』誌に「塩基性平炉改造の経過とその成績について」を発表	3.24	石井清社長代理辞任、平生釟三郎が三代社長就任	4.5	日本製鉄株式会社法公布
			4.3	服部賞受賞、平炉製鋼の改善と製鋼能率の飛躍的向上達成による				
			6.1	製鈑工場製鋼課長				
1934	昭和 9	40	1.25	『鉄と鋼』誌に「電気鉄板の製造について」を連名で発表			1.29	日本製鉄株式会社設立
1935	昭和 10	41	1.7	欧米出張、サンフランシスコ経由各国の製鉄業視察	12.17	取締役製鈑工場所長小田切延寿退任		
			4.30	ベルリン発帰国の途につく	12.23	社長平生釟三郎、会長就任。鋳谷正輔専務、四代社長に就任		
			5.17	製鈑工場技師長兼検査課長				
1936	昭和 11	42			3.25	平生会長辞任、文部大臣就任。鋳谷正輔専務、4 代社長に就任	2.26	二・二六事件
1937	昭和 12	43	5.1	製鈑工場技師長			7.7	日中戦争勃発
1938	昭和 13	44	6.1	製鈑工場所長			4.1	国家総動員法公布
1939	昭和 14	45	10.13	久慈製鉄所建設委員長兼任	8.18	岩手県に久慈製鉄所設置	9.3	第二次世界大戦勃発
					12.1	社名が川崎重工業株式会社に		
1941	昭和 16	47	8.25	『鉄と鋼』に「固定式塩基性平炉における銑鉄法について」「塩基性ルッペ使用の成績について」を共同で発表	8. —	久慈製鉄所でロータリー・キルンによる粒鉄（ルッペ）の製造開始	9.1	日鉄八幡製鉄所戸畑でわが国最初のホット・ストリップ・ミル操業開始
			10.1	久慈製鉄所長を兼ねる			12.8	太平洋戦争勃発
1942	昭和 17	48	6.27	川崎重工業取締役就任				
			12.23	川崎造機社長を兼任				
1943	昭和 18	49	6.15	知多工場建設委員長を兼任	3.10	兵庫県に伊保工場開設	1. —	鉄鋼など、五大重点産業に指定

					12.28 愛知県に知多工場開設	
1944	昭和19	50	1.31	軍需会社法により製鈑工場の生産担当者となる	6.28 神馬新七郎、児玉久、手塚敏雄の3名、取締役に就任	7.－ 国際通貨基金、世界銀行設立案採択
			6.1	伊保工場建設委員長を兼ねる		
			8.1	製鉄所長委嘱		
1945	昭和20	51			8.1 製鈑工場、製鋼工場、特殊鋼工場、知多工場、久慈製鉄所、伊保工場を製鉄所に改組 10.22 15財閥会社の一つに指定 11.24 財閥会社から除外、制限会社に指定	8.15 太平洋戦争敗戦 10.24 国際連合（国連）成立 12.12 労働組合法公布
1946	昭和21	52			8.11 会社経理応急措置法により特別経理会社に指定 12.7 持株会社整理委員会により持株会社に指定 12.24 会長兼社長鋳谷正輔辞任社長空席、西山ほか5取締役の合議制となる	11.3 日本国憲法公布（翌年5月3日施行）
1947	昭和22	53	10.3	兵庫県経営者協会理事就任	3.11 葺合工場労働争議スト突入。その後スト中止 12.1 製鉄所労職協議会、会社に対し三大要求提出	1.31 GHQ、2・1ゼネスト中止命令 12.18 過度経済力集中排除法（集排法）公布施行
			12.1	日本鉄鋼会理事就任		
1948	昭和23	54	4.12	日本経営者団体連盟常任理事就任	2.8 集排法による指定受ける 4.8 再編成計画書を持株整理委員会に提出 4.15 葺合労組（全鉄労製鈑分会）第1次24時間スト（第2次は5・7、第3次は5・12） 4.17 製鈑分会より職員有志脱退、葺合工場職員組合結成 5.13 製鈑分会無期限ストに突入 5.18 製鈑分会生産管理を実施 5.20 製鈑分会生産管理を解き、争議行為打切る旨会社に通告 5.21 第二組合葺合工場労働組合結成、同組合により生産再開 7.7 争議妥結調印	3.1 賠償能力に関するストライク報告発表（鉄鋼設備を全部残置） 11.1 日本鉄鋼連盟成立
			11.1	日本鉄鋼連盟常任理事就任		
1949	昭和24	55			3.30 集排法による指定解除 8.17 企業再建整備法に基	3.7 ドッジ公使、日本経済安定策発表 10.1 中華人民共和国成立

						づき再建整備計画の認可申請	12.31	日鉄の企業再建計画認可
					10.31	再建整備計画、条件付きで認可		
1950	昭和 25	56	8.7	川崎製鉄株式会社初代社長に就任	8.5	川崎重工業定時株主総会、川崎製鉄創立総会開催	4.1	日本製鉄解散、八幡製鉄・富士製鉄発足
			10.19	千葉市の新製鉄所用地を初めて現地調査	11. －	銑鋼一貫製鉄所建設計画書を添え見返資金貸与の願書（7 日付）を通産大臣に提出	6.22	産業合理化審議会鉄鋼部会、鉄鋼業合理化の答申案決定
			11.13	東京通産局で千葉県・千葉市と話し合い誘致条件を確認、新製鉄所は千葉市に建設と決定			6.25	朝鮮戦争勃発
1951	昭和 26	57	11.5	経済団体連合会理事就任	2.1	千葉製鉄所開設	3.1	鉄鋼労連結成
					4.28	製鉄所敷地埋め立て開始	4.20	日本開発銀行設立
					5.9	海外鉄鋼事情視察団（川鉄ミッション）派遣	9.8	対日講和条約、日米安保条約調印
1952	昭和 27	58	3.7	日銀政策委員会に出席、千葉製鉄所建設計画説明	1.22	千葉製鉄所建設予算決定、計画書を通産省に提出	8.14	世界銀行および国際通貨基金に日本正式加盟
					2.19	通産大臣、千葉製鉄所第 1 期計画認可通達	11. －	オーストリアのリンツ製鉄所で純酸素上吹き転炉操業開始
					8.22	千葉製鉄所建設方針を日銀政策委員会承認	11.7	鉄鋼労連、総評に加盟
					10.9	日本開発銀行、千葉製鉄所建設資金 10 億円融資決定		
					12.18	川鉄各労組、鉄鋼労連を脱退		
1953	昭和 28	59	6.17	戦後初の千葉製鉄所第 1 高炉に火入れ	1.31	川鉄労連結成	7.1	住友金属、小倉製鋼吸収
					10.20	大森尚則入社、会長就任	7.27	朝鮮戦争休戦協定調印
1954	昭和 29	60	10.18	世銀調査団を千葉製鉄所に迎えて説明	1.5	川鉄商事株式会社設立	10.13	世銀調査団来日、鉄鋼会社借款申請で協議
			12.27	1954 年 10 月期決算無配を決断（無配は 4 期連続）	1.24	千葉 1 号平炉操業開始	10.24	神戸製鋼、尼崎製鉄と資本提携
					5.20	通産省に世銀借款申請書提出		
					9.18	千葉製鉄所分塊圧延機操業開始。第 1 期建設計画完了		
1955	昭和 30	61			3.5	岡田貢助、世銀交渉に渡米		
1956	昭和 31	62			12.20	世界銀行より 2000 万ドル借款成立調印	10.19	日ソ共同宣言
							12.18	日本、国連に加盟
1957	昭和 32	63	5.14	世界銀行ブラック総裁千葉製鉄所視察案内	9.3	米国リパブリック・スチール社とストリップ・ミルによる薄板コイル製造技術提携	1.18	通産省、第二次合理化資金計画承認
							9.17	八幡製鉄、LD 転炉操業
1958	昭和 33	64		このころ、第二製鉄所敷地の物色を始める	1.29	世界銀行から 800 万ドル借款成立調印	1. －	欧州経済共同体（EEC）発足
			8. －	岡山県大阪経済事務	3.19	千葉製鉄所第 2 高炉火入れ	6.20	通産省の行政指導により鋼材の「公開販

				所長那多氏と会見（第二製鉄所用敷地水島に関し岡山県と接触の初め）	4.7	千葉製鉄所ホット・ストリップ・ミル操業開始		売制」実施
					6.7	千葉製鉄所コールド・ストリップ・ミル操業開始		
			9.18	三木岡山県知事と初会見				
					11.8	千葉製鉄所第2期工事完了		
1960	昭和35	66	5.20	第二製鉄所立地、岡山県水島地区に内定	4.16	千葉製鉄所第3高炉火入れ	2.15	高炉メーカー8社の設備自主調整始まる
					12.20	世界銀行から600万ドル借款成立調印。米国で私募形式で外債400万ドル発行	12.27	池田内閣、国民所得倍増計画策定
1961	昭和36	67	5.20	藍綬褒章受章	4.25	千葉製鉄所厚板工場操業開始		
			10.27	財界研究所「経営者賞」受賞	6.7	岡山県倉敷市水島地区に製鉄所を建設するにつき岡山県および倉敷市と協定書調印		
					7.1	水島製鉄所開設		
					8.24	千葉製鉄所第4高炉火入れ		
1962	昭和37	68	4.3	渡辺義介賞受賞。わが国鉄鋼業の国際競争力」と題して記念講演	4.13	千葉製鉄所1転炉操業開始、2号転炉は6月8日操業	7.1	通産省の行政指導により粗鋼減産実施
					4.27	水島製鉄所埋立工事着手		
			5.10	本田記念会において「EECの発展と日本鉄鋼業の課題」と題して講演	10.31	ワシントン輸出入銀行から1850万ドル借款成立調印		
1963	昭和38	69	11.5	会社説明会途上熊本市で倒れ、熊本大学付属病院入院	4.8	千葉製鉄所印旛沼工業用水道完成		
1964	昭和39	70	7.7	ダイヤモンド社編『鉄づくり・会社づくり―川崎製鉄社長西山弥太郎』発行	6.29	副社長制採用、乗添利光、岡田貢助、藤本一郎、植山義久の4名副社長就任	4.28	日本OECD（経済協力開発機構）へ正式加盟
1965	昭和40	71	6.29	会長大森尚則退任。西山弥太郎、会長を兼ねる	1.18	葺合工場平炉廃却解体完了	1.18	鉄鋼設備投資研究会（大手6社社長、常務級）初会合
					3.15	千葉製鉄所第5高炉火入れ		
			7.6	韓国渡航。浦項製鉄に助言			2. －	ベトナム戦争激化
					6.6	本社ビル、完成竣工式	11.19	通産省第3・4四半期粗鋼減産を指示、住友金属拒否（住金事件）
			7.24	大阪大学微生物病研究所付属病院にて診察を受ける				
			8.29	東京女子医大付属病院にて胃切除手術を受ける			12.18	日韓基本条約（6・22調印）発効
			11.3	勲二等瑞宝章受章				
			12.24	株主総会出席（最後の出席となる）				
1966	昭和41	72	3.31	神戸市川崎病院入院	1.1	経営方針制定	3.16	産業構造審議会重工業部会に鉄鋼基本問題小委員会設置（11月に中間報告を実施）
			7.20	病床に砂野仁川崎重工業社長を招き、後任社長に藤本一郎副社長を推すことを伝える				

			7.22	藤本一郎、社長就任。西山弥太郎、会長専任				
			8.10	川崎病院で死去、享年73歳				
1967	昭和42				4.12	厚板工場操業開始。ここに水島の銑鋼一貫体制確立	1.23	産構審総合部会、鉄鋼部会の設置を決定
					4.18	水島製鉄所第1高炉火入れ	7.1	第一次資本自由化実施
					4.24	1号、2号転炉操業開始	11.11	国際鉄鋼協会創立総会
					9.12	日本鉄鋼協会「西山賞」設置		
					10.31	久慈工場閉鎖		

鉄鋼新聞社編 (1971)『鉄鋼巨人伝 西山彌太郎』の年譜に基本的に依拠した。(年齢は、その年の誕生日までの満年齢)。

【著者略歴】

濱田信夫（はまだのぶお）

一九七〇年、神戸大学経営学部卒業後、川崎製鉄㈱入社。二〇〇四年、法政大学大学院社会科学研究科経営学専攻博士後期課程修了。博士（経営学）。二〇〇四年、九州ルーテル学院大学人文学部教授。現在、同大学名誉教授。

主要著書

『ケース・スタディー　日本の企業家史』（分担執筆、文眞堂、二〇〇二年）、『ケース・スタディー　戦後日本の企業家活動』（分担執筆、文眞堂、二〇〇四年）、『革新の企業家史―戦後鉄鋼業の復興と西山弥太郎―』（単著、白桃書房、二〇〇五年）、『ケース・スタディー　日本の企業家群像』（分担執筆、文眞堂、二〇〇八年）、『企業家に学ぶ日本経営史』（分担執筆、有斐閣、二〇一一年）、『ケースブック　日本の企業家』（分担執筆、有斐閣、二〇一三年）、『企業家活動からみた日本の物づくり経営史』（分担執筆、文眞堂、二〇一四年）

評伝　西山弥太郎
天皇とよばれた男

二〇一九年九月二五日　第一版第一刷発行

著　者――濱田　信夫

発行者――前野　隆

発行所――株式会社　文　眞　堂
〒162-0041
東京都新宿区早稲田鶴巻町533番地
TEL：03-3202-8480
FAX：03-3203-2638
http://www.bunshin-do.co.jp/
振替00120-2-96437

印　刷――モリモト印刷

製　本――高地製本所

定価はカバー裏に表示してあります
ISBN978-4-8309-5053-7　C0034